国家社会科学基金项目（批准号：15BJY090）

我国农业巨灾保险基金筹资机制构建研究

——基于政府市场合作视角

邱 波 著

南开大学出版社

天 津

图书在版编目(CIP)数据

　　我国农业巨灾保险基金筹资机制构建研究：基于政府市场合作视角 / 邱波著. －天津:南开大学出版社,2022.4
　　ISBN 978-7-310-06263-8

　　Ⅰ.①我… Ⅱ.①邱… Ⅲ.①农业保险－自然灾害－基金制度－研究－中国 Ⅳ.①F842.66

中国版本图书馆 CIP 数据核字(2021)第 278326 号

我国农业巨灾保险基金筹资机制构建研究
——基于政府市场合作视角
WOGUO NONGYE JUZAI BAOXIAN JIJIN CHOUZI JIZHI GOUJIAN YANJIU
——JIYU ZHENGFU SHICHANG HEZUO SHIJIAO

南开大学出版社出版发行
出版人:陈　敬
地址:天津市南开区卫津路 94 号　　邮政编码:300071
营销部电话:(022)23508339　营销部传真:(022)23508542
https://nkup.nankai.edu.cn

河北文曲印刷有限公司印刷　全国各地新华书店经销
2022 年 4 月第 1 版　2022 年 4 月第 1 次印刷
230×170 毫米　16 开本　14.75 印张　249 千字
定价:80.00 元

如遇图书印装质量问题,请与本社营销部联系调换,电话:(022)23508339

前　言

　　农业保险是我国重要的政府与市场合作背景下的政策性业务经营领域。经过十几年的探索实践，农业保险在弥补农业生产因灾损失、促进农业产业发展以及农业收入增长中发挥着越来越重要的作用，在农业产业扶持政策体系中确立了重要地位。然而，农业保险业务经营稳定性不断受到农业巨灾风险带来的赔付压力影响，建立一个保障农业保险可持续发展的农业巨灾风险分散机制迫在眉睫。农业巨灾风险基金是被关注较多的一类巨灾风险分散机制，基金的筹资问题既是基金设立的首要问题，也是制约农业巨灾风险基金制度运行的重要因素。长期以来，往往由政府承担完全的巨灾风险管理职能，政府提供各类补助资金来弥补农业巨灾对农业生产造成的重大影响。然而，由政府全权负责的这一传统做法已渐渐失去了可持续性，越来越多的市场筹资行为进入农业巨灾风险管理者的视野。本书以政府和市场的合作关系为基础，探讨农业巨灾风险基金在筹资过程中政府如何联合社会资本共同承担巨灾风险，运用市场手段引入社会资本参与基金筹资，发挥筹资主体各方优势，从而尽快建立全国性的农业巨灾风险基金，建立完善的农业保险巨灾风险分散机制。

　　本书主要内容包括：第一，界定农业巨灾风险基金、基金筹资机制以及政府与市场合作等基本概念内涵，对构成筹资机制的各筹资要素以及政府与市场合作分别做了阐述。第二，运用利益相关者理论系统分析了各方基金利益所有人的利益需求和利益冲突，探讨通过利益协调建立有利于出资各方的基金合作筹资体系。第三，分别阐述农业巨灾风险基金的两种基本合作筹资模式——以运营方为主的"政府+行业"模式和以筹资方为主的"政府+市场"筹资模式，与之对应的是政府角色分别为再保险人和基金管理者的身份。第四，设计我国农业巨灾风险基金筹资基本框架。从我国国情出发，我国更适宜政府以再保险人身份通过"政府+行业+市场"的合作筹资模式来组建农业巨灾风险基金。第五，讨论了我国农业巨灾风险基金筹资机制的政策保障措施，并提出相应对策建议，包括：一是建立强制性农业巨灾风险基金制度，对所有开展农业保险业务的公司都提出强制性缴费要求；二是统筹协调政府部门间利益，汇总全国各地气象、水文、地震等系统统计数据，引导制定我国农业保险县级风险区划图，及早确立科学合理的基金费率，为科学经营农业保险奠定基础；三是修订完善各类法律法规，对《公司法》《保险法》《证券法》《信托法》《企业法》等相关法律条款作适当调整，打开制度创新空间，为市场化筹资扫清制度障碍；四是建立推动合作筹资的政策保障体系，在产业扶持政策、财政金融政策、会计税务政策以及市场监管政策中出台相应激励措施，为市场化筹集农业巨灾风险基金提供便利。

农业巨灾风险基金的筹资是建立农业巨灾风险基金这一巨灾防范机制的前提，也是确保农业保险制度稳定的关键因素。将所有农业巨灾风险相关利益者引入农业巨灾风险基金筹资范畴，极大地拓展了基金的筹资来源，为巨灾基金的制度建立扫清障碍，有利于我国粮食安全和农业生产稳定发展，同时也为我国政府转变职能，构建服务型政府，有效实施乡村振兴战略提供现实案例。本书主要创新点在于从跨学科研究角度尝试将政府和社会资本合作（PPP）理论应用于农业巨灾风险筹资领域，积极探索社会资本与国家资金共同构建农业巨灾风险基金的理论依据和现实可行性，以达到政府、保险公司、农户、社会资本等各方利益相关者的利益均衡目标，建立适合我国农业生产和农业风险保障特色的农业巨灾风险分散机制。

目 录

第一章 绪 论

农业巨灾风险分散机制是世界各国研究的热点问题，也是我国 2007 年中央一号文件提出建立农业大灾风险分散制度以来不断探索的现实问题。农业巨灾不仅对农业生产尤其是新型农业经营主体的生产经营行为带来沉重打击，影响农业现代化进程，而且对农业保险经营带来严重威胁，破坏保险公司财务的持续性。巨灾筹资是巨灾风险分散机制的重要组成，是关系到巨灾风险分散制度建立的第一步，研究农业巨灾风险基金的筹资机制正是为了推动我国农业巨灾风险分散制度尽快落地，实现我国农业和农业保险稳定健康可持续发展的需要。政府和市场合作筹资是我们研究农业巨灾风险筹资的切入点，在农业风险系统性、农业弱质性以及巨灾频发的共同作用下，以政府为主导的各方相关主体都有必要参与到农业巨灾风险分散制度的筹资过程中。本章主要介绍本书的研究背景及意义、农业巨灾风险基金及其筹资机制的基本概念、国内外文献综述以及研究框架，为后文展开论述做好铺垫。

第一节 研究背景及意义

一、研究背景

我国是一个农业大国，农业是国民经济的基础，国家高度重视农业生产安全和粮食安全。在我国，立足国内资源，实现粮食基本自给，是中国解决粮食供应问题的基本方针。在这样的基本形势下，我国粮食需求量在未来很长一段时间内还会继续呈刚性增长，但在气候变化的条件下，频繁发生的极端灾害事件正严重影响着我国粮食生产的稳定。随着全球气候变暖，极端天气日益频繁，农业生产领域内遭受的天气灾害层出不穷，我国农业巨灾风险正在逐渐增大。2008 年南方地区雨雪冰冻灾害直接经济损失 1500 多亿元，全国 20 多个省（区、市）冬季农业生产普遍受灾。全国农作物受灾 1.78 亿亩（1 亩=0.067 公顷，下同），成灾 8764 万亩，绝收 2645 万亩。因灾死亡畜禽 6956 万头（只），水产养殖受灾面积 1455 万亩，油菜、蔬菜、果树、茶树、甘蔗、马铃薯等农作物遭受严重冻害，生猪、家禽、水产养殖品种等因灾死亡严重，种养殖户经济损失惨重。[1] 2010 年西南五省（市）云南、贵州、广西、四川及重庆发生了百年一遇的特大旱灾，耕地受旱面积 1.16 亿亩，其中作物受旱 9068 万亩，重旱 2851 万亩，干枯 1515 万亩，待播耕地缺水缺墒 2526 万亩，有 2425 万人和 1584 万头大牲畜因旱发生饮水困难。[2]

农业巨灾风险已经成为制约我国农业发展的重要因素。中国是一个气象灾害和自然灾害频发的国家，"十二五"时期各类自然灾害年均造成 3.1 亿人次受灾，直接经济损失 3800 多亿元[3]。气象灾害是自然灾害的主要种类，气象灾害发生次数占自然灾害总量的 71%，干旱和洪涝又是最常见的两类气象灾害种类，发生次数分别占到气象灾害数量的 53% 和 28%[4]，对各地农业生产经营造成严重的影响。由于农业的脆弱性，重大天气灾害和气候变化往往造成重大农业灾害，农业生产因此造成的经济损失非常惊人，农作物绝收率常年停留在 10% 左右（见表 1-1）。不仅农业生产，农业巨灾对农户收入稳定和生活稳定也造成极大的影响。2010 年返贫农户中有 55% 农户是在当年遭遇自然灾害，其中 16.5% 的农户当年遭受减产五成以上的自然灾害，42% 的农户连续两年遭受自然灾害打击。[5]重大自然灾害已经成为影响农业现代化发展和全面实现农村小康的重要因素之一。

表 1-1　2007—2018 年我国农作物受灾情况一览　　（单位：万公顷，%）

年份	2007	2008	2009	2010	2011	2012	2013	2014	2015	2016	2017	2018
农作物受灾面积	4899.3	3999	4721.3	3742.6	3247.1	2496.2	3135.0	2489.1	2177.0	2622.1	1847.8	2081.4
农作物绝收面积	574.7	403.2	491.8	486.3	289.2	182.6	384.4	309.0	223.3	290.2	182.7	258.5
绝收率	11.7	10.1	10.4	13.0	8.9	7.3	12.3	12.4	10.3	11.0	9.9	12.4

资料来源：民政部社会服务发展统计公报（2007—2018）。

农业巨灾风险基金是应对我国农业巨灾损失的大灾风险分散机制之一。

---

① 王栗涛. 农业受灾严重　呼唤政策性保险机制[N]. 中国经济时报，2008-02-22.

② 刘宁在国务院新闻办公室 2010 年 3 月 31 日举行的新闻发布会上的发言. 中国政府网，2010-03-31.

③ 张琳，程育琦，谢亚凤. 基于 COPULA 的农业巨灾累积风险分析：以湖南省种植险为例[J]. 保险研究，2018（02）：65-71.

④ 中国科协网. 自然灾害知多少[N]. 中国气象报，2011-05-09.

⑤ 侯美丽. 农业巨灾险制度近期会有突破性进展　有望年内破题[N]. 中国经济时报，2010-05-11.

基金使用范围覆盖全国，通过基金使用调配来实现地区间损失补偿资金的有效调剂。作为应对特大自然灾害而设立的专项基金，农业巨灾风险基金用于农业巨灾保险赔付，有助于保险公司应对高额的巨灾保险索赔，提高农业保险行业的承保能力。农业保险已经成为我国现代农业发展不可或缺的支持性政策之一。2018 年我国农业保险累计实现保费收入 572.65 亿元，占财产保险行业保费收入的 5.32%；提供风险保障 3.46 万亿元，支付赔款 381.69 亿元，受益农户达到 4757.6 万户次。①玉米、水稻、小麦三大粮食作物承保覆盖率已经超过 70%，一些主要农垦区和部分经济发达地区农业保险覆盖率接近90%，承保农作物品种 200 多种，基本覆盖农林牧渔各个领域。然而，农业保险制度的稳定性同样受到农业巨灾风险的影响，保险公司仍承受较大的巨灾损失赔付压力，农业巨灾风险分散转移和补偿救助救治机制的缺失使农业保险运行还存在较大的风险隐患。政府农业巨灾风险基金的设立可以大大增强农业保险公司抗风险能力，是建设高质量发展的农业保险制度必不可少的制度基础。建立一个多层次、统筹协调的农业巨灾风险保障体系，对于提升我国农业减灾防灾能力、保障粮食安全和维护社会稳定具有重要的理论价值和实践意义。

二、研究意义

在巨灾风险管理中，政府的作用越来越重要。随着农业保险市场对农业巨灾风险保障需求的升温，从 2006 年开始，北京、海南、安徽、湖南、浙江等城市和省份开始试点设立农业巨灾风险准备金制度。地方政府建立的农业巨灾风险准备金是有效管理农业巨灾风险的重要途径，也是我国尝试建立农业巨灾风险基金的积极探索举措之一。中央农业巨灾风险基金是建立国家农业巨灾基金体系最基础也是必不可少的重要组成部分，随着各地政府农业巨灾风险基金的试点推行，中央农业巨灾风险基金制度建立已迫在眉睫。本书以中央（国家级）农业巨灾风险基金为研究对象，探讨基金建立的资金筹集及结构问题，为中央农业巨灾风险基金尽早落地提供思路。

根据世界贸易组织规则，政府支持农业保险以减少灾害带来的损失属于世贸组织允许的"绿箱"政策之一。在这一政策下，政府承担巨灾风险保障这一公共产品的输出职能，可以有效降低行政成本，提高救灾资金使用效益。在风险管理市场并不发达的中国，建立农业巨灾风险基金制度无疑是提高农

---

① 《中国保险年鉴（2019）》。

业巨灾损失补偿程度的重要途径之一,可以迅速建立农业巨灾风险分散机制,完善以农业保险为核心的农业风险补偿机制,提高农业保险对发展现代农业的保障功能和保障水平。

然而,农业巨灾基金制度的稳定运行依赖于基金的足额筹集,基金规模的稳定性是决定农业巨灾风险基金制度成功的关键环节,基金的筹资效率以及筹资模式也决定了农业巨灾风险基金制度能否出台以及运行是否稳健。一般而言,政府主导的农业巨灾风险基金采取多渠道筹集的方式,包括政府专项拨款、历年农业保险保费结余、市场借款等。出于政府公共财政压力、农业保险经营高风险性以及市场筹资基础薄弱等约束,农业巨灾风险基金规模的稳定性面临着现实考验。可见,我国部分地区农业巨灾风险准备金的耗尽、准备金制度运行中的资金缺口以及国家农业巨灾保险制度的难以出台都与农业巨灾风险基金的筹资问题密切相关。研究基金的筹资机制有助于梳理农业巨灾风险基金的筹资途径及特点,有利于选择合适的筹资方案促进农业巨灾风险基金的及早出台,对改进试点城市农业巨灾风险准备金制度、促进国家农业巨灾风险基金制度的建立具有现实指导意义。

第二节　基本概念的界定

本节围绕农业巨灾风险基金、农业巨灾风险基金筹资机制以及政府和市场关系等重要概念展开,下面对三个基本概念做一阐述。

一、农业巨灾风险基金

农业巨灾风险基金又叫农业巨灾保险基金、农业巨灾基金、农业保险巨灾风险准备金等,是由政府设立的用于防范因天气原因或特大自然灾害等农业巨灾风险引起的保险公司超额赔偿风险的一种专项基金,用来确保保险公司偿付能力充足。为保证公司偿付能力,保险公司一般事先做好再保险安排,同时公司也会主动提取农业保险大灾风险准备金以提高巨灾损失的赔付能力。农业巨灾风险基金是政府基于农业弱质性和农业保险市场失灵的基础而设立的用于弥补公司动用再保险摊回和大灾准备金后仍无法承担的合同超赔责任损失,保证巨灾风险下的农业损失在农业保险合同承保范围内得到足额补偿。农业巨灾风险基金制度不仅可以使巨灾风险分散机制长期化、制度化,而且可以进一步完善农业保险制度,提高投保农户的实际收益。以建立巨灾保险基金方式构建资金池，完成区域内风险的集合、共享、互助，同时实现与地区外的合作是各国普遍采用的巨灾风险融资方式之一（王和，2015）。农业巨灾风险基金实质上是一种巨灾事件发生后保险业的风险责任准备金不足以支付赔款时的行业融资预案。

从严格意义上讲，农业巨灾风险基金分广义和狭义两种。广义的农业巨灾风险基金是面向全体农户以及相关农业生产组织设立的巨灾风险保障制度。基金服务内容包括兴修水利设施、动物疫苗注射等巨灾风险预防措施、农户风险教育培训等风险防范基础性工作、研究农业灾害发生规律并建立风险预警系统等在内的各项与巨灾风险处置相关事项。制度的供给方和需求方为政府和农业生产经营主体,以保障农业生产和农业现代化稳定发展为目的。狭义的农业巨灾风险基金则是政府针对农业巨灾超赔责任筹集资金，为开办农业保险业务的保险公司提供资金支持，制度的供给方和直接受益人是政府和保险行业，基金设立目的是促进完善农业巨灾风险分散机制，确保农业保险制度长期可持续发展。农业巨灾风险基金在广义和狭义上的概念区别还体现在以下两点：第一，狭义的农业巨灾风险基金的起赔点是自然灾害事件引起的保险公司超赔责任，是农业保险巨灾风险分散方式之一，而广义的基金根据各类不同的巨灾界定做出赔付，包括自然灾害事件标准、经济损失发生额标准、农民家庭收入损失标准等，广义农业巨灾风险基金是普通巨灾风险基金在农业生产领域的自然延伸；第二，狭义基金仅负责发生自然灾害后，农户购买农业保险合约后的保险公司承担部分的损失赔付责任，未投保的农业灾害损失不在基金赔偿范围内，而广义的农业巨灾风险基金并不特别限定在农业保险领域，凡是有利于降低农业风险损失、提高农业风险意识的项目均可列入基金使用范围。本研究所指的农业巨灾风险基金取其狭义概念，即将基金作为农业巨灾风险分散机制的一种，以增加农业保险市场的风险承受能力为目的，基金直接受益人是农业保险公司。

在我国农业巨灾风险管理实践中，农业保险巨灾风险准备金即狭义概念上的农业巨灾风险基金。巨灾风险准备金在我国有两种形式，一种是2014年实行的农业保险大灾风险准备金，即应财政部要求，各家保险公司在经营农业保险过程中为增强风险抵御能力、应对农业大灾风险专门计提的准备金形式，该项准备金是公司层面上的农业巨灾损失补偿资金；另一种巨灾风险准备金是各地政府设立的应对农业巨灾损失的政府性基金形式，自2006年北京率先成立，其他省级政府纷纷随之出台政策建立基金，名称各不相同，如政府农业保险巨灾基金、农业保险巨灾风险准备金、农业风险巨灾基金等，其实质都是政府财政资金支持下的农业保险大灾风险分散机制,即农业巨灾风险基金形式,是各地提高农业巨灾风险的保险保障能力、健全完善各地农业保险体系的政策举措。这类准备金是地方政府层面上的农业巨灾风险保障资金,这类地方版本的农业巨灾风险基金制度实践为我们研究国家层面的全国统一农业巨灾风险基金筹资提供了丰富的研究素材。

二、农业巨灾风险基金筹资机制

筹资是关系到农业巨灾风险基金制度能否建立和可持续发展的关键点和制度之本。谁来出资、如何出资才能快速高效地筹集到必要的农业巨灾风险基金是基金筹资机制需要回答的根本问题。农业巨灾风险基金筹资机制反映农业巨灾风险基金完成筹资的内在机理,是实现各筹资要素间平衡的一整套制度规则和制度安排。基金筹资要素主要包括筹资规模、筹资主体、筹资渠道、筹资方式和筹资模式五个方面,各个筹资要素的存在是筹资机制存在的前提,而筹资机制正是把各个要素联系起来,使它们协调运行并发挥作用,稳定基金筹资渠道,提高基金筹资效率。

1. 筹资机制的构成要素

一套成熟完善的农业巨灾风险基金筹资机制应涵盖以下五个筹资要素:

(1)筹资规模。筹资规模是衡量能否顺利实现筹资目标的重要约束项。准确测定农业巨灾风险基金规模水平是基金筹集的重要基础。农业巨灾风险基金应用于农业巨灾损失补偿,基金规模过低不足以抵消巨灾损失的影响,补偿效果不明显;基金规模过高又会影响筹资者的参与积极性,增加基金筹集周期跨度,带来基金长期入不敷出的后果,也不利于基金的稳定。因此,测定合理的筹资水平是建立有效筹资机制的必要前提之一。

(2)筹资主体。筹资主体是农业巨灾风险基金的各个出资方。在合作筹资机制框架下,首先,应了解除了政府以外的其他筹资主体的出资意愿。从利益相关者理论出发,只要和农业巨灾风险基金制度建立有利害关系的社会主体,都有可能成为基金的筹资主体。其次,明确筹资主体的筹资责任,明确中央政府与地方政府之间、高风险区域和低风险区域之间的筹资比例划分问题。地方政府既是相对独立的利益主体,同时也是中央政府的派出机构,同样承担一定的基金出资责任。最后,多元化的筹资主体也是合作筹资机制顺利运行的特征和保证,随着农业生产和农产品产出对其他经济部门的基础性影响越来越大,更多的社会经济主体正在成为农业经营的受益者,也因此成为农业巨灾风险基金潜在的利益相关者,为拓展基金筹资人队伍提供了可能。

（3）筹资渠道。筹资渠道是农业巨灾风险基金资金来源的具体路径。基金来源涉及多元化、多层次的筹资渠道，政府、保险机构和市场投资者通过财政渠道、行业缴费渠道、市场发行渠道以及包括国际援助渠道、社会捐助渠道、公益慈善渠道在内的其他渠道都可以为农业巨灾风险基金注入资金，充实基金规模。

（4）筹资方式。农业巨灾风险基金可以有不同的筹资方式。不同筹资主体可以通过直接筹资或间接筹资方式在不同资金场所为农业巨灾风险基金募集资金。除了财政预算拨款外，政府还可以减免税收、发行特别国债、提供无息贷款等方式提供资金，保险公司等其他筹资主体同样可以采用缴纳费用、发行巨灾债券等市场融资手段来筹集资金。随着金融创新步伐加快，新的筹资方式也会不断出现，筹资方式呈现多样化、结构化的特点。

（5）筹资模式。筹资模式是农业巨灾风险基金筹资机制的核心内容。筹资模式将筹资主体、筹资方式和筹资渠道等各筹资要素有机组合到一起，结合农业巨灾分散需要以及农业保险经营特点，从基金出资方和运营方的筹资规律出发，将不同模式下的基金筹资规律概括呈现。在考虑各个筹资参与者的出资意愿基础上，基金筹资应考虑不同筹资参与者的出资方式、资金筹集渠道、场所、筹资比例等各项技术要素的组合，形成稳定可持续的基金合作筹资模式。农业巨灾风险基金合作筹资模式分为出资方主导的"政府+市场"模式和运营方主导的"政府+行业"模式两类。出资方主导的筹资模式以资本市场投资者为主要筹资对象，由职业基金管理人代为管理，方便以合理的合约价格快速筹集资金；运营方主导模式则立足于保险行业筹资，保险从业人员负责基金运行有利于基金成立后的管理运用，提高基金使用效率。不同筹资模式下基金的组织形式也有所区别，无论哪种筹资模式，政府出资都是农业巨灾风险基金筹集最主要的基础和资金来源。

除了上述五大筹资要素外，筹资机制的组织形式保障必不可少。不同筹资模式需要不同的基金组织形式提供筹资保障，因此基金组织形式也是建立筹资机制必不可少的重要组成部分。基金组织形式包括基金管理委员会、农业巨灾风险基金管理公司、农业巨灾再保险公司等，农业巨灾风险基金的筹资组建与组织形式密切相关，不同组织形式决定了基金不同的筹资方式和筹资结构。合适的组织形式通过确定合适的治理架构以及激励约束机制来保障各方筹资者利益，保证出资人的筹资积极性，确保农业巨灾风险基金的筹资稳定性。

如图 1-1 所示，农业巨灾风险基金筹资机制是以筹资模式为核心的各类筹资要素协调运行的制度安排。筹资模式是筹资机制构建的核心内容，筹资渠道和筹资方式是构成筹资模式的主要部分，筹资规模和筹资主体决定了筹资模式的选择，组织形式是筹资机制顺利运行的保障。

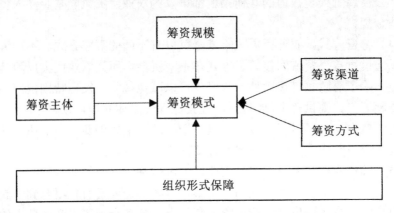

图 1-1 我国农业巨灾风险基金筹资机制示意图

2. 筹资机制的影响因素

一套成熟完善的农业巨灾风险基金筹资机制还与该国的现实国情相关。是否可以选择合作筹资机制来建立农业巨灾风险基金，主要受以下两个因素的影响：

（1）筹资参与意愿。筹资参与意愿是影响筹资机制选择的重要因素。合作筹资是否可行首先取决于各方筹资主体是否有筹资意愿。农业保险公司是巨灾风险基金的直接受益方，来自基金的巨灾损失补偿决定了保险公司有强烈的基金出资意愿；农业生产者为了保障自身经济收益，对基金筹资也有与其自身需求相适应的筹资意愿；而资本市场投资者的出资意愿则取决于基金发行合约设计，可借鉴成熟的巨灾债券化思路获取投资者的出资意愿。不同筹资主体参与意愿的存在是采取合作筹资模式的重要基础。

（2）筹资效率。筹资效率是影响筹资机制选择的另一重要因素。基金制度的建立需要在较短时间内尽快完成，筹资效率因此变得非常关键。筹资效率反映的是一只拥有合理规模且增长稳定的农业巨灾风险基金所需要的资金筹集时间。我国采用的是行业缴费逐年滚存的筹资方式，因为积累缓慢难以满足基金使用的规模要求，筹资效率不高会导致基金持续性变差，后续资金积累速度赶不上基金消耗速度。当传统筹资机制下筹资效率不能保证的时候，合作筹资机制就开始进入人们的视野，探讨新的基金筹资具有可能性。

当筹资规模较大、各方筹资主体都有出资意愿并且选择了合适的基金组织形式的前提下，合作筹资机制才有可能。在政府和市场合作筹资背景下，测定基金适度规模，评估基金筹资效率，在确定的筹资规模基础上开放性地将资本市场投资人纳入筹资主体范围，拓展多元化的筹资渠道，以基金筹资模式为核心，综合不同筹资主体的筹资责任、筹资效率、出资比例以及不同筹资主体相互间的利益冲突和协调，通过激励约束机制激发不同筹资主体参与合作筹资的积极性。完善的农业巨灾风险基金合作筹资机制不仅有利于农业巨灾风险基金的快速筹集，更可以凭借市场力量提高农业巨灾风险基金的制度效率，更好地发挥基金分散农业巨灾损失的作用，提高整体农业保险行业的抗风险水平。

三、政府与市场合作关系

近年来，政府和市场合作关系是我国公共产品政策研究的关键词之一。大量研究表明，市场交易中的公共物品和准公共物品生产存在明显的市场失灵，交易外部性以及信息不对称等原因会使"最有效率的市场体系，也产生极大的不平等"（萨缪尔森等，2002）。政府制定公共政策进行干预是应对市场失灵的重要手段，然而政府干预又会带来政府失灵。农业巨灾风险管理中，农户对巨灾风险的认识和需求差别导致政府无法完全准确地提供巨灾保障政策以满足所有农户的需要，即使制定出符合多数人意愿的公共产品政策并公布实施，在执行、评估、监测过程中仍会面临组织内部的分权、激励、政府独立经济人取向等使政策效能大打折扣的问题，最终农户风险保障需求仍有可能受损，从而导致政府失灵。市场失灵和政府失灵的同时存在表明，市场交易机制和政府管理机制各有利弊，当我们采用某种机制提供公共产品时可以用另一种机制进行必要的修补和替代，但又不可避免地要受到两种机制互不兼容的制约，确定两者边界不仅较为困难，而且还存在明显的"板块式"局限性（贾康、冯俏彬，2012）。

政府和市场的合作关系不是建立在失灵理论基础上的合作，而是在肯定政府和市场各自有效性和失灵基础上，重视各自固有的优势和长处，由原来的替代与拼接关系转变为渗透和融合关系，进而达到互补、整合意义上的合作伙伴关系。市场的优势在于效率高，政府的优势在于以公权力为基础的社会成员之间必要的强权分配，超越个体利益局限为大多数社会成员提供必要的社会公共产品。一般情况下，提供巨灾保障是政府的主要责任，但政府"提供"公共产品并不必然由政府"生产"公共产品，私人部门也可以提供。在适当的领域，政府和市场以合作关系提供某项公共政策，可以达到比各自单独发挥作用更有效的结果。近些年，公私合作伙伴关系在我国公共交通、城市水利、环保、保障房工程等公共领域内的蓬勃兴起恰好说明了政府和市场合作的广泛应用前景。以中央政府主导各方利益相关者参与的农业巨灾风险基金可引入政府和社会资本合作（Public-Private Partnership，PPP，下同）模式以探索新的农业巨灾风险筹资和巨灾保障方式。政府制定规则并行使监管和协助职能、提供财政支持，商业保险公司借助服务网络以及风险管理技术实施风险保障、按地方灾害风险程度进行保费统筹，其他相关利益者通过资本市场参与基金筹资运作，共同解决农业巨灾风险保障问题。

第三节　国内外研究现状

一、国内研究现状

1. 农业巨灾风险基金的界定

首先，国内学者对农业巨灾风险基金性质的资金池名称表述不一，文献中出现的相关概念表述包括农业巨灾保险基金（田玲、李健华，2014）、农业保险的巨灾准备金（庹国柱、王德宝，2010）、农业巨灾损失基金（冯文丽等，2008）、农业巨灾专项风险基金（杨敏，2008）、农业保险风险基金（袁建华，2009）、农业政策保险基金（江日初，2004）、巨灾保险基金（谢世清，2009）等，不一而足。其次，对农业巨灾风险基金的定义也有差异，例如庹国柱等（2010）认为，农业保险巨灾准备金不同于一般的责任准备金和赔款准备金，是一种特殊的巨灾风险损失准备金。袁建华（2009）把农业保险风险基金界定为一种补偿灾害损失的保障资金，用于农业保险经营中特大灾害损失以及政策性农业保险公司经营农业保险的损失金额。邓国取（2007）认为巨灾是一个相对概念，相对于巨灾承受主体而言，超过其承受能力时即为巨灾。基于研究需要，本书将农业巨灾风险基金这一研究对象界定为政府设立的基金，用于弥补农业保险合约范围内超出保险公司偿付能力的赔款资金缺口。

2. 基金的制度设计

近年来国内学者对农业巨灾风险的研究成果颇多，前期研究成果主要集中在农业巨灾风险基金制度设计上，国内诸多学者从政策性农业保险、农业再保险工具、农业财政救助资金工具、农业保险风险保障基金等方面提出了各自的观点。农业保险被认为是一种准公共产品，学界主流观点均认为农业风险筹资应加强政府补贴的刺激作用，依靠政府力量加强农业巨灾风险管理，发挥农业保险对我国粮食生产安全的保障作用。庹国柱、王德宝（2010）提出通过设立农业巨灾风险基金来补偿遭遇巨灾损失的农业保险主体是对农业巨灾保险制度的有力支撑。徐亚平等（2012）通过借鉴日本的农业灾害补偿制度，分析我国现有农业灾害补偿制度存在的问题和不足，提出了完善我国现有农业灾害补偿制度的建议，主要包括发挥政府主导作用、建立互助共济的组织基础、完善农业灾害补偿立法和建立长效的政府投入机制。但同时一些学者也认为，于博洋（2007）讨论了农业巨灾基金的基本模式和设立优势；严寒冰、左臣伟（2008）则探讨了农业巨灾风险基金的建立途径、有效使用以及赔偿封顶等制度内容。

我国学者大多强调政府在农业巨灾风险基金管理中的主导作用。冯文丽（2004）建议设立农业风险管理基金，中央及省政府成立农业风险管理局对该基金进行管理，降低农险机构面临的系统性风险。资金来源于各家农险机构缴纳的再保险费和税收减免，当出现农业大灾使农险机构赔付率超过一定比例时，可提取基金用于赔款分摊。于博洋（2007）认为农业巨灾风险基金是分散农业巨灾风险一项有效措施，其优势在于能够将市场和政府力量有机结合，来弥补农业再保险市场的不足。谢家智（2008）认为，政府建立农业巨灾风险基金是增强市场风险分摊能力的有效途径；冯文丽（2014）认为中央级基金多以政府出资方式建立；邓国取（2007）建议组建中国农村金融总公司，负责政策性农业开发贷款和政策性农业巨灾保险业务；吴婷（2011）认为，由于我国巨灾保险制度仍处于初级阶段，因此应该在全面探索巨灾风险融资体系的基础上来建立恰当的巨灾保险制度，而巨灾风险基金则可作为我国巨灾风险融资体系的核心，由政府主导和公私合作的方式运行。刘明波（2014）提出，为更好应对巨灾风险，由政府、保险公司、个体共同承担巨灾风险，可采取保险、巨灾保险基金、巨灾债券、或有负债安排等融资工具多层安排的融资方式。邱波等（2014）研究了农业巨灾风险基金制度的功能、逻辑和政策选择，认为政府补贴下的市场运作是农业巨灾风险基金制度的核心特征。

多数学者认为政府性基金是农业巨灾风险基金的主流形式，但也有学者提出市场化条件下构建农业巨灾风险基金的设想。于博洋（2004）、卓志（2008）、冯文丽（2010）提出各级政府及私人等社会资源可充分整合形成合力应对巨灾。官兵（2008）的分析证明，农业风险管理依然可以发挥市场功能，为市场力量加入农业风险管理提供了理论基础。农业巨灾风险管理与农业保险密切相关，农业巨灾的致灾因子包括自然因素、非自然因素、社会因素等方面,农业巨灾风险的存在是导致我国农业保险一度萎缩的主要原因(邢慧茹，2009)。田玲等（2014）构建的农业巨灾风险基金以纯粹市场化基金形式，运用"结构型基金"理论构建半封闭式分级基金，充分利用金融市场完成基金投筹资，保证农业巨灾基金偿付能力持续保值增值。

3. 基金的筹资渠道

现有农业巨灾风险基金文献多有述及基金的筹集渠道，不同学者对基金筹资渠道和资金来源虽论述各异，但已有基本共识，一般包括政府财政拨款、保险公司保费提取和法律或章程规定的其他途径三种方式（张长利，2013；冯文丽，2006；何菊芳，2005，等）。具体来看，政府渠道包括财政预算拨款、借入资金或政府贷款，政府附加税或特别课征收入等，以及通过政府从国际组织融入资金、发行巨灾彩票收入（张雪芳，2006）筹资途径，保险公司渠道包括保费收入的一定比例（庹国柱等，2009）、再保险费收入等。基金其他筹资途径包括市场筹集和社会捐助两类。其中市场筹集的基金来源有基金投资收益、债券发行、企业或社会团体参股、资本市场筹集等。庹国柱等（2007）认为，基金的资金来源还可以包括从国家粮食风险基金中转移一部分过来。董晓林（2008）将基金来源概括为"政府投入、社会捐资以及农民投保三部分"。张旭等（2008）则把农业巨灾风险基金的资金来源扩大到"国家财政补贴和拨款、各级地方政府的部分支农资金和救灾款、政策性保险机构发行的债券、国家投资为主，企业和社会团体等参股方式筹集"，田玲等（2014）把农业巨灾风险基金设计成半封闭分级基金的形式，通过资本市场公开发行的方式来筹集资金。文献研究表明，农业巨灾风险基金的筹资渠道已覆盖到政府、社会、保险行业、农业经营者、资本市场以及国际组织等多个筹资途径。

4. 基金的筹资规模

近些年来，农业巨灾风险研究开始出现定量和实务细节相关研究，比较多的实证方向是在农业巨灾风险基金的筹资规模测定方面。庹国柱（2011）认为应确定合适的筹资方式应对巨灾发生后风险基金不足以支付超额赔款的困境；王军等（2010）发现各地巨灾风险准备金制度尽管有多种筹资渠道，但仍存在筹资困难的现实障碍。实证研究表明，我国农业巨灾风险基金筹资效率并不高，以北京市现行农业巨灾准备金制度为例，政府按年均农业增加值 1%计提基金，需 15 年才能达到最低累计规模（庹国柱，2011）。吕晓英

（2018）构建我国农业保险大灾风险四级分散体系，建议在公司大灾风险准备金以及农共体提供商业再保险之后建立农业大灾"融资预案"和"政府付息准备金"，并运用系统动力学模型得出 2033 年、2026 年、2022 年政府准备金规模累计达到 61.28 亿元、53.65 亿元、40.67 亿元时可以应对我国农业保险提前发生 50 年、20 年、10 年一遇的三次大灾风险损失。

5. 政府和市场关系

理论界对政府和市场的关系研究存在三种观点：此消彼长的替代关系、互不排斥的伙伴关系、你中有我我中有你的融合关系（李春龙，2012）。学者普遍认为，在市场失灵领域内，政府要积极作为，在市场需求不振时，政府要加大宏观调控。巨灾保险市场上很多国家政府进行政策干预时会带来挤出私人保险、增加民众依赖心理、增大社会风险等不利后果，因此部分学者反对政府干预巨灾保险市场（何小伟，2009）。另有学者认为，在巨灾保险市场，政府和保险公司等参与成员组成共保群体，由共保组织对风险分配做出决策，这样的相互保险形式可能更适合巨灾风险的优化配置（张庆洪等，2008）。一般认为，市场主体不能够自发在巨灾保险市场上发挥其应有的作用，需要政府的配合和支持，市场机制和政府行为的有效结合，关键且重要的问题在于能否明确界定模式中市场的行为和政府的职责以及制定合理的制度运行规则（谢家智等，2009；魏华林等，2012；卓志等，2014）。制度构建初期政府应加大资源投入，制度设立后应加强培育市场化主体（卓志，2016），更好发挥市场机制在保障巨灾损失中的作用。

二、国外研究现状

农业巨灾风险基金制度是农业巨灾风险管理的一项内容，对农业巨灾风险基金的探讨多包含在巨灾风险管理文献中。对巨灾的理解，汉森等（Hansson K，Danielson M & Ekenberg L，2008）将巨灾风险定义为可以导致重大损失的极小概率事件，如地震、干旱、洪水等自然灾害。由于发达国家金融市场较为完善，研究者更多关注通过市场交易实现巨灾风险分散目的，重视资本市场的巨灾风险分散功能，同时政府在巨灾风险管理中的作用也有涉及。

1. 巨灾风险的可保性

关于巨灾风险是否可保，学术界尚无定论。马太等（Matthew Feig & Malcom Wattman，2008）认为巨灾保险市场波动大，很难平衡发展。弗里曼等（Freeman & Kunreuther，2003）认为巨灾风险不满足可识别、可衡量、风险费率可厘定的条件。这些学者认为纯粹的市场条件下巨灾风险不可承保。

与之相反，詹姆斯（James M Stone，1976）认为，如果巨灾风险在险种、区域和时间上足够分散，或保险公司足够大，或收取足够高的保费，或保险机构能同时参与各种风险的业务，将风险暴露系数控制在一定范围内，巨灾风险就可承保。拉贾等（Raja Bouzouita & Arthur J Young，2003）也认为，巨灾风险可以通过证券化的方式解决巨灾风险的可保性问题，巨灾衍生证券具有再保险不可替代的交割简单、条件灵活、资金来源充沛等优势，可以成为合适的分散巨灾风险的场所。

2. 农业巨灾风险管理中的市场化筹资理论

国外研究普遍将农业巨灾风险的分散场所指向再保险市场和资本市场，资本市场筹资是西方学者普遍推崇的一类巨灾筹资方式。班森和克莱（Benson & Clay，2002）研究表明，在高灾害国家中非充分的风险筹资策略将会影响灾后经济发展，灾后必须动用公共预算资金救灾的情形会对国家经济带来长期不利影响，而一套完善的灾前筹资体系将会更有利于国家平滑巨灾对经济的冲击（Andersen，2005）。在保险市场中，从传统的大数法则分散普通风险到跨风险的最优巨灾契约提出（Louberge & Schlesinger，1999），再到承担跨区域和不同巨灾类型的巨灾保险模式全风险保单概念（Russell，2004）的建立，巨灾风险转移理论不断得到拓展。美国看重巨灾风险的资本市场筹资功能，风险主体可以更多借助资本市场分散巨灾风险。针对传统保险市场对巨灾损失承担有限的现实，巨灾产品的更新换代丰富了巨灾风险转移理论。早在 20 世纪末，多尔蒂（Doherty，1997）探讨新工具转嫁巨灾损失到资本市场的可行性，分别介绍了巨灾期权、巨灾债券、巨灾股权筹资等创新型工具的优劣势，重点指出巨灾债券的广泛应用是当前再保险人提升承保能力的有效途径之一。格鲁伯（Gruber，2008）提出类似农业巨灾这种不可保风险运用 ART（非传统的风险转移技术）效果可能会更好，同时指出公司部门通过自保公司、保险连接证券等工具将会取得一定成效。

3. 农业巨灾风险管理中的政府筹资理论

政府是人们普遍认定的巨灾筹资主体之一，很多国家采取应对重大农业灾害损失的种种办法中，政府都在其中发挥核心主导作用。昆雷泽（Kunreuther，1974）分别探讨 4 种极端的巨灾筹资方案：完全政府承担、财产所有人自保承担、法定巨灾保险、苛刻土地使用限制和建筑法案，建议政府采用综合性巨灾保险制度和土地使用限制等法规相结合的减灾筹资体系。筹资产品上由于美国联邦政府的基本救灾体系阻碍了巨灾风险暴露的有效评估，政府通过单一事件巨灾超额损失再保险（Excess-of-Loss，XOL）来分担最高层的损失。这是一种更优的筹资决策，XOL 计划不仅可以降低巨灾道德风险，而且政府承担有限的高层损失也在一定程度上冲减借款成本。税收政策在政府运用财政手段管理农业巨灾筹资方面作用巨大。税收成本会影响巨灾保险及再保险的供给，政府通过税收制度鼓励农户利用私人市场实现管理农业巨灾风险的目的（Meuwisssen et al，2001；Harrington & Niehaus，2003）。通过对再保险市场以及巨灾风险证券化的研究，尼豪斯等人（Niehaus，2002；Froot & O'Connell，2008）认为农业巨灾风险筹资的有效运行同样依赖于政府税收优惠和财政补贴等制度安排。除了税收政策支持外，弗里曼（Freedom，2001）认为政府转移巨灾风险的作用有限。对发展中国家而言，由于缺乏足额巨灾准备金，发展中国家政府转移巨灾风险的作用更有限。在保险市场不发达的国家，政府需要扮演更积极的角色，如直接承担风险（Mitchell & Schnarwiler，2008）来有效化解巨灾风险，有必要建立市场机制下的巨灾保险基金，减轻巨灾对公共财政的压力。若政府能够比私人市场以更低的成本筹集资金，那么政府为农户提供农业巨灾保险制度或许更有效率（Niehaus，2002）。肯尼斯（Kenneth，1999）认为政府基金使用要有所限制。联邦政府和州政府的巨灾基金作为继再保险之后的二线风险筹资形式的存在会对保险合同产生挤出效应和逆向选择，不利于巨灾保险市场的发展。

4. 农业巨灾风险管理中的合作筹资理论

近年来较多文献开始考察以合作机制管理农业巨灾风险。巨灾风险管理模式应是一种政府和市场有效结合分担风险的模式（Kunreuther，2006），其最大特点是各个风险承担主体共同参与，政府和市场承担有限风险责任，政府在这一模式中扮演管理者及最后担保人的角色，私营或商业保险机构扮演参与者和实施者的角色，成为连接政府和市场的纽带。由于自然灾害原因造成的农作物损失既有相关性，又非完全正相关，因此农业风险可视为一种"中间"（in-between risk）风险（Skees et al，1999），无论是保险还是资本市场都无法完美地转嫁农业风险。政府一方面用财政政策筹集巨灾损失补偿资金，另一方面政府也可以利用金融创新技术发行农业巨灾风险债券、巨灾期货等为农业巨灾风险有效分散而筹资（Skees & Barnett，1999）。政府在管理农业风险时一般有三种选择：财政支出、灾后社会救助、促进更多市场化风险转移工具的出现。为避免参与人抢夺公共资源，政府在农业风险保障领域的投资非常小心，往往提供结构化产品和配套政策以防止挤出私人保险，如结构性补偿计划、发展分层监管结构等方式鼓励和引导私人保险市场发展（Skees et al，2006）。政府干预必须以促进社会福利改进为目标，政府、再保险、资本市场三者需探讨制定分散巨灾损失的最优结构（Nell & Richter，2004）。以巨灾基金建立保险和再保险机制成为巨灾风险筹资的重要方式（World Bank，2008）。充分利用政府或国际机构的信用贷款以及巨灾债券等工具是政府应对最高层巨灾损失的常用手段。需要注意的是，发展中国家如果过度依赖国际资助将会使该国不重视灾害管理，将引发整体性的道德风险。目前发展中国家的事后筹资机制严重影响了国家经济可持续发展，应多利用新型筹资工具加大事前筹资比例，国际金融组织的资助和建立区域性保险风险共保体是发展中国家提升风险分散国际化的有效方式（Cummins & Mahul，2008）。

三、文献评述

从现有文献来看，农业巨灾风险筹资的国内外研究在研究内容和研究方法上既有相同点，也有不同点：

从研究内容来看，首先，国内外学者都注意到政府在一国农业巨灾风险管理中发挥着不可或缺的作用，无论是保费补贴还是财政救助，巨灾风险分担离不开政府的积极参与和强势干预。其次，多元化的筹资方式是农业巨灾筹资的共同选择。政府介入不能完全替代市场，市场化筹资方式是农业巨灾筹资必要的筹资组成部分。在筹资方式研究选择中，国内外有所区别。国外学者的研究兴趣集中在巨灾筹资的市场化方式，讨论发达的金融市场背景下利用巨灾证券化创新风险筹资产品、资本市场发债融资等市场化手段完成巨灾筹资，而国内学者则以介绍基金制度构建的国际经验借鉴，偏向宏观制度架构设计，针对农业巨灾风险影响和基金制度的微观层面关注不多。筹资方式研究仅停留在资金来源以及多样化筹资渠道梳理，巨灾风险筹资的市场化方案设计尚处于探索阶段，这与我国金融市场不完善，金融创新实践不足有直接关系。

从研究方法来看，国外研究方法多以数理方法实证定量为主，侧重对农业巨灾筹资的微观应用性研究。国内相关实证研究主要以基金规模测算为主，对农业巨灾筹资需求的定量分析尚不多见，巨灾风险转移的经济学分析还比较零星，这与我国尚未建立农业巨灾风险分散机制，数据积累比较缺乏有一定关系。

现有研究均没有关注农业巨灾风险基金的筹资机制构建，也没有将巨灾筹资机制纳入政府和市场合作框架下来考虑。农业巨灾风险分散研究成果讨论制度运行机制的较多，对农业巨灾风险基金的筹资问题则只是从筹资规模、筹资渠道等单一筹资要素去分析，对筹资渠道的梳理大多仅是简单的罗列，并未就筹资主体与筹资渠道的结合与选择做深入分析，尤其缺乏对筹资模式的思考和讨论，难以构成系统的巨灾风险筹资机制。另外，现有巨灾筹资只是强调了政府和保险公司各自在巨灾风险分散机制中的重要性，意识到政府和市场之间的互补关系，但并未放到合作框架下来考虑筹资。政府和市场的合作关系近年来取得的实践成就是否可以应用到农业巨灾风险筹资中？在巨灾筹资制度设立初期能否建立合作筹资框架，既利于巨灾筹资制度的迅速建立，又有利于制度的高效运行？如何发挥社会资本在农业巨灾风险基金制度中的作用？这些问题在已有文献中鲜有涉及。本项研究旨在构建政府市场合作框架下的农业巨灾风险基金筹资机制，客观分析以政府和保险公司为代表的社会资本在巨灾风险分散中的地位和贡献，以公私合作为基础激发农业巨灾风险基金各方参与者分担风险的积极性，并尝试建立符合我国实际的农业巨灾风险基金的合作筹资机制框架。

第四节　研究思路、方法与主要内容

一、研究思路与研究方法

　　农业巨灾风险管理是农业保险高质量发展的必要保障。只有控制了农业保险经营中的巨灾风险，才能提供更好的农业保险服务。我国目前已有针对农业保险经营中的部分巨灾风险管理政策和措施，例如公司层面提取农业保险大灾风险准备金制度，部分省市设立政府巨灾风险准备金制度等，这些政策的执行为缓解保险公司赔付压力发挥了一定的作用，但准备金的积累对于巨灾损失的补偿而言往往杯水车薪，政府巨灾准备金往往在还没有达到适度规模前即宣告耗尽，难以真正发挥农业巨灾防范和补偿功能，这也为我们研究农业巨灾风险基金筹资问题提供了研究空间。

　　本研究的基本思路是：基于问题导向的引领，尝试回答三个问题，即为什么要研究农业巨灾风险基金的筹集问题、如何实现我国农业巨灾风险基金的合作筹资以及如何保障公私合作农业巨灾风险基金的顺利筹集。我国当前正处在经济增长速度放缓、经济结构调整以及经济发展方式转变的时期，政府财政负担和债务压力正不断增加，政府财政资金单独出资建立农业巨灾风险基金制度存在筹资可行性问题。由我国地方巨灾风险准备金积累缓慢的现状可以得知，单独依靠行业缴费或单独政府财政出资都会影响基金建立，寻找多渠道筹资以及开发基金新的资金来源就成为农业巨灾风险基金筹集的应有之义。农业巨灾风险基金合作筹资机制的构建关键在于选择合适的合作筹资模式。"政府+行业+市场"的基金筹资模式将基金筹资主体、筹资渠道以及筹资方式有机地整合在一起，形成基金筹资机制的核心内容。适度筹资规模上的筹资模式选择配合必要的基金组织形式选择，可以建立起我国农业巨灾风险基金合作筹资机制整体框架。最后本研究讨论了公私合作模式下筹集农业巨灾风险基金所需的法律背景、市场基础和政策环境，根据现有条件和基础提出政府可采取的行动次序和实施步骤，以推动国家农业巨灾风险基金及早建立，并在试点省市政府巨灾准备金基础上改进地方农业巨灾风险基金的筹集和设置，最终形成全国统一的农业巨灾风险基金体系。合作筹资是农业巨灾风险基金筹资机制的创新体现。因为传统筹资和合作筹资的筹资渠道和筹资方式差别不大，本研究以农业巨灾风险基金五大筹资要素为切入点，结合筹资意愿和筹资效率，重点探讨合作筹资主体与合作筹资模式在我国的适用性，最终建立以基金合作筹资模式为核心的我国农业巨灾风险基金合作筹资机制设计。

本研究采用的研究方法众多。定性研究中大量运用案例分析和国别比较方法，对现有的国际农业巨灾风险基金、成熟完善的各类巨灾基金以及国内各地政府建立的巨灾风险准备金做了细致全面的梳理，系统分析各个基金特有的筹资渠道等筹资要素，为构建我国农业巨灾风险基金筹资机制提供分析素材。同时，为了提高研究的科学性和客观依据，本研究基于利益相关者理论，采用问卷调查和机构访谈等方式采集一手数据，结合宏观经济年鉴数据对农业巨灾风险基金规模、基金筹资效率、农业巨灾风险转移意愿以及农业巨灾风险分担比率等技术细节进行定量测算。定量研究方法包括蒙特卡洛模拟法、VaR 测算法、财务数据分析法、有序多分类 logistic 回归、主成分分析法等，为搭建多方参与的农业巨灾风险基金筹资机制提供技术支撑。

二、主要内容

根据研究思路，本书共分四大部分九章内容。第一章绪论部分，介绍本研究的缘起，分别界定了农业巨灾风险基金、基金筹资机制以及政府市场合作等几个基本概念，介绍了国内外关于农业巨灾风险基金的主要成果并做出评述，为后续研究的深入推进奠定基础。

第二章至第五章是本书的第二部分，从理论上探讨为什么要思考农业巨灾风险基金合作筹资问题，并就公私合作筹集专项资金的理论分析做了梳理。

其中，第二章为"农业巨灾风险基金筹资概述"，介绍农业巨灾风险基金的功能和属性，传统的政府性基金筹资理论和合作筹资的理论依据，并对基金筹资过程中的政府因素做了充分阐述；第三章"农业巨灾风险基金合作筹资驱动要素"讨论了现实中的政府财政约束表现，以及公私合作开展公共事务管理在我国的发展，从必要性和可行性两方面探讨我国开展农业巨灾风险基金合作筹资的驱动力；第四章"农业巨灾风险基金合作筹资主体分析"引入利益相关者理论，分别探讨了各级政府、农业保险公司、农户、农业企业以及社会投资人参与基金筹资的利益诉求，并基于不同筹资主体之间的利益冲突以合作博弈的方式进行利益协调，实现合作共赢。第五章"农业巨灾风险基金合作筹资国内外实践"综合国内外农业巨灾风险基金筹资实践，分析了我国地方农业巨灾风险基金筹资存在的问题，揭示基金筹资模式创新的迫切性。在分析全球主要巨灾风险基金筹资规律时发现，私人部门和市场化筹资在政府基金筹资中发挥越来越重要的作用，这为完成我国农业巨灾风险基金筹资提供了新的思路。

第六章至第八章是本书的第三部分，围绕"如何实现我国农业巨灾风险基金的合作筹资"提出我们的看法。在第五章国际经验总结的基础上，第六章"政府主导，行业参与"合作筹资模式着重论述保险行业缴费参与基金筹资的具体方式，从基金运营方角度强调筹资区域差异化处理的必要性和费率分区论证。第七章"政府主导，市场参与"合作筹资模式则从筹资方角度分析了市场参与基金筹资的几种方式。除了政府资金和保险行业缴费构成基金主体外，还可以在基金设立之初的资本金筹集阶段引入 PPP 方式私募召集投资人，在基金设立后适当时机下发行巨灾债券和应急资本票据转嫁风险，同时初步论证了公开发行农业巨灾风险基金的基本操作和资金管理。第八章"我国农业巨灾风险基金合作筹资机制设计"在测算我国农业巨灾风险基金的总体规模以及明确选择"政府+行业+市场"筹资模式后，提出我国农业巨灾风险基金筹资和运行的总体框架，建议以合作筹资方式建立我国农业巨灾风险基金制度。

第九章"基金合作筹资的政府行为与保障措施"是本书的第四部分，尝试回答"如何保障公私合作农业巨灾风险基金的顺利筹集"这一问题。本章主要论述政府在自身法律法规建设和市场环境建设中的政策举措，为筹集农业巨灾风险基金提供可实施的行动路线图。

第二章 农业巨灾风险基金筹资概述

巨灾风险分散对保障农业生产稳定和农业保险经营稳定意义重大。随着农业保险的快速发展，农业保险业务的风险累积也迅猛增长，超额赔付风险长期客观存在已影响到农业保险的可持续发展。农业巨灾风险基金的资金筹集与农业巨灾风险金的功能与属性密切相关，了解农业巨灾风险基金的特征有利于构建适合我国的农业巨灾风险基金筹资机制，从传统单一的政府筹资渠道到当前多元化筹资渠道和筹资主体的出现表明基金的筹资模式正在发生转变。本章主要阐述农业巨灾风险基金的功能和属性，介绍常见的基金筹资资金来源，并对基金的传统筹资和合作筹资做了分析和比较。

第一节 农业巨灾风险基金的功能和属性

随着国家政策性农业保险业务的深入推进，农业特大自然灾害的发生让保险公司的准备金和资本金下降明显，公司容易陷入严重的财务危机，巨灾损失日益成为保险公司破产的重要原因，这个结果严重打击了农险公司开展业务的积极性，成为阻碍农业保险业务扩大做实的直接障碍。为了保护保险公司持续经营农业保险的外部环境，独立的国家农业巨灾风险基金制度开始成为人们研究的选题。2005 年原保监会提出建立农业巨灾风险基金的设想，开始探索农业巨灾风险基金的制度建设。2005 年 11 月原保监会调研农险发展问题报告中指出，农业保险发展面临缺乏巨灾支持保护体系、缺乏财政税收支持、缺乏相关法律法规等问题，提出设立农业巨灾风险基金制度。此后，国内部分省、地区开始结合自身的特点及需求，纷纷开展农业巨灾风险基金试点，以农业巨灾风险基金防范农业巨灾风险的理念开始形成并逐步推广。

一、农业巨灾风险基金的功能

作为农业保险分散巨灾风险的重要保障，没有巨灾风险分散机制的农业保险体系是无法维持的。建立农业巨灾风险基金是当前适合我国农业风险管理有效的途径之一。和纯市场化操作的农业巨灾保险相比，农业巨灾风险基金制度更契合我国农业保险的原有制度框架，制度演变更容易推进并取得成效。作为一种制度供给，农业巨灾风险基金为农业巨灾风险的损失分摊提供最后一道防火墙。从资金形式看，农业巨灾风险基金是专门用于某种特定目的并进行独立核算的资金。从组织形式看，农业巨灾风险基金又是指管理和运作专门用于某种目的并进行独立核算资金的机构或组织。

　　农业巨灾风险基金最重要的功能即实现对农业巨灾损失的足额补偿。农业巨灾风险基金是巨灾损失得到补偿的最终依托，通过巨灾风险基金可实现对巨灾风险的足额承保。通过建立专业化的巨灾风险基金，可以扩大农业保险的承保能力，避免因为保险公司资本金约束而使保险保障陷入徒有虚名的尴尬局面。针对农业巨灾风险，各国政府都事先做好财务准备，保证充足资金应对巨灾赔付，减少巨灾发生后的财务负担。农业巨灾基金基本功能即为农业巨灾赔付筹足资金，在农险经营机构因灾害损失过高无法足额支付赔款时，由基金出资及时弥补资金缺口。农业巨灾风险基金实质是巨灾事件发生后保险公司的风险责任准备金不足以支付赔款时的融资预案，其触发机制即产生超过农险业务赔付率的超赔责任风险。为保证公司偿付能力，保险公司一般事先做好再保险安排，当实际赔付率在协议规定赔付率范围内时，由再保险公司承担相应赔款；当实际赔付率超过再保险协议规定的赔付率上限时，由政府农业巨灾风险基金予以承担。

　　2014 年 6 月上海市出台的《农业保险大灾（巨灾）风险分散机制暂行办法》规定，"在公历年度内有关政策性农业保险业务赔付率在 90% 以下的损失部分，由农业保险机构自行承担。赔付率在 90% 至 150% 的损失部分，由农业保险机构通过购买相关再保险的方式分散风险。赔付率超过 150% 的损失部分，由农业保险机构使用对应区间的再保险赔款摊回部分和农业保险大灾风险准备金承担，如仍不能弥补其损失，差额部分由市、区、县财政通过一事一议方式予以安排解决"，这意味着上海已建立起较为完善的地方财政支持的农业保险大灾风险分散机制，对 150% 以上的农业巨灾明确由政府财政支持分摊解决。设计中的农业巨灾风险基金即发挥这部分的农业巨灾损失补偿功能。以宁波地区农业保险业务赔付率来看，150% 以上的巨灾损失已有出现，2013 年菲特台风损失下的赔付率接近 150%，已经产生对保险公司超赔责任转嫁的现实需求（见表 2-1）。

表 2-1   2007－2018 年宁波市农业保险业务赔付率一览表

年份	2007	2008	2009	2010	2011	2012	2013	2014	2015	2016	2017	2018
业务赔付率（%）	257.0	84.4	71.8	41.8	49.7	123.1	143.9	64.6	129.1	71.21	70.29	53.8

数据来源：宁波市农业局。

从基金功能和定位的不同分析，现有的农业巨灾风险基金分为保险型基金、再保险型基金、补贴融资型辅助基金[①]三种。无论哪类基金，其用途基本包括支付保险金、提供保险费的补贴、向出现偿付能力缺口的保险公司提供贷款或其他经营支出、为保险公司提供信用担保、支付基金管理费用等内容。农业巨灾风险基金的足额补偿功能并不意味政府提供财政兜底责任。基金的建立为农业保险公司开展农业保险提供了基础性制度保障，使保险公司拥有完整的农业巨灾风险分散体系，可以在机构大灾风险准备金和再保险的基础上获得市场外部强有力的政府资金支持，保险公司兑现农业保险合同赔付责任更有保障。然而，保险公司作为保险合同承保人，依据合同约定承担被保险人的损失赔偿义务，对符合保险条款的农户损失承担完全的赔偿责任。政府设立的农业巨灾风险基金为农业保险经营机构提供再保险摊回或贷款担保或公司外部超赔补偿资金的融资利息等，确保农户遭到的巨灾损失可以实现足额补偿。

再保险型基金是普遍采用的农业巨灾风险基金表现形式。加拿大、法国等国家都建有类似基金制度，在灾害年份根据巨灾损失程度为农场主发放巨灾补偿资金以及提供巨灾应急救助。政府设立的巨灾保险基金为市场化保险公司经营巨灾风险提供再保险保障，用于巨灾损失造成的保险公司超额赔偿责任的承担，主要使用在保险合同最高层的承保损失的弥补上。通过基金足额补偿功能的发挥，农业巨灾风险基金还可实现对巨灾风险的独立管理。基金将全国范围内的农业巨灾风险结合到一起，通过风险分散和资金统筹使用进行统一的风险管理，同时还可以通过国际再保险以及巨灾风险的分散化，将风险分散到国际资本市场。

---

① 张长利. 农业巨灾风险基金制度比较研究[J]. 农村经济，2013（04）：122－125.

二、农业巨灾风险基金的属性

从农业巨灾风险基金的概念和功能出发，不难发现基金具有政府专项基金、灾害补偿基金以及产业保障基金的基金属性。

1. 农业巨灾风险基金属于政府专项基金

政府参与设立的各类基金，大多为了全体社会公众利益，代表全体国民行使资金筹集和管理职责。这些政府基金包括向公民、法人和社会组织公开课征的政府性基金、公共财政直接拨款设立的专项基金、变卖国有资产或收取经营利润而成立的基金、通过捐赠成立由政府管理的基金等多种形式，如社会保障和风险管理方面有养老基金、医疗基金、失业金；经济发展方面的产业引导基金、企业发展基金等；政府行政管理方面的残疾人就业保障基金、铁路建设基金、水库移民扶助基金等，不一而足。由于农业巨灾风险具有的系统性特点，造成的农业损失广度和深度都较为严重，农业风险领域存在明显的"市场失灵"，而农业又是公共福利性产业，农业保险是具有正外部性的准公共产品，社会公众受益于农业经济发展的同时，农业风险损失也需要部分转嫁或分摊到社会中。同时巨灾损失一旦出现，与农业保险实际赔款额之间的缺口往往较大，需动用的资金额较高，基金的筹资规模也导致政府成为最现实的风险管理者和资金提供者。传统的再保险市场由于农业风险保险标的高度集中性和系统性风险，往往因合约成本过高而难以成为损失最终承担者，即使在发达国家的农业保险市场也是依赖大规模的政府补贴来分散巨灾风险，因此由政府建立市场化基金已经成为政府首选。

2. 农业巨灾风险基金属于灾害补偿基金

农业巨灾风险基金是农业灾害损失补偿的最后防火墙。自然灾害造成的农业损失多为巨灾损失。晏飞（2010）将保险组合业务赔偿金总额的变异系数与独立责任业务的赔偿金总额变异系数之比代表系统风险值，发现农作物保险人所面临的组合风险大约是其他传统保险产品保险人所面临风险的 10 倍。我国农业生产面临的主要灾害有洪涝、干旱、低温冷害、冰雹、沙尘暴、暴风（包括台风）等气象灾害，荒漠化、水土流失等生态灾害，蝗虫、鼠类、恶性杂草等生物灾害以及地震、山体滑坡、泥石流等地质灾害。这些灾害发生后，继农业保险、再保险等传统补偿方式仍不能弥补投保人损失时，农业巨灾风险基金对农业保险投保人发挥重要的损失补偿功能。农业巨灾风险基金作为灾害救助基金的一种,可充分发挥市场化的风险转移和分散机制功能，运用市场基金管理手段和经验，提高农业巨灾管理水平。

3. 农业巨灾风险基金属于产业保障资金

农业巨灾风险基金的设立对于农业产业和农业保险产业的稳定发挥了重要作用。农业巨灾风险基金是农业保险体系的枢纽和依托，是保险公司承受巨灾风险打击的重要屏障，保证公司经营稳定。农业巨灾风险基金的基本职责是应对巨灾风险对农业保险经营的破坏和干扰，补充保险公司的偿付能力，因此，从基金的使用来看，保险公司是直接受益者。这些途径的基金使用，决定了基金对保险公司的意义，明确了基金属于行业基金的属性，是发展农业保险事业的重要保障力量。

农业发展也离不开农业巨灾风险基金制度。农业经济是国民经济重要组成部门，在国民经济体系中具有基础性的重要地位，农业再生产又是整个社会再生产过程中的一个重要组成部分，因此，农业巨灾风险基金的建立是稳定农业生产的必要选择，以基金来补偿农业灾害损失存在理论依据。作为弱势产业，农业不能全面推行市场化经营，正常风险状态下的农业生产由政策性农业保险提供保障的前提下，大灾事件往往让农业保险公司束手无策的同时使农业生产难以为继。农业产业化经营过程中，产生了一批"公司+农户""龙头企业+基地""公司+中介组织+农户"等多种形式的农业产业化生产模式，催生了一批具有一定生产规模的新型农业经营主体。相对于小规模农户而言，播种面积大的规模农户遭受自然灾害的损失程度就更高，更加关注农业风险对农业生产的制约作用，巨灾风险管理策略有力地促进了农业现代化的发展。农业生产部门也是基金制度的间接受益人，只有在建立基金制度的前提下才能发挥巨灾风险分散机制，确保农业巨灾损失得到充分保障，从而使农业生产者最终受益。

三、农业巨灾风险基金的设立意义

农业巨灾风险基金是农业大灾分散体系的重要组成部分，是继农业再保险摊回、公司提取的农业巨灾风险准备金之后的农业巨灾补偿机制的最后防火墙，用于补偿因重大自然灾害导致的农业损失对农业保险公司经营稳定所造成的影响，对农业保险制度的稳定和我国现代化农业发展都具有重大的现实意义。

农业保险业务经营中，保险人和被保险人双方都担忧农业巨灾风险问题。一旦发生农业巨灾，保险公司将面临巨大的危机甚至破产，农业巨灾风险问题已成为制约我国农业保险发展的重要因素。农业巨灾风险基金是农业保险体系的基础和依托，是保险公司避免巨灾风险冲击的重要屏障，对保证公司经营稳定具有重要意义。农业巨灾保险基金的基本职责是应对巨灾风险对农业保险经营的破坏和干扰，补充保险公司的偿付能力，保险公司是基金设立后的直接受益者。无论农业巨灾风险基金属于保险型、再保险型还是补偿融资型，基金的用途都对开展农业保险业务的保险公司提供巨灾风险分散保障，基金用途决定了基金对保险公司的意义，明确了基金属于行业基金的属性，是发展农业保险事业的重要保障力量。基金通过分担农业保险公司的巨灾风险超赔责任，确保在财务可持续的条件下完成对投保人的理赔承诺，这对于整个农业保险制度的长期可持续发展意义重大，是农业保险稳健经营必不可少的基础性制度建设。

不仅农业保险受益，农业发展也离不开农业巨灾保险基金制度。农业经济是国民经济重要组成部门，在国民经济体系中具有基础性的重要地位，农业再生产又是整个社会再生产过程中的一个重要组成部分，因此，农业巨灾保险基金的建立是稳定农业生产的必要选择。以基金来补偿农业灾害损失存在理论依据。作为弱势产业，农业不能全面推行市场化经营，正常风险状态下的农业生产由政策性农业保险提供保障的前提下，大灾事件往往让农业保险公司束手无策的同时也使农业生产难以为继。农业产业化经营过程中，产生了一批"公司+农户""龙头企业+基地""公司+中介组织+农户"等多种形式的农业产业化生产模式，催生了一批具有一定生产规模的新型农业经营主体。相对于小规模农户而言，播种面积大的规模农户遭受自然灾害的损失程度就更高，更加关注农业风险对农业生产的制约作用，巨灾风险管理策略有力地促进了农业现代化的发展。农业生产部门也是基金制度的间接收益人，只有在建立基金制度的前提下才能发挥巨灾风险分散机制，确保农业巨灾损失得到充分保障，从而使农业生产者最终受益。

近些年由于各地天气灾害频发，地方基金统筹用于农业巨灾风险保障经常面临基金洞穿危机，各地呼吁成立国家农业巨灾风险基金的呼声越来越高。全国统一的国家农业巨灾风险基金制度可以有效统筹各地农业巨灾损失补偿需求，满足各地农业巨灾保障需求调剂的需要。作为农业保险超额赔付准备的巨灾基金，从历年全国农业保险赔付率看，个别地区个别年份出现过损失超过100%甚至150%的赔付率，但全国平均农业保险业务赔付率在风险可控范围内，正是积累巨灾风险基金建立基金制度的较好时机（见表2-2）。

表 2-2　2007－2018 年全国农业保险业务赔付率一览表

年份	2007	2008	2009	2010	2011	2012	2013	2014	2015	2016	2017	2018
业务赔付率（%）	63.3	62.4	76.2	74.2	51.1	59.2	68.0	65.9	69.4	83.4	76.6	73.9

数据来源：南开大学农业保险研究中心。

第二节　农业巨灾风险基金传统筹资分析

一、基金传统筹资特性

与私人保险市场提供的商业巨灾保险不同，农业巨灾风险基金具有更加突出的政府支持背景。在巨灾风险管理中，政府的作用越来越重要。一般来说，国家农业巨灾风险基金多由政府财政出资设立，同时辅之必要的保险行业缴费和市场发债筹集。从基金的灾害补偿基金和产业保障基金属性出发，保险公司是基金的最大受益者。保险人按规定缴纳巨灾风险转移费用后，在发生巨灾损失时按基金协议要求获得一定的巨灾损失赔偿的补偿。资本市场投资人购买债券，也是普通的市场投资行为，对基金的筹集不负任何责任，除了债券承诺的投资回报外不享有任何权利。政府承担完全的基金筹资责任是基金传统筹资过程中的鲜明特性。虽然从筹资主体以及筹资渠道看，保险公司和市场投资人都直接或间接参与到基金的筹集，筹资渠道也不仅仅局限在政府财政拨款这个单一途径,但所有的筹资表现都离不开政府意志的体现，是政府承担所有筹资责任下的必然选择。在基金传统筹资过程中，除了保险公司缴纳保费外，大多由政府作为筹资主体利用各种筹资渠道来实现基金建立所需的适度规模，并需满足基金运行中资金时刻保持充足的要求，从而建立起可执行的农业巨灾风险基金制度。

二、基金传统筹资渠道

筹资渠道是农业巨灾风险基金传统筹资中讨论最多的一个方面，基金传统筹资渠道包括政府财政渠道、保险行业渠道、金融市场渠道和其他渠道四类。

1. 政府财政渠道

不管是巨灾保险还是巨灾基金，政府都会不同程度地介入与干预巨灾风险管理。在政府主导模式下，政府直接充当主导者，以强制保险或与其他利益相挂钩的半强制方式推行巨灾风险管理制度。一般情况下，巨灾风险基金都是由政府通过行政强制和财政资金分摊完成筹资，主要筹资渠道包括：列入预算直接拨款；从专项基金账户下划拨，比如民政救灾资金、粮食风险基金、农业发展专项资金账户等；对特定征缴对象征收附加税或特别课征收入；必要时发行财政票据、定向债或提供政府贷款；此外，接受社会捐赠、彩票收入转移划拨等也是政府设立基金常见的资金补充渠道。农业巨灾风险基金为保障农业灾害损失补偿而设立，为全体农户财产安全及农业生产可持续发展服务，财政直接拨款作为基金初始资金主要来源比较合适。财政拨款设立专项基金不同于财政直接补贴，它有严格的管理要求，需要在基金设立之前就必须明确资金的数量、用途、对象、支付方式和补贴方式。由财政直接补贴改为设立基金管理，要求更加严格。除了直接拨款外，财政资金还包括从民政救灾资金或粮食基金等专项农业基金中调剂划拨部分。

财政拨款是政府组建农业巨灾风险基金最主要也是最直接的筹资渠道，在基金传统筹资中具有非常重要的地位。财政拨款包括中央财政拨款和地方财政拨款，各级政府每年从财政预算中提取一部分资金，实行滚动积累，是农业巨灾风险基金启动时最主要的筹资方式。财政拨款具有直接、方便、成本低的特点，但也有资金量有限、积累期过长等不足。尤其在地方政府一级财政上，由于各地政府经济实力、农业风险状况等存在明显差异，需根据各地实际情况确定合理的基金分担比例，将各地方政府的财政支出逐层统筹最终汇入国家农业巨灾风险基金的资金池中。同时还应当以法律形式确立各级政府间的筹资责任和分担比例，才能保证基金筹资所需资金顺利及时到位。

税收政策是政府筹集农业巨灾风险基金的另一种有效的筹资渠道。税收政策是国家经济宏观调控的"有形之手"，各国政府都在农业巨灾风险管理中充分加以运用，鼓励保险公司和农业生产者积极参与农业保险和农业巨灾保险。利用税收手段筹集农业巨灾风险基金一般有两种方式，一种是征收特别税或特别费用的方式，政府向特定对象公众征收专项税收或费用用于农业巨灾风险基金的积累。法国国家农业风险管理基金的资金来源中就包括有保险费的附加税、贝类养殖业的特殊附加税等计税项目[1]。由于税收的强制性和全

---

[1] 王涛. 国外农业巨灾风险基金制度比较及对我国的启示及建议[C]// 陕西省保险学会优秀论文集（2013－2014），2014：343－349.

面性，新增税收会带来公众较大的抵触行为，这一方式的运用往往比较慎重。另一种是税收减免间接促进农业巨灾风险基金的筹集。我国 2014 年实行的《农业保险大灾风险准备金管理办法》中提到，"保险机构计提大灾准备金，按税收法律及其有关规定享受税前扣除政策"。允许税前扣除，对经营农业巨灾保险业务免收营业税和所得税，对涉农保险业务形成的利润用于准备金积累免收所得税，这些税收激励政策可以提高农业保险经营者的积极性，提高农业保险费收入，有利于农业巨灾风险基金的积累。

2. 保险行业渠道

虽然专门论述农业巨灾基金筹资方式的文献不多，但讨论农业巨灾风险基金的学者大多提到包括农业保费提取、农业保险业务盈余转入、保险公司缴纳基金会费、基金投资收益等多种保险行业内筹资途径（谢世清，2009；于博洋，2007；张长利，2013；沙治慧和马振林，2012；王涛，2014；邱波，2015）。农业巨灾风险基金作为农业保险这个市场化风险分散制度建设必不可少的巨灾风险保障关键环节，作为直接受益人的农业保险经营机构理应成为除政府外的基金主要出资者。国际保险经纪公司佳达（Guy Carpenter）2010年对一些国家和地区（美国加州、爱尔兰、日本、墨西哥、新西兰、挪威、罗马尼亚、瑞士和土耳其）有关巨灾风险分担的一项调研结果显示，政府承担、风险转移和保险公司自留的比例分别为 59%、25%、16%[①]，保险公司自行积累资金是巨灾风险分担不可缺少的渠道之一。

3. 金融市场渠道

金融机构和金融市场也可以成为农业巨灾风险基金的筹资渠道。当基金出现不足时，向金融机构申请临时贷款是各国政府常用的应急手段，也可以通过发行财政票据筹集基金，在活跃的债券市场上完成筹资。政府为农业巨灾风险保障发行专项债券，以财政收入作为还款保证。如美国联邦农作物保险公司的资金来源中包括政府票据的发行（王涛，2014）。债权筹资是政府弥补财政资金不足而经常使用的筹资渠道。发生巨灾损失时，还可以向金融机构申请应急贷款用于损失救助，政府可以提供担保并支付贷款利息。除了发债筹资、贷款筹资外，近年来巨灾债券等巨灾衍生品也正在成为分散巨灾风险的有效手段，成为农业巨灾风险基金的筹资工具。值得注意的是，金融市场筹资虽然资金池数量充足，但筹资成本相对于财政拨款、保费缴纳等无成

---

① 姚建中. 境外巨灾保险机制中政府角色的浅析[C]// 浙江保险科研论文选编（2014 年度），2015：15-23.

本筹资渠道而言较高，在基金传统筹资渠道中使用尚不普遍。

4. 其他渠道

其他资金来源还包括社会捐赠、国际组织提供、资本市场融资以及投资收益等多种渠道。巨灾风险基金也可以接收社会公众的捐款，政府性基金中类似中国妇女发展基金会、中国青少年发展基金会、中国慈善总会等组织设立的基金均有公众捐款渠道。这些基金虽然与政府关系密切，但其资金主要是来自社会募捐，政府资助并不是必需的。慈善捐助是国际通行的灾后救济方法，一些跨国建立的区域性灾害基金的资金来源不受国家疆域限制，世界银行、美洲开发银行等国际性组织成为灾害类基金项目主要捐助者，一些灾害救助基金具有鲜明的国际化特色，如加勒比巨灾风险保险基金、中美洲自然灾害保险基金等。引入非传统风险转移（ART）技术后发现，除了传统的巨灾保险基金来源，资本市场投资者可成为基金新的出资人群体。以"结构性基金"理论建立农业巨灾风险基金是有益的尝试（田玲、李建华，2014）。资本市场的风险结构与农业保险的自然风险结构完全不同，构建结构性基金可以将不同类型的风险中和在一起，分别降低资本市场和农业保险市场的系统性风险，既满足投资者风险分散的投资需求，又达成农业巨灾风险基金筹集的目的。

三、农业巨灾风险基金筹资中的政府因素

虽然农业巨灾风险基金的筹资渠道多种多样，出资方包括政府、保险行业、金融市场、国际组织、社会群体等各行各业，农业巨灾风险基金一般情况下政府承担绝对的出资责任，资金比例也占比最高。相对政府出资，传统的基金筹资结构中，保险行业出资金额以及金融市场投资收益、票据发行融资等占比较低，社会捐赠占基金总额的比例更少。政府渠道是农业巨灾风险基金筹资的最重要甚至是唯一的渠道，在基金传统筹资中占有举足轻重的地位，有必要对政府筹资渠道做单独探讨。

1. 政府出资农业巨灾风险基金的原因

按照一般逻辑，任何时期任何国家的巨灾风险都由政府承担筹资职能。巨灾风险影响下的社会公众福利损失以及基本生存权利受到威胁，当市场无法提供大范围的风险转移时，作为全体国民利益代表的一国政府，需要为受灾国民的基本权利提供保障。

政府为什么要提供巨灾风险筹资服务？公共物品理论告诉我们，由于公共物品的非排他性、非竞争性等特点导致市场机制供给失灵，只有政府来供

给公共物品才能克服市场失灵。政府在提供公共物品的方式上，可以选择直接提供公共物品，或以财政补贴、税收减免等措施鼓励私人部门生产，或从私人部门那里购买产品和服务等多种方式。在政府选择提供公共物品的具体顺序上，可根据各项公共物品的整体效益大小以及轻重缓急来确定。当政府提供巨灾风险筹资这一公共服务时，其赈灾资金属于专款专用的财政专项资金，是为了履行公共管理职能的目的。财政预算中"社会保障和就业援助"项目主要包括社会福利津贴、赈灾资金、弥补社会保障基金不足的财政补贴等。农业巨灾风险基金用于灾害救助，是政府承担的农业公共服务职能之一。在政府需要筹资解决资金问题的众多项目中，人们习惯于接受政府为实现一定的产业政策和财政政策为目标，在不以营利为目的的前提下，通过信用方式筹集和使用资金，采取直接或间接方式投入经济建设的做法，把政府筹资与政府投资紧密联系在一起，筹资以实现投资为目的，是发展经济改善人们生活的重要手段。但是，政府基本职责中包含的提供公共服务建设，同样需要通过筹资以补充建设资金，学前和初等教育、预防性健康保障、历史及文化保护、住房、农业服务等都是一国公民有权享受的基本保障，这些项目的投入并不直接带来利益产出，同样需要政府大量投入以满足公众需要。

如前所述，农业巨灾风险基金是行业内用以应对巨灾事件带来的超额赔付所设置的支付准备金，开办有农业保险的保险公司是巨灾风险基金的直接受益人。尽管如此，政府依然具有出资筹建农业巨灾风险基金的必要。农业作为基础性产业的重要性以及农业巨灾高风险带来的市场失灵决定了仅仅依靠保险行业无法分散农巨灾风险，确保农业生产的安全和稳定，最终将影响全体国民的经济生活和国家安全。政府财政收入中的政府性基金亦有类似用途。我国 1996 年开始将铁路建设基金、电力建设基金、三峡工程建设基金等13 项政府性基金（收费）统一纳入财政预算管理，所筹资金正是为了铁路、电力等重要行业部门的运行和发展需要。2010 年我国财政部发文规定，"政府性基金是指各级人民政府及其所属部门根据法律、国家行政法规和中共中央、国务院有关文件的规定，为支持特定公共基础设施建设和公共事业发展，向公民、法人和其他组织无偿征收的具有专项用途的财政资金"。[①]农业巨灾风险基金的用途并不影响政府出资筹建，不仅如此，农业巨灾的频发以及农业保险行业盈余积累的缓慢更加剧了政府出资筹建农业巨灾风险基金的迫

---

① 熊伟. 专款专用的政府性基金及其预算特质[J]. 交大法学，2012（01）：62—73.

切性。

政府成立农业巨灾风险基金对保险行业超额赔付进行财政补偿不仅有利于农业巨灾风险的分散，也有利于减少过多政府干预，有利于市场充分发挥作用。以巨灾保险基金分散农业巨灾风险，其作用类似于农业再保险机制，政府提供的财政补贴没有直接作用到农业保险市场上，对种植作物选择等农业生产经营决策不产生直接影响，避免了财政补贴对市场行为的挤出效应，既有利于农业保险市场化运作，也有利于农业保险公司通过增强抗巨灾能力而提高农业保险产品的设计和农业风险保障服务。因此，政府出资成立农业巨灾风险基金有其理论基础。

2. 政府出资农业巨灾风险基金的方式

政府是国家权力执行者，政府的筹资方式包括征税、收费和举债。税收是人们享受公共物品而付出的代价,政府依靠政权统治地位拥有强制征税权，对政府提供的公共物品或劳务进行市场价格定价并强制征收筹资（萨缪尔森，1954）。不仅如此，征税方式还可以演化出收费和举债两种方式，如各类税收、基金、费用、集资款、摊派款、各类负债等，还可以包括通货膨胀税以及对财产的简单充公（冯兴元，2003）。在广义征税权视角下，除了征税、收费和举债三种主要方式，政府筹资还有公共财产收入、公共企业收入、罚款收入、彩票收入以及捐赠收入等。

很多国家在不同时期内政府都是巨灾基金筹集的唯一主体，由政府机构负责基金的筹集。政府通过税收、法律支持等方法以财政资金为主要来源建立强制性的巨灾保险制度，典型代表国家是美国和挪威。长期以来，公共物品供给大多由政府部门提供管理，农业经营收益的不稳定以及地方政府对投资收益的潜在需求导致政府投入到农业风险保障上的资金多以预算内资金为主，各地政府根据灾害发生率、农业生产总值、当地财政收入确定地方政府出资比例，在原有财政收入中做结构调整，拨款建立农业巨灾风险基金，再辅之以其他社会资金来源渠道。捆绑式服务更有利于农业巨灾风险基金制度的推广，制度效果更明显。政府要求农户必须参加农业巨灾保险才可以享受农业优惠扶持政策。在以政府为出资人的筹资要求下，政府需要独立完成资金筹集任务。为扩充政府出资的基金资金来源，除了财政预算支出外，信贷是政府出资构建农业巨灾风险基金的重要来源。菲律宾、南非等很多国家的借贷行为都通过专门机构进行，包括城市发展基金、地方政府联合担保公司，以及国家发展银行、基础设施融资公司等，一些城市发行城市债券，另一些城市政府则借助于民间信贷。2008 年汶川地震后，我国也使用债券发行方式，以财政部名义发行特别国债或以四川省政府名义发行地方特别建设债券的方式筹措资金，将当期财政压力分散到较长一个时间段，增强财政支持灾区重建的能力，有利于灾区重建资金的有效筹措。

　　比较政府征税、政府收费和政府举债三种主要筹资方式，使用场合各有特色，各不相同。征税筹资必须依照法律规定，出于弥补市场缺陷需要才可以使用。由于税收的固定性、无偿性、强制性特征使之成为财政收入的主要形式，也正是由于这些特性以及税收扭曲和经济波动的存在，税收筹资存在局限性，不可随意扩展。收费筹资是向受益人收费，当政府提供的公共物品或公共服务使部分人群收益,则只有这部分人群才成为政府收费筹资的对象。举债筹资不同于上述两种方式，筹资对象不存在强制缴纳的义务，政府和筹资对象之间是平等的市场契约缔造双方，政府作为借款人，未来必须偿还先前债务，除了政府借债的信用等级相对较高外，和其他市场借款人比较，政府没有其他优势。债务带来的代际分配不公和财政风险有碍经济的长期平稳性，因此各国都有债务水平的警戒约束。综合来看，在某个特定的时期，政府通过灵活调控不同形式的收入来源实现其政策目标，包括提供公民基本保障以及灾后救助。

　　任何物品和劳务的提供都需要相应成本补偿，政府筹资方式的选择不仅需要考虑款项用途，还需要考虑政府选择筹资方式的依据和出发点。当市场出现失灵,政府干预经济和社会运行有了充分依据和理由。斯蒂格利茨（2000）把市场失灵分为 6 种：市场垄断、公共物品、外部性、不完全市场、不完全信息和失业与通货膨胀，这些因素致使市场无法实现帕累托效率，政府干预显得尤为必要。新剑桥学派代表人物罗宾逊夫人提出理性人假设，政府并非仁慈的父亲，政府在做决策时也是理性判断，会为自身利益着想，按最有利于自身的考虑完成决策。按照市场交易规则，政府筹资方式可遵循受益原则安排开展。受益税和使用费的缴纳都遵循受益原则，只要制度受益方可以确认和衡量，就可以对制度成本进行定价和强制征收，同时，市场受益原则也有利于社会公众自由选择是否参加和使用这项制度。

第三节　农业巨灾风险基金合作筹资分析

一、基金合作筹资的界定

1. 基金合作筹资含义

在农业巨灾风险基金筹资领域，公私合作筹资包括两重含义：其一，从制度设计看，巨灾风险基金是以强制性政府保障为基础，以财政为主完成灾害救助，商业保险和社会救助共同参与满足承保损失保障的制度体系；其二，从制度运行看，巨灾风险保障是通过政府购买保险服务的方式，通过保险公司等市场经营主体引入保险运行机制提高灾害救助效率，政府承担规则制定者、主要出资人或最后出资人以及监督者等角色。具体来看，农业巨灾风险基金的参与者由巨灾保险基金管理委员会、运营管理人、保险公司、再保险公司、第三方独立审计机构、资产管理人构成，基金制度的社会资本方可以包括农业保险公司、农户、新型农业经营主体、农业服务性机构以及非农业领域的其他机构和组织等。政府作为最主要的巨灾风险融资提供者，受国家财政实力及灾前融资策略运用不足等限制难以独立承担筹资责任。我国政府巨灾风险融资主要采取财政补贴、救济和捐赠等方式进行，存在融资的总体水平低、运行效率缺乏等一系列问题，同时也给政府带来了巨大的财政压力。另一方面，巨灾风险为公共物品范畴，具有明显的非竞争性和一定的非排他性。巨灾风险的不可测量性、发生的低频率以及损失的严重性并不完全符合传统意义上的可保风险特征，对保险公司承保巨灾风险带来了一定的挑战，并且让保险公司的承保能力受到压力，很多保险公司不是避免提供巨灾保险就是极力避免受到这些风险的影响，保险市场融资水平落后，资本市场融资方式未能开辟。从世界范围的实践来看，面对具有不可保性质的巨灾风险，农业巨灾风险基金无论是单一的市场筹资还是政府支持都无法有效地应对巨灾风险，存在各种不足。公私合作作为一种新型合作模式，能够统筹政府资本和市场资本，发挥风险分担、利益共享的作用。因此，有必要联合政府和市场两方面的力量，形成公私合作的巨灾风险分担机制。

2. 基金合作筹资与传统筹资的区别

合作筹资与传统筹资存在明显区别。虽然从筹资渠道看，两者都包括政府渠道、市场渠道、国际渠道等各类出资方提供的资金，但政府资金无论是在筹资责任分配还是筹资结构比重等方面都有所减少，保险公司、金融市场投资者等市场主体在基金筹资中的参与程度、出资比例、承担责任都相应有所增强，基金的资本结构更加完善，筹资责任更加平衡和多元化，对农业巨灾风险基金的筹资和管理都带来明显影响。

在政府市场合作下的农业巨灾风险基金筹资过程中，政府将不再负责巨灾基金的全权管理，按照社会分工原理各方参与主体发挥自身优势分工合作，共同维护基金运行，实现基金最大价值。政府负责政策支持，提供信贷担保，寻找国际资金支持等，行业组织负责基金管理和运行、灾害援助、投保费率精算等。有条件的国家还可以将资本市场纳入合作筹资框架内，由资本市场负责基金的管理和保值增值，实现投资者的投资价值。政府筹资理论告诉我们，无论资金最终使用方向如何，政府筹资无外乎税收、债务、收费三种主要方式。我国已经取消实行多年的农业税，政府出资往往通过财政预算方案，从当年财政收入中预提一定数额公共资金注入基金数额。这种筹资方式一旦确立，优势和弊端同样明显。首先，筹资具有强制性和持续性，有利于巨灾基金稳定增长，不足在于基金增长的速度有限，难以在短时间内迅速筹到所需基金。其次，时间成本是政府筹资最主要的筹资成本表现。财政拨款从预算编制到人大审议再到资金到位，执行中的公文流通环节多，执行链条长，时间上的筹资成本远远大于资金的获得成本，尤其在突发的巨灾事件下，政府出资的救灾资金难以迅速到位，消除灾害带来的不利影响。

一般来说，债权筹资是企业外部融资的重要方式，而非一国政府提供公共物品或公共服务时的常见筹资手段。在使用债务市场为长生命周期的公共服务项目融资方面，政府通常占据有利地位。成立后的农业巨灾风险基金可以通过非公开定向发行债券的方式在银行间债券市场定向募集资金。非公开定向发行的债券筹资方式在制度设计上为拓展发行人与投资者主体开辟了空间，由于其具有影响范围小、与投资者沟通直接的特点，因投资群体有限而具有较大的灵活性。发行人和投资人协商成本低，针对定向工具的期限结构、利率形式、募集资金的具体用途等要素都可以由发行人和定向投资人协商确定债权筹资需要支付固定债务利息，债券投资人除了资金收益对组织并无更多影响力和支配权限。

二、基金合作筹资的必要性

合作筹资模式创新是构建新型农业巨灾风险基金筹资机制的重要突破口。充分发挥市场主体的主观能动性，提高保险公司和资本市场投资人在农业巨灾风险基金筹资中的参与程度，将对基金的顺利筹集以及有效运作产生积极影响。

1. 政府独立筹资的压力

完全由政府承担独立的基金筹资责任面临极大挑战。灾害性天气发生概率日渐走高，基金适度规模不断扩大，对政府财政出资压力有增无减。不仅如此，政府完全的筹资责任必然带来强有力的政府干预。农业风险筹资中的市场失灵是政府干预产生的逻辑起点，农业保险中的政府干预可以通过财政政策和产业政策直接改善交易条件，促使达成农业风险交易。在市场有效的前提下，政府需充分发挥市场管理风险功能，维持和确保市场经营边界，防止公共政策对市场交易的挤出效应。然而，政府管理农业风险也不是万能的，农业风险管理领域中同样存在着政府失灵的现象。完全由政府提供财政资金救助会面临信息不对称和农户道德风险的问题，农业保险中的大量财政补贴也暴露出资金使用效率不高、利益集团寻租谋求财政资金等问题，政府资金的直接保费补贴还会使农户误以为是政府变相救助，从而藐视保险机制的作用，恶化保险双方的契约关系。政府制定的公共政策还会妨碍不稳定的风险交易行为，容易干扰农业风险交易行为，不恰当的公共政策还会影响市场交易双方预期，对私人交易市场造成挤出效应。

2. 市场筹资的补充作用不明显

市场化筹资在农业巨灾风险基金传统筹资中虽然也占有一定比例，但筹资效果受债券市场发达程度、农业生产者以及社会投资人筹资意愿以及筹资能力强弱的影响，无法完全匹配庞大的农业巨灾风险基金筹资规模快速到位的需要。保险公司缴费筹集基金是政府出资之外的另一个主要渠道，单一依靠保险行业筹资同样会出现基金长期筹资不足的窘境。农业风险的市场交易与普通工业制成品交易不同，无法自主形成市场价格，巨灾风险更是如此。农业保险市场失灵的原因是地域相关性引起的系统性风险和保险双方的信息不对称（Kunreuther，1996），此外投保人的识别缺陷（cognitive failure）和保险人的模糊锁定（ambiguity load）也是多灾因农业保险市场化经营失败的另一个原因。一方面，投保农户因为巨灾概率低而不愿参加保险，农户因为专业技术限制也会过低估计巨灾风险价格；另一方面，保险公司因为以往巨灾损失的严重性以及相对短缺的巨灾损失数据而难以准确计算巨灾价格，无法确定损失分布的同时还须考虑再保险以及充足储备金所带来的高额交易承保，加之历史损失事件的客观存在，结果往往过高估计风险价格（Skees，1999，2006，2011）。这就导致对于多灾因保险产品的价格要素，供给双方难以达成一致，市场交易难以形成。农业风险交易的市场失灵不仅源于农业风险特性的客观因素，还来自农业保险市场经营的主观行为选择。农户和保险公司之间对投保标的物的了解程度信息不对称，农业风险带来的实际损失很大程度上受农户耕作态度及管理水平影响，这一人为因素又会因为农作物的生命周期而变得难以控制。反之，农业保险的供给也会因为无法排他而产生明显的正外部效应。防灾防损、人工降雨抗旱等保险服务的受益者不仅仅是投保农户，还包括相邻地块的其他非保户，这些因素都导致农业保险有效供给不足。农业风险市场交易供需不旺局面更加剧了巨灾风险基金行业筹资的困难性，基金成立遥遥无期。

3. 基金合作筹资的优势

国际上成功建立巨灾基金制度的国家，多为地理意义上的小国，政府出资设立巨灾基金是最便捷也是最具可行性的灾害救助选择。地域宽广，人口众多且灾害频繁的发展中大国，单纯财政筹资建立基金制度势必给财政带来巨大压力。依靠公私合作方式组建巨灾基金可以打破财政资金有限难以满足保险超额赔付巨大的限制，合理的筹资结构也让各方利益相关者有意愿注入资金以完成基金的组建，使大国建立巨灾基金成为可能。

公私合作模式是筹建农业巨灾风险基金制度有效的筹资模式，也是近年来我国政府职能转变引进民间资本管理公共事业的一种尝试和创新。在这一模式下，政府和市场机构作为基金共同筹资主体，共同成立基金管理机构，通过各自在财政出资和市场筹资中的优势获取资金，共同负责基金后续的理赔和保值增值。美国农业保险财政补贴实施中的教训表明，过度依赖政府财政补贴会导致政府负担加重以及补贴效率不高等弊端（施红，2008；袁祥州等，2016），而纯粹的商业经营农业保险又会因为巨灾发生概率低，较高的市场定价会影响到保险市场的现实需求而无法发挥出应有的损失补偿作用。路易斯和默多克（Lewis & Murdock，1999）提出的市场增进理论认为，政府政策的职能在于促进或补充民间部门的协调功能，政府和市场并非相互排斥的替代物。农业巨灾风险基金既关系到农业生产稳定国家粮食安全，又涉及保险公司的经营收益，公私合作经营项目大多由政府发起，要求政府扮演顶层设计者、组织者、管理者、合作者的角色。农业巨灾风险基金是以政府牵头，以具体的财政补贴作为资金投入，吸纳其他社会资本筹集资金。巨灾风险基金在建立过程中，并不是简单地把市场准入放开，社会资本就会自动进入，需要政府建立与大灾基金相适应的制度政策体系，为发展巨灾基金提供相关激励政策和专业的技术指导，规范基金运行的同时增强其他资本参与的积极性。政府作为具体的实施机构，负责做好巨灾风险基金的准备和运作监管等工作，形成运行高效、顺畅的协调机制。适合运用政府和社会资本合作方式提供的一般都是公共服务而非商业性的项目。对于社会资本而言，参与公私合作项目应该具有满足利益需求的能力，未来的现金流明确，投资回报长期稳定。巨灾风险发生频率低，发生巨额赔付年份的可能性小。农业巨灾风险基金投资规模大，从长期来看，在金融市场上的收益相对稳定，存在公私合作的可行性。

公私伙伴合作关系下的巨灾保险基金的优势在于，将市场与政府的力量有机地结合起来，发挥各自的优势。公私伙伴合作项目的成功关键在于政府与私人保险公司的职能划分。我国全国性巨灾保险基金管理体系中，基金涉及的所有业务职能，包括从保单的销售、理赔都可以由商业保险公司来负责处理，承担一部分巨灾风险，政府在基金中的作用主要在制定基金的管理框架、基金的体制设计等方面，不具体负责基金的运营管理。从融资角度讲，政府的作用在于为巨灾保险基金总赔付能力以上部分提供应急贷款或紧急拨付安排，支撑和稳定巨灾保险市场，不应充当第一保险人或巨灾损失的唯一承担者。因此，建立在公私伙伴合作基础上的巨灾保险基金具有较好的公私合作伙伴分担特征，合作筹资中政府和市场之间的关系应该以市场作为资源配置的主要手段，政府干预致力于弥补市场的缺陷。同时合理界定公共部门和私人部门的利益边界，发挥私人部门作用，防止滋生腐败，实现公共利益最大化。

三、开展基金合作筹资的政府因素

基于农业巨灾风险基金本质上属于政府性基金的性质，政府是否认可对基金合作筹资的顺利实施意义重大。回顾政府行使国家职能的历史演变可知，随着政府职能的逐步演变，政府灾害救助的思路也在不断变化，市场机构进入公共管理领域的空间开始增加，这为实施合作筹集农业巨灾风险基金提供了现实可能性。

1. 政府定位的转变

（1）从全能政府到有限政府

经济社会体制的变化给政府管理职能带来深刻的影响。计划经济时期，国家通过自上而下的经济计划安排经济运行，为此打造出无所不包的政府管理网络，政府事无巨细地安排一切经济事务，将经济、政治、文化、社会生活都纳入政府管控之下，从企业生产经营到个人求学就业，形成全能型政府管理模式。全能型政府有其积极的历史意义，促进了建国初期的经济复苏和社会进步，作为一种资源分配方式，管制型政府有能力将有限资源集中以实现重大工程或项目的实施。然而全能政府管得过多过死的弊端导致市场活力无法发挥，管理体制的僵化也制约了政府管理效率的提升。这种政府模式与计划经济体制结合在一起，在一定时期对于促进国家经济社会进步起到了积极的作用。随着市场经济的强力扩张计划经济体制逐步让位于市场经济体制，市场经济的深入发展推动着全能政府向有限政府转化，政府同样存在失灵使得其无法在所有管理事务中都实现高效管理。有限政府的管理职责边界主要集中在弥补市场缺失以及保护合法产权、创造和维护公平竞争的市场环境等公共服务领域，对于环境保护、基础设施建设、农业风险管理等公共物品的提供，因为市场经济规则并不适用上述领域，政府通过制定好的决策规则，让交换各方都能获利。在管理微观经济活动时，如因政府与市场的边界不清而发生政府管理"越位""错位"或"缺位"，则需要及时纠正。有限政府的基本职能不再是干预经济包揽所有经济事务，而是仅仅关注"市场失灵"和"社会失灵"，运用恰当的经济手段、行政手段、法律手段实行宏观调控。国家在市场领域的恰当退出表明，有限政府理念逐渐形成，政府重点职责是调节市场经济，监督和管理市场秩序，管理公共社会和提供大众服务。当把部分管理职能转移出去后，政府机构得到精简，行政效率得以提高，政府和市场各司其职，政府及其部门开始保持相对于市场和社会的独立性，逐渐形成清晰的职能边界。

（2）从管制型政府到服务型政府

20 世纪 80 年代开始形成的新公共管理理论把经济、效率和效能作为政府治理的基本价值，以服务为导向，将公众作为顾客的新理念逐渐成为政府管理的主流思想，私人部门和市场化管理方法被引入政府管理的日常工作中，公共服务成为政府公共行政的重要内容之一。

全能政府下的政府角色是全社会的控制者、计划者、监督者身份，传统公共管理理论将全能政府总结为官僚科层制和政治行政分离两大特征。官僚科层制虽然打破了家长制，否定了人治思维，体现出政府部门行政人员间的理性契约精神，政治行政分离的做法又明确了国家行政事务人员不得参与政策制定，体现出一定的历史进步性，然而这一管理模式必然带来政府全面强制管制的后果，随着技术创新和生产力进步，现代社会各类组织和公益机构纷纷壮大起来，不仅有能力承担部分社会管理职能，还要求对政府行为实施监督，"公民本位"基础开始形成。在此基础上，管制型政府向服务型政府转变不仅可能而且必要。

建设公共服务型政府的理论基础是经济学中的委托代理理论和交易成本理论。政府不再是高高在上的管制者，而是受全体公民委托代为管理国家事务的服务者。社会组织和公民是政府的服务对象，同时社会组织和公民也可以参与到社会事务的管理中来。服务型政府的管理职能体现为公共服务社会化，通过适当放权，将私人部门和市场机制引入公共管理当中，以提高政府管理效能。政府作为一级社会主体，同样是以经济人和理性人思维开展日常管理决策。服务型政府的职能定位首先是保护竞争、限制垄断，为市场交易主体创造和维持公平的交易环境；其次弥补市场失灵，提供市场无法提供的公共物品和准公共物品，政府服务行为和市场竞争行为互相配合，通过互补而非竞争的合作方式，创造出更大效果的社会财富。

从管理型政府向服务型政府转变，政府的公共服务功能很好地体现在灾害救助职能上，尤其是巨灾风险的应对处理上。2008 年 1 月，我国南方遭遇历史罕见的特大冰雪灾害，影响范围广，持续时间长，造成农业生产和灾区人民重大经济损失，各级政府和部门紧急联动协作，科学应对，充分调动政府及社会资源，在抗灾救灾中发挥了积极的主导作用，充分展示了政府应对全局性综合性事件的强大管理能力。

2. 政府救灾理念的转变

按照一般逻辑，任何时期任何国家的巨灾风险都由政府承担救助职能。为保障公民基本生存权利以及社会公众福利不受威胁和损失，当市场无法提供大范围的风险转移时，作为全体国民利益代表的一国政府，有义务为受灾国民的基本权利提供保障。自然灾害的发生具有时空上的突发性和强烈破坏性等特性，还可能带来一系列难以控制的次生灾害连锁反应。因此，由社会自治来应对灾害的发生既不现实也不可能。从政府的角度出发，重大自然灾害不仅仅被理解为具有破坏作用的"灾害"，它还是公共突发事件和公共危机，它的影响不仅仅局限于地域上的灾区或现时的经济损失，还关系到整个国家和未来的可持续。因此无论从历史发展看，还是从世界各国的现实实践看，政府都是自然灾害救助的组织者和实施主体。不仅如此，由于灾害管理是政府以强制力作为基础性的公共权力作用下的结果，可见在应对突发事件时强制性公共权力显得尤为重要，只有政府才有可能运用强制性公权力调配资金组织人力开展救援，也只有政府才能发动社会公众参与到巨灾救助和防范体系中来，这是任何普通的社会机构所无法比拟的优势。

（1）从灾后救助到灾前保险安排

因为自然巨灾的不可预料性，除了提高灾害发生的预报能力和损失扩大的预防能力外，政府救助行为往往在受灾后展开，政府事先通过财政预算做出灾害救助资金安排，灾害发生后，实际财政拨款支出在第一时间发放到受灾区域，政府承担所有救灾资金的支出责任，这样的灾后救助体制是一种被动的应对机制，灾害的偶发性和不确定性导致政府并未就可能的损失做出风险转移安排。长期以来，农业遭遇的重大自然灾害，政府的处置方式往往通过中央财政直接拨款救济灾民，这种巨灾救助方式往往短期和随意，不具有制度特征。不仅如此，直接拨款救济的方法会使农民形成政策依赖，寄希望于被动等待政府救助行为而不主动谋求市场解决对策，一定程度上对农业保险制度造成挤出效应。

从国际上看，日本和美国的财政救灾体制给了我们提供了新的思路。日本除了把充足的资金预算用于防灾研究和灾害恢复，以及储备充盈的救灾物资确保灾害发生时有灾民食物与饮用水发放外，日本政府还建立了灾害复兴基金，专项筹集专项使用。基金来源不仅包括地方政府的财政盈余公积，还汇集了社会各界的捐款以及相关投资受益积累。不仅如此，国家还立法明确在巨灾发生后政府可以发行重建债券筹集恢复资金，中央政府可以向灾民和地方政府提供短期慰问金、生活再建资金和长期恢复建设贷款，各级政府不同程度地减免灾区企业税负压力。日本政府非常重视金融力量对救灾体系的支撑，对救灾资金进行分阶段投入、管理和使用，使每一时期的救灾资金需求都能得到满足。此外，事先保险安排也极大减轻了政府救灾压力。日本农业保险比较发达，并有完善的法律体系保障农业保险制度的运行，农民加入农业保险比例较高，保险保障既减轻了政府救灾支出的负担，又确保了农民收入稳定增长，促进了日本农业的发展。日本强大的保险支持援助以及日本民间自发组织提供的社会民众参与度，很大程度上辅助了财政应急，发挥出政府救灾的最大效果。美国作为世界上最大的农产品出口国和自然灾害多发国,灾害对农业生产威胁巨大，降低农业损失程度与提高农产品竞争力是美国政府灾害救助的核心工作和努力方向。美国以农业保险为主、灾害援助为辅的农业自然灾害救助体系成效显著。美国农业风险管理政策体系分为农作物保险计划、农业商品计划和农业灾害救助计划三大部分，农作物保险计划是当前美国联邦政府农业风险管理政策体系中最为核心的组成部分，政府投入大量补贴对农作物产量或收入出现的损失提供风险保障。政府补贴包括对农民的保费补贴、商业保险公司经营管理费补贴和再保险费补贴，并成立美国联邦农作物保险公司（FCIC），依据标准再保险协议向经营农业保险的公司提供相对低廉的再保险支持。农作物保险计划由美国农业部下设的风险管理局（RMA）管理，由商业化保险公司实际运作，覆盖品种多达 130 个。2014年和 2018 年美国农业法案中，农作物保险计划都是除营养计划之外预算支出最大的项目，2018 年农业法案的总预算额度在 4000 亿美元左右，其中总经费的 76%为营养项目，9%为农业保险项目，7%为环境保护项目，7%为商品计划项目，剩余的 1%主要用于贸易、信贷、农村发展、研究推广、森林、园艺和其他项目①。

美国、日本灾害救助的成功经验显示，金融和保险已经融入西方国家财政灾害救助体系，政府引入社会力量，运用市场机制分担财政救灾压力，从完全的灾害财政出资救灾转向事先支付保费转移农业风险，通过制度创新建立更加完备的灾害救助体系。从灾后救助到灾前保险计划的实施，体现出美日两国政府由被动到主动应对灾害事件的理念转变。目前全球有 12 个国家建立了巨灾风险基金，大多由政府和保险行业共同合作参与。在坚持财政作为救灾主体不动摇的前提下，各国都根据自身的特点及发展水平，加强政府对灾害救助的支持，增加财政对农业灾害救助的投入力度，同时发展多元化的救灾体制，加强立法保障，让多元化灾害救助体系制度化和规范化。

（2）从直接资金补助到出台政策激励

政府对农业生产的直接补助会造成农产品市场价格的扭曲，破坏农产品贸易的公平竞争。在国际贸易组织引导下，各国从农业资金补助政策开始向出台相关政策的方式转变，农业保险成为不少国家重要的农业扶持政策之一，借助农业保险政策将有限的财政补助资金放大，提高财政资金的使用效率。

1993 年底世贸组织前身关贸总协定在乌拉圭签署了《农业协定》，对成员国国内农业支持政策实行约束。绿箱政策是《农业协定》中允许实行无须约束的一类农业支持政策，此类政策是由政府提供的服务计划，对生产者不具有价格支持作用，补贴不能转嫁给消费者，也不会扭曲国际贸易。世贸组织成员国不需要对认定为绿箱的农业支持政策承担约束和削减义务，允许实施绿箱政策促进本国农业发展。这些认定的农业绿箱政策包括：农业培训、农业科研、农业基础设施建设等一般性农业服务；与农业生产不挂钩的收入补贴；收入保险和安全网计划，自然灾害救济支付等。农业保险制度可以应用到后两项绿箱政策中，政府推行政策性农业保险计划动用的大量保费补贴

---

① 王克. 美国 2018 年农业法案中农业保险计划的动向和启示. 中国保险报网，2019-01-09.

是对农产品的损失防范，也是对农业生产者的间接保护，不构成直接补贴的发放，农业保险因此代替农产品价格补贴成为很多国家保护农业的重要手段。

2014 年以来的美国农业法案显示，美国农业支持政策的不断调整加大了农业保险补贴力度，一些农作物保险计划并不符合绿箱政策中分类保险的标准，有些项目作为非特定产品的黄箱政策来认定，越来越高的政府农业保险补贴也引起其他成员国的质疑和贸易摩擦风险，维持或提高大规模的政府补贴变得越来越不可持续，各国政府更加倾向于以政策组合代替财政资金投入的方式来提升农业保险的支持效果。澳大利亚认为政府在农业风险管理中不应干预市场，向多灾因农业保险产品提供补贴会提高土地价值，从而使大田种植作业更加昂贵，会影响甚至改变农场主的风险管理策略，发生实质性的市场干预后果。为此澳大利亚政府在推行指数保险时更加注重将农业保险和农业信贷等政策相结合，对于参加农业保险的农场主提供信贷优惠等方式来鼓励农民参加农业保险。这些变化表明，财政补贴农业生产的传统做法开始出现向非货币化的其他公共激励政策转变的迹象，与市场交易相结合的公共政策可以尽可能地减少市场干扰，体现政策公平性，这一政府灾害救助思想的转变为农业巨灾风险基金筹资提供新的可能性。

第三章　农业巨灾风险基金合作筹资驱动要素

　　一般来说，农业巨灾风险基金多由政府财政出资设立，以承担政府公共管理职能。然而，这一基金传统筹资模式不仅受到财政资金持续性考验，而且也抑制了保险公司等遭受农业风险影响的市场机构参与巨灾风险管理的需求和呼声。无论从政府财政负担引起的出资压力，还是近些年市场力量的集聚和公民意识的萌发，合作筹资农业巨灾风险基金都变得不仅必要而且可能。本章首先分析我国地方政府农业巨灾风险准备金制度及其筹资现状，随后从财政约束驱动和公共环境驱动两方面阐述基金合作筹资的驱动要素。

第一节　我国农业巨灾风险基金制度筹资现状

一、我国地方农业巨灾风险准备金制度

　　我国尚未建立任何法律形式上的农业巨灾风险基金，一些省份颁布政策建立起地方农业巨灾风险准备金制度。一直以来，我国农业灾害救助体系由政府农业管理部门负责建立，中央财政预算安排用于预防和控制灾害以及灾后救助的专项补助资金。自 2007 年我国建立政策性农业保险体系以来，农业灾害救助和巨灾风险分散逐步转移到农业保险制度基础上。我国多灾因农业保险合约承担几乎全部自然灾害风险，并无市场自由选择下的条款剔除巨灾风险的可能，这使得保险公司容易暴露在极端气象风险下，并无太多有效的农业巨灾风险管理举措，农业巨灾风险分散机制成为制约我国农业生产和农业保险发展的关键瓶颈。随着国家对农业巨灾风险分散机制建设的重视，各地政府纷纷设立地方农业巨灾风险基金，通过政策法规形式建立农业保险大灾风险准备金的改革实践已经实行多年。总体上看，各地试点经验中主要有四种机制来分担农业巨灾风险，包括地方政府和保险公司按比例承担赔付风险的风险共担机制，政府规定农业损失最高赔付金额的封顶赔付机制，政府安排财政资金以及提取保费方式建立巨灾风险准备金制度，政府出资为保险

公司购买商业再保险的再保险分担机制①。这些单独或共同使用的巨灾风险分散安排都离不开政府的参与和推动。政府参与保险公司损失分担的做法一定程度上有助于农业巨灾风险分散，然而封顶赔付的做法违背了保险精算和市场契约精神，打击农户投保积极性，不利于农业保险发挥损失补偿和促进农业现代化发展的目标。2013 年原中国保监会取消农业保险条款中的"封顶赔付"政策，并要求承保公司连续保持偿付能力充足率超过 150%的规定出台，要求农业保险条款的保险责任"原则上应覆盖保险标的所在区域内的主要风险，保额应充分考虑参保农户的风险保障需求，并与公司风险承担能力相匹配"，这一规定使保险公司更加难以依靠自身经营摆脱巨灾风险带来的赔偿压力。

在此背景下，2013 年我国财政部印发《农业保险大灾风险准备金管理办法》，进一步完善和规范农业巨灾风险管理，规定分地区分产品巨灾风险准备金计提比例，逐步积累抵御农业巨灾损失的保险公司长期灾害准备金，确立了公司层面上的农业巨灾风险准备金制度。2014 年 11 月，我国 23 家具备农业保险经营资质的保险公司和中国再保险公司共同发起组建中国农业保险再保险共同体（简称农共体），为成员公司各类补贴型农业保险业务和商业性农业保险业务提供农共体分保服务。成员公司每个农险分出合同的每一笔业务，原则上按不低于 50%的比例直接分给农共体，其余部分成员公司自行分保②。2019 年初，人民银行、银保监会、证监会、财政部、农业农村部等五部委联合发文拟筹建中国农业再保险公司，由专业政策性保险机构组织管理农业巨灾风险标志着我国农业巨灾风险分散体系探索步伐正不断加快。

二、我国地方农业巨灾风险准备金筹资现状

随着农业保险作为农业生产支持性政策的地位确立，农业保险开始承担农业风险和农业巨灾风险的管理职能。一些农业大省和经济发达地区率先开始推行农业巨灾风险准备金制度，建立起农业保险大灾风险分散机制。各地巨灾风险准备金的资金来源多以种植业保险保费收入的一定比例提取，或按本地区上一年的农业增加值一定比例拨付。如浙江省按种植业保险保费的25%提取巨灾风险准备金，北京市按上一年农业增加值的1‰拨付等，由政府

---

① 刘婧. 我国农业保险风险分散现状及对策建议[J]. 中国农业信息，2013（01）：30—31.
② 吕晓英. 农业保险大灾风险分散体系系统动力学模拟研究[M]. 北京：经济管理出版社，2018：69—70.

财政出资完成准备金的筹集。

从各地政府实施的农业巨灾风险准备金筹资情况看，政府财政资金拨付和农业保险保费按比例提取是主要的筹资方式。由于政策性农业保险的保费很大比例来源于政府财政补贴，因此各地农业巨灾风险准备金主要为政府财政资金。为了顺利筹集农业巨灾风险准备金，政府财政拨款资金通过农业保险保费补贴方式提供，准备金的提取和农业保险的保费补贴政策紧密结合。如浙江省通过提高种植业部分品种费率和调整政府保费补贴比例，从保费中提取巨灾风险准备金①。提高种植业保险费率既维持了农业保险原有保障水平，使现行政策性农业保险政策的稳定性和连续性得以延续，费率增加部分又构成独立的地方农业巨灾风险准备金,初步建立起农业巨灾风险分散机制。调整政府保费补贴比例还可以进一步减少农户保费支出,降低农户资金负担。这一做法有利于减少准备金筹集的阻力，但单一的政府资金来源对准备金筹集效率影响较大，达到适度的准备金规模所需时间较长，无论是筹集资金的来源还是筹资渠道提供的资金数量都难以达到一定时期内巨灾风险准备金筹集到位的要求。财政拨付和按保险费比例计提的传统筹资方式也不利于引起农户等农业生产企业对农业巨灾风险管理的重视，无法提升国民巨灾风险意识，最终影响巨灾准备金的使用效率。通过筹资机制创新可以扩大农业巨灾风险基金资金来源，实现农业巨灾风险基金筹集目标，是当前设立农业巨灾风险基金制度所需解决的首要任务。

第二节　我国农业巨灾风险基金合作筹资的财政约束驱动

近年来，国家财政对农业保险保费的补贴逐年上升。尽管设计中的农业巨灾风险基金并不承担财政兜底巨灾风险职能，在政策性农业保险财政补贴基础上，另行增加农业巨灾风险基金的出资要求，依然对我国财政资金预算体系造成一定的资金压力。2017 年我国中央财政共拨付保费补贴资金 179.04亿元②，2018 年中央财政拨付保费补贴资金 199.34 亿元，同比增长 11%③，仅政策性农业保险保费补贴一项对政府财政资金的要求就逐年提高，这就使

---

① 陈亮,孙永锡. 农业保险巨灾准备金在浙江的实践与探索[C]//浙江保险科研论文选编（2014 年度）,2015：67.

② 于跃. 中央给农险保费补贴 179 亿元 使用效果放大 156 倍. 中国保险报网，2018-08-19.

③ 张一川. 农业农村部：各级财政对农业保险保费补贴比例近八成. 新京报网，2019-09-27.

政府独立承担巨灾风险基金出资责任面临更大挑战和不确定性。

一、基金筹资的财政负担能力分析

1. 国家财政资金总体收入情况

农业巨灾风险基金的筹集与国家经济发展水平及政府财力密切相关。没有运行良好的经济基础，政府就没有财政实力出资筹建巨灾基金。因此，衡量政府的财政负担能力先从国民经济增长指标进行分析。

2013 年以来我国国民经济一直处于平稳增长状态。国家统计局数据显示，2018 年我国国内生产总值达 90.03 万亿元（见图 3-1），比 2017 年增长6.6%。其中，第一产业增加值 64734 亿元，增长 3.5%；第二产业增加值 366001亿元，增长 5.8%；第三产业增加值 469575 亿元，增长 7.6%。三大产业增加值分别占国内生产总值的 7.2%、40.7%和 52.1%，第三产业增加值占比继续超过第二产业（见图 3-2），财政收入也稳步提高（见图 3-3）。数据显示，虽然近年来整体经济增速放缓，尤其在经济结构调整背景下我国进入经济新常态时期，高速增长的经济发展调整为中高速增长，政府财政实力依然有保障，并且随着经济结构的调整改善，可以更好地保证国家整体经济发展向好。

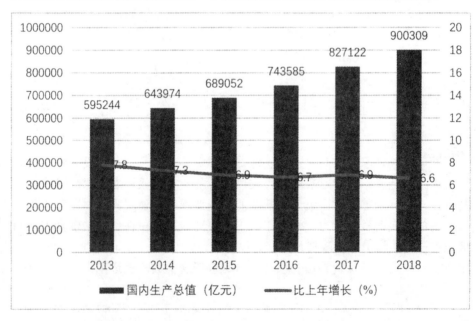

图 3-1   2013－2018 年我国国内生产总值及其增长速度

资料来源：国家统计局年度数据。

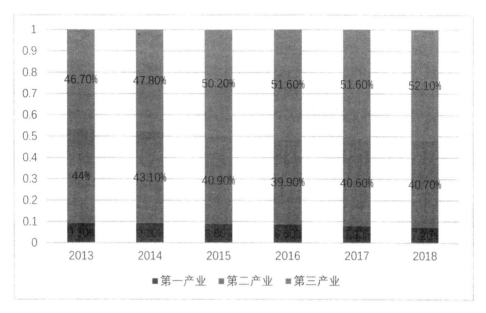

图 3-2　2013－2018 年我国三大产业增加值占国内生产总值比重变化

资料来源：国家统计局年度数据。

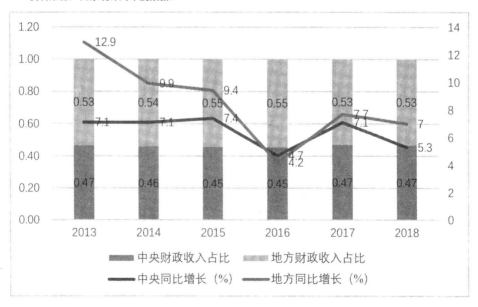

图 3-3　2013－2018 年我国中央财政与地方财政收入构成及增长率

资料来源：国家统计局年度数据。

2. 国家财政用于农业支出的基本情况

国家财政支农支出在农业生产和发展中发挥了非常重要的作用。由于农业产业的弱质性特征，农业产业发展容易受到自然气候、土壤、水利等灾害的不利影响，同时农业产业周期长，资金周转缓慢和利润收益不高导致农业自身积累缓慢，需要国家财政资金予以扶持。2018 年国家一般公共预算中农林水支出额 20786 亿元，比上年增长 9.9%，在公共预算支出中的比例与往年持平。农林水支出包括农业、林业、水利、南水北调、扶贫、农村综合开发、农村综合改革、普惠金融发展支出、目标价格补贴等，2016 年农业支出 6465.88 亿元，占当年农林水支出的比例为 36.9%，国家财政用于农业支出的金额远远低于实际农业发展的需求量。为此，国家设置了财政支农资金，通过财政资金的投入以及财政政策的导向作用，支持农业经济的可持续发展。财政支农形式上分为两种，一种是以国家扶持项目建设的形式支持农业生产，如大型农业企业的基础建设、农村电网改造项目、农业科技 3 项费用等；另一种形式则是直接发放支农资金，包括良种补贴、农资综合补贴、粮食直接补贴、粮食风险基金等补贴资金发放以及退耕还田补助等各项资金补助。支农资金主要投向促进农业生产保障农民生活的各个领域。以 2009 年财政支持"三农"资金比例看，国家财政用于农业生产的资金占"三农"支出总资金的 35%，用于农村基础设施改善等项目支出；在农村社会事业发展中支出 10773.1 亿元，占 53.8%，主要用于改善农村教育，普及新型农村合作医疗制度，持续推广农村社会养老保险制度，提高农村社会保障程度，增加自然灾害生活补助资金等方面。另外，农业三项补贴资金支出占 6.5%，农产品储备费用及利息支出占比 4.7%，用于农村社会事业发展支出占了国家财政支农资金很大比重。

中央财政支持"三农"发展的支出重点随着经济形势和自然灾害事件而发生变化。1998 年长江、松花江、珠江等主要江河发生特大洪水，政府加大了对主要江河堤防建设和病险水库除险加固的投资以及长江中上游和黄河上游林业生态建设的投入，水利和林业的支出比重随之大幅度上升。2000 年以后，随着农村税费改革试点的推进，农村税费改革转移支付支出逐步成为中央财政支持"三农"支出的一个重要部分。纵向比较看，农业开发建设一直是政府财政用于农业支出的主要领域，2016 年全国各级财政合计投入 740 亿元用于农业综合开发项目建设，与"三农"事业的发展需要的大量建设资金相比，资金供给不足仍是农业现代化建设过程中的制约因素。

3. 国家财政用于农业防灾救灾支出的基本情况

我国财政支农政策下的资金分配主要用于以下几方面：农业农村基础设施建设、农业科技进步、粮食生产和农业结构调整、农林生态保护和建设、抗灾救灾、扶贫开发以及支持农民发展和农村改革项目。其中，抗灾救灾的财政支农资金包括特大防汛抗旱资金、农业生产救灾、自然灾害生活救助资金、山洪灾害防治资金、人工影响天气专项资金、动植物病虫害防治资金、森林草原防火资金、农村救济费、农业税灾歉减免补助资金等。抗灾救灾是农林水支出项下的二级子目录，根据《政府收支分类目录》规定，农林水支出项下的农业支出项除了防灾救灾外还包括行政运行、病虫害控制、农产品质量安排、统计监测与信息服务、农业行业业务管理、农产品加工与促销、农村公益事业、农村道路建设等 20 余项内容，可知财政资金用于农业防灾救灾的支出金额比起农业灾害造成的损失额非常小，2004 年仅 50 亿元。救灾资金属于我国应急财政资金管理的范畴。以湖北省为例，2017 年上半年救灾支出占民政事业费的比重为 3.02%，2016 年该比例为 3.37%[①]。

我国政府灾害管理仍沿袭传统事后救助思路。2017 年民政部社会服务发展统计公报数据，2017 年全国各类自然灾害共造成 1.4 亿人次不同程度受灾，因灾死亡失踪 979 人，紧急转移安置 525.3 万人次；农作物受灾面积 18478.1 千公顷，其中绝收面积 1826.7 千公顷；倒塌房屋 15.3 万间，损坏房屋 157.9 万间；因灾直接经济损失 3018.7 亿元。国家减灾委、民政部向各受灾省份累计下拨中央财政自然灾害生活补助资金 80.7 亿元（含中央冬春救灾资金 57.3 亿元）以及各类生活救灾物资[②]。2016 年下拨自然灾害生活补助资金 79.1 亿元，含冬春救灾金 57.1 亿元。2017 年财政部、农业农村部、水利部、自然资源部联合印发《中央财政农业生产救灾及特大防汛抗旱补助资金管理办法》，以专项资金投入形式对农业灾害带来的不利影响开展常态化管理。

4. 国家财政用于农业保险保费补贴的基本情况

我国农业保险财政补贴的历史从 2007 年开始，根据《中共中央国务院关于积极发展现代农业 扎实推进社会主义新农村建设的若干意见》和《国务院关于保险业改革发展的若干意见》，首先在四川、湖南、江苏、山东、新疆、内蒙古等六个省份的粮食主产区开展种植业保费补贴试点，补贴品种包括小麦、水稻、棉花、玉米和大豆五种种植面积广且对我国农业和农村经济发展

---

① 湖北省民政厅网站。
② 民政部《2017 年社会服务发展统计公报》，第 9 页。

有重要意义的农作物。2007 年中央财政补贴额 10 亿元，此后随着农业保险的重要性不断提高，各级财政对农业保险的支持力度不断加大，2018 年中央和地方财政补贴已增长到 427.4 亿元，是 2007 年的 11 倍（见表 3-1）。2018年农业保险累计实现保费收入 572.65 亿元，占财产保险行业保费收入的 5.32％；提供风险保障 3.46 万亿元；支付赔款 381.69 亿元，受益农户 4757.6万户次。财政补贴政策下的农业保险成效显著，而财政补贴在其中发挥了重要的催化剂作用，截至 2017 年底中央财政累计拨付保费补贴资金 900 多亿元，提供风险保障超过 10 万亿元，放大财政资金支农效果 100 多倍。

表 3-1   2010－2018 年我国农林水（类）财政支出总表

（单位：亿元）

年份	2010	2011	2012	2013	2014	2015	2016	2017	2018
农林水支出	8129.58 (0.09)	9937.6 (0.091)	11973.9 (0.095)	13349.6 (0.095)	14173.8 (0.09)	17380.5 (0.099)	18587.4 (0.099)	19089.0 (0.094)	20786.0 (0.094)
保费总补贴	101.5	131.3	182.7	235.0	250.7	287.8	317.9	262.8	427.4

数据来源：根据财政部发布的全国财政决算整理而来。其中括号里的数据代表农林水支出占当年财政总支出的比例。农业保险保费总补贴数据来自南开大学农业保险研究中心。

由表 3-1 我们可以知道平均每年我国用于农林水（类）的公共性财政支出约占全国财政总支出的 9.5％，而每年农险保费补贴在农林水（类）支出的占比更是受到明显的限制，这种财政上的限制也将影响到基金筹资方式的调整和融资比例的调配，即资金是一步到位还是逐年注资，以及政府财政、保险公司和其他机构的出资比例。同时，对我国现阶段是否有足够的实力成功建立且稳定运行农业巨灾风险基金做出最直接的判定。

二、中央政府债务负担

我国政府债务负担逐年上升。截至 2016 年底，我国政府债务累计达到 27.3 万亿元，政府性债务的负债率为 36.7％[①]。根据最近一次 2013 年我国审计署发布的《全国政府性债务审计结果公告》显示，截至 2013 年 6 月底，中央政府负有偿还责任的债务 98129.48 亿元，负有担保责任的债务 2600.72 亿

---

① 吴勋，王梓颖. 基于审计结果公告的政府性债务风险剖析[J]. 财会月刊，2018（21）：152.

元，可能承担一定救助责任的债务 23110.84 亿元，合计政府债务 12.38 万亿元。其中，中央政府负有偿还责任的债务主要是由中央财政资金偿还的国债债券、国际金融组织和外国政府贷款构成，占全部债务的 83.72%。特别国债分别用作中国投资有限责任公司资本金和补充国有商业银行资本金支出。为了降低金融体系的系统性风险和提高国家项目投资收益，我国于 1998 年发行 2700 亿元补充四大行资本金、2007 年发行 15500 亿元组建中投公司两次大规模发行特种国债。而发行专项建设国债，主要是为扩大内需稳经济，通常计入财政赤字。中国曾在 1989－1991 年、1998－2000 年两次发行专项建设国债以应对经济增速的回落。和地方政府债务相比，中央政府债务的负债率在 40% 的合理范围内，尚未构成债务危机，但中央政府的债务年增速在 5% 左右，逐渐靠近债务合理区间值的上限，债务负担依然存在。

三、地方政府债务负担

1. 政府债务负担

我国经济高速发展过程中，地方政府基础设施建设发挥很大的作用，其中地方政府的投入巨大，而建设所需资金往往来自政府债务。政府债务总体规模十分庞大，增速开始放缓。截至 2016 年底，全国地方政府债务规模为 153164.01 亿元，较 2012 年底余额增长 59.1%，规模高于同期中央债务 33097.26 亿元。其中，一般债务为 97867.78 亿元，同比增长 5.7%；专项债务为 55296.23 亿元，同比增长 0.6%。但 2015 年、2016 年地方债务增速分别低于同期中央债务增速 15.7 个和 8.8 个百分点，增速控制相对较好（见图 3-4）。到 2017 年底，累计政府债务规模达到 47.1 万亿元，2017 年地方政府债务率为 56.9%，虽然低于国际通行的 60% 警戒标准，也低于主要市场经济国家和新兴市场国家水平，但平均水平忽略了各地政府的财政不平衡性，有些地方的高负债率会被其他地方的低负债率熨平，从而掩盖了地方债务的真实风险。我国地方政府债务呈现明显的地区异质性和债务规模持续增长特性。多数省份债务规模仍继续攀升，新增债务过半集中在山东、湖南等五省份。2016 年地方政府债务新增 5564 亿元，31 个省份中仅北京、上海、辽宁、贵州、西藏 5 省份债务总额下降，其他省份债务均上升，山东、湖南、天津、湖北和广西新增规模均超过 500 亿元，合计新增 2998.26 亿元，占当年新增总规模的 53.9%。表 3-2 表明，未来地方政府债务偿还压力在一定时期内仍将继续存在。

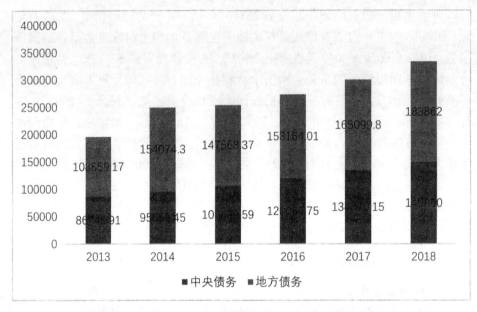

图 3-4　2013－2018 年我国中央政府和地方政府债务规模

资料来源：财政部网站公布的财政决算报告。

表 3-2　2017 年－2026 年地方政府债券偿还金额与偿还比例分布表

偿还年度	偿还金额（亿元）	偿还比率（%）
2017 年	0	0
2018 年	6545.73	6.6
2019 年	11291.86	11.4
2020 年	12126.82	12.3
2021 年	19222.89	19.5
2022 年	10243.35	10.4
2023 年	16985.27	17.2
2024 年	0	0
2025 年	9191.04	9.3
2026 年	13189.86	13.3

资料来源：WIND 数据。

2. 地方政府债务的不平衡性

2016 年末，江苏、山东、贵州、广东、辽宁、浙江、四川、湖南、云南等 9 省份政府债务均超 6000 亿元，合计债务 7.55 万亿元，占全国地方政府债务余额的 49.3%，其中江苏、山东、贵州地方政府债务余额分别为 1.09 万亿元、9444.38 亿元、8709.79 亿元，居地方政府债务榜前三位。分区域看，我国东部、中部和西部地区政府债务余额占比分别为 45.2%、22.9% 和 32.0%，地区异质性非常明显①。

3. 地方政府债务的债券化

2015 年实施的《预算法》第三十五条明确了地方政府的发债权，即"经国务院批准的省、自治区、直辖市的预算中必需的建设投资的部分资金，可以在国务院确定的限额内，通过发行地方政府债券举借债务的方式筹措"。从此地方政府债务中有了政府债券这一筹资渠道。为了缓解地方政府偿债压力，国务院于 2015 年发布《地方政府债务一般债券发行管理办法》，规范了地方政府举债行为以及发债规模，允许地方政府开始发行一般政府债券和专项政府债券，政府债务管理开始走上合理轨道。地方政府债务债券化进程加快，截至 2016 年末，我国地方政府债券余额 10.63 万亿元，占地方政府债务余额的 69.4%，分省份比较，地方政府债务债券化程度差别较大，最高为浙江达 86.5%，最低为广西的 56%，近半数的地方政府债务债券化比率超过 70%，政府债务管理开始走上合理轨道。

第三节　我国农业巨灾风险基金合作筹资的公共环境驱动

农业巨灾风险基金中的政府筹资责任明显受到财政资金预算约束，完全依靠政府单方面出资难以维持，合作筹资变得非常必要。不仅如此，随着政府职能转变以及社会公民意识增强，社会组织参与公共事务管理的需求和能力也不断增强，这为基金的合作筹资提供了现实可行性。

一、政府管理职能的演变

公共管理理论认为，国家本质上是社会公共利益的代表，为社会公众履行公务。根据国家赋予的权力，政府在宪法和有关法律规定的范围内，对国家事务和社会公共事务进行管理。政府公共管理职能除了维护国家统治阶级利益，对外维护国家安全，对内维持社会秩序的首要政治职能外，还承担着促进国家经济发展，满足人民日益增长的文化生活需要，以及除此之外政府

---

① 俞建璋. 中国地方政府债务可持续性[J]. 福建金融，2018（12）：31—38.

必须承担的其他社会职能。

政府在执行公共管理职能中的经济社会职能时会采取最有利于统治并与当时经济社会发展基础相配合的方式。自由资本主义时期的政府公共管理职能体现为两个特点，一是政府作为国家和社会的"守夜人"或"警察"，以维持市场秩序为己任，努力创造公平宽松的交易环境。二是政府应处于超然地位，除国家主权、国防军事等需要政府管理外，不对经济社会进行干涉。亚当·斯密认为"管得最少的政府就是好政府"，对经济和社会的管理应依靠"无形的手"（市场）来调节引导社会经济及其他各方面事业的发展，政府不应过多干预社会经济生活。布雷顿森林体系时期的西方国家开始打破自由放任这一管理方式，此后不仅政府政治职能进一步加强，国家行政管理能力不断强化，开始对包括经济领域在内的社会事务管理实施积极的干预政策，政府管理也随之进入国家干预主义阶段，全能型政府开始出现，资本主义经济在政府的有力作用下出现了长期繁荣。资本主义滞胀时期的西方国家意识到政府干预带来的滞涨意味着"政府失败"，政府和市场一样会出现失灵，经济自由化浪潮再次掀起，但是卷土重来的经济自由主义又造成了高财政赤字和高失业率以及西方国家经济的再次衰退，完全的政府干预和完全经济自由主义都无法改变经济颓势，必须结合政府和市场两方面力量，用各自的优势去弥补政府失灵或市场失灵，国家干预主义阶段即进入到新古典主义阶段。政府的角色从全能政府再次回到有限政府，即有选择地干预自由经济条件下的"市场失灵"。

对当前西方国家执行公共管理职能进行分析，政府承担了更多的经济职能，并以此作为公共管理职能的重点。政府与市场结合的"混合型"经济是当今西方各国不约而同采取的共同的政府公共管理方式下的经济特征，一些政府管理职能开始转向由社会部门来承担，政府的管理职能也开始向公共服务职能转变，政府的社会服务职能逐步扩大。

二、公民社会的兴起

随着市场经济发展和政府管理职能转变的是社会结构的转型。新的社会阶层不断涌现，中产阶级不断壮大，社会公众参与经济社会事务管理的能力和需求不断提升，城乡基层出现自治组织并逐步成为公民社会的主体，逐步形成大规模的自下而上的社会改造力量。公民社会是 20 世纪 70 年代提出的社会学概念，是指私人组织之间非政府非市场的自主意识公民形成的公共领域，是一定历史条件下人与人之间通过各类社会组织构成的全部社会关系总和①。这些社会组织独立于国家体系和市场体系之外，具有鲜明而强大的社会治理水平。我国进入 21 世纪以来，公民自主参与社会经济事务管理的积极性不断高涨，各种社会团体和公益组织不断涌现，2018 年我国民政部门登记注册的社会团体达到 36.6 万个，基金会 7034 个，民办非企业单位 44.4 万个②，这些组织的出现表明公民社会现象在我国的实践已如火如荼，民间团体推动公共政策改进国际争端解决的案例也屡见不鲜。民众对自身利益的关注和维护成为公众积极参与社会治理的动力源，这些非政治属性的社会主体参与的社会治理和政府部门的公共管理相辅相成，是对政府开展社会管理的有效补充，共同推进国家治理体系的改进与完善。

政府和社会组织合作开展项目是社会组织参与政府公共事务管理的具体表现形式。在公众社会兴起的背景下，公私合作项目发展水到渠成。政府开放部分市场化程度比较高的领域的制度创新尝试，使社会组织和社会资本有机会进入公共服务领域。公私合作项目能比独立的公共投资或私人投资更加高效。其基本原理是，政府公共部门以预算资金投入项目实施成本较低，而私人部门投资公共项目会比公共管理部门投资更有经验，项目执行质量更高，两者合作共同提供公共物品的公私合作项目因此更具生命力。政府部门和私人部门在项目实施中各自发挥了自身优势：政府部门融资成本要低于市场融资成本，私人投资者的加入又可促使项目进度加快，建设时间缩短，管理费用下降。在降低摩擦成本的基础上，项目低成本、高质量的运行效率得到保证。世界银行分析了一种摩擦成本，即私人投资者在项目进行中能否将生产技术和管理经验转移到公共部门的能力，直接决定了私人投资份额的上限和项目合作的资本金结构。公共部门和私人部门的融资成本差异越大，私人部门得到的管理回报越低，两类部门之间谈判控股权的空间就越小。

三、公私合作伙伴关系在我国的发展

公私合作伙伴关系一般是指政府与社会资本合作开展公共事务管理项目的经营模式，如特许经营、政府购买服务（政府付费）和股权合作等。公私合作伙伴关系被公认为是缓解财政压力、提供高效率公共服务的创新方法。在公私合作项目中，项目相关各方既存在共同利益，又存在差别利益。政府作为项目发起人追求公共利益最大化；社会资本参与政府项目主要目的在于

---

① 王名. 多重视角透析公民社会. 人民网—人民论坛，2013-10-09.
② 民政部《2018 年社会服务发展统计公报》，第 11 页。

扩大企业自身影响力以及获得资本投入的回报。社会资本方是公私合作项目中重要一方，社会资本方的加入被认为是"专业的人做专业的事"，成为公共产品的有效经营者和公共服务的合格提供者。近年来，公私合作伙伴关系成为政府提高社会治理能力和改善工作效率的重要手段之一，PPP模式的应用也从公共基础设施领域逐渐向公共服务领域延伸扩展，如研究开发、技术转移、职业培训、囚犯改造等经济服务领域，社区服务、社会福利、安全保障、环境规划、基础教育等社会服务领域都有了社会资本的存在。

公私合作模式也可以应用到农业巨灾风险管理领域中。农业部门积累慢，获利难，往往是一国经济薄弱环节，巨灾损失又超越了单个家庭、企业以及某一行业的经济承受能力，对保险业亦是如此。农业保险的高风险使得保险公司以自身准备金和利润积累难以为巨灾保险基金的建立提供雄厚的资金基础。作为农业巨灾管理的主要责任人，政府如何通过PPP模式实现农业巨灾风险管理的多元化和高效化，将是我国未来需要解决的重大问题。巨灾基金筹资的多元化和高效化将首当其冲。为尽快建立农业巨灾风险基金，满足人们对农业巨灾风险转移的需求，理想的模式是通过公私合作的方式来实现。政府公共部门与民营部门合作过程中，让非公共部门所掌握的资源参与提供公共产品和服务，实现政府公共部门服务职能的同时也为民营部门带来利益。然而哪些部门可以向民营部门开放参与，民营部门又愿意参与哪些公共服务领域投资呢？众所周知,民营部门做事的内在动力是获取利益或利润，利润的获得一般有两个主要途径：一个是政府直接给予民营部门，另一个是民营部门通过向用户收费获得，即第一种政府付费，而第二种必须经过用户认可，用户愿意付费投资的民营部门才可以收回投资。从PPP起源看，起源于建设收费公路和私人参与供水设施投资的PPP项目的确可以给用户带来便利，从而使这一合作方式得以推广。

公私合作伙伴关系起源于欧洲，20世纪末作为一项制度创新被引进中国。事实上公私合作思想很早就出现在我们的现实生活当中。公私合作给双方带来了只通过一方较难实现的利益。例如，如果由政府在公路两边种植树木并负责管理，由于所种树木较分散，政府需要增加管理的成本，但是如果让附近的居民来种植并管理树木，成材后按事前所签订的合约进行分成，在双方的利益达成一致的同时，政府也大大降低了管理的成本。我国真正形成具有现代意义的PPP合作模式是以中国共产党十六届三中全会召开为重要标志。会议通过的《关于完善社会主义市场经济体制若干问题的决定》明确指出：清理和修订限制非公有制经济发展的法律法规和政策，逐步消除体制性障碍。放宽市场准入，允许非公有资本进入法律法规未禁入的基础设施、公用事业及其他行业和领域。这标志着民营资本可以全面进入基础设施和公用事业领域。2002 年法国威望迪集团以约 20 亿元人民币的价格，收购浦东自来水厂 50%的股权就是较为著名的 PPP 案例之一。一些地方还采用建设－经营－转让（Build-Operate-Transfer，以下简称 BOT）方式建立发电厂和桥梁、高速公路等公共基础设施，为十六届三中全会决定的出台提供了实践经验的支撑。

作为一项制度创新，政府与社会资本合作模式是指政府和社会资本以某种方式展开的广泛合作，分广义和狭义两种。广义的 PPP 是政府等公共部门与私人组织合作关系的统称，内容相对广泛，主要包括外包类、特许经营类及私有化类三种模式。狭义的 PPP 是指政府公共部门与社会私人资本合作中一系列项目融资模式的统称，即广义 PPP 中的特许经营类项目。这些特许经营 PPP 项目，如 BOT、TOT、ROT 等，在项目开始正式投入建设、运营前，一般由社会资本方与政府共同组成项目公司，由项目公司负责融资，随后开展实体项目建设工作。在工程进行期间以及工程结束后项目运营管理期间，社会资本方和政府方需按照协议规定的成本收益分配内容履行各自职责，通过合作实现项目低成本高效率的建设及管理。由于我国金融市场以商业银行等机构为代表的间接融资占主导地位，资本市场并不发达，PPP 融资方式以银行贷款为主，贷款类融资在我国东、中、西部地区的项目融资比例分别为83.4%、70.1%和 60.3%[①]。

1. 从项目属性分

从项目内容看，PPP 合作项目可以分为基础设施类、公共事业类和公共服务类等三大部分，其中又以基础设施类的项目开展得最多。因为基础设施类的 PPP 项目合作方有项目运营阶段的收费受益权，形成稳定的现金流，项目公司在特许经营类 PPP 项目中享有一定的收益权，以此作为对融资方的回报保障。从 2013 年 11 月我国决定允许社会资本通过特许经营方式参与城市基础设施及公共事业建设和运营以来，国务院、国家发展和改革委员会、财政部等相继发文大力推广 PPP 合作模式，政策性文件的密集出台以及政府和社会资本合作中心的成立快速在国内遍及开来，项目投资领域集中在交通、城市水利、环保、保障房工程等公共领域。PPP 也可以用于非生产性的公共事业类和公共服务类项目，公共事业类和公共服务类 PPP 项目中没有使用者

---

① 赵福军、汪海. 中国 PPP 理论与实践研究[M]. 北京：中国财政经济出版社，2015：205.

收费的可能，与基础设施等投资类项目 PPP 不同，投资性项目政府资金以引导、增信、促项目落地为主，项目中的资本量以民资为主。巨灾基金等公共服务类合作项目的目的以提效、督促、补充资金为主，项目中的资本量以政府为主。项目投资方的回报通过合作产品的收益率来保证，或者以参与决策获取话语权作为出资分摊公共事业及服务的受益体现。

我国现有的公共服务类 PPP 项目包括政策性农业保险、城乡居民大病保险、社会养老保险基金等，无论是政策性农业保险还是社会养老保险，都是政府财政提供补贴资金，项目受益方参与出资的公私合作方式筹资。城乡居民大病保险的公私合作模式主要体现在项目实施中。作为"公营民办"的 PPP 项目，大病保险由非官方的寿险公司代为办理社会医疗保险中的大病保险业务，政府部门和寿险公司共同分摊风险，当实际赔付率超过中标赔付率时，寿险公司承担相应的超赔部分医疗费用报销，赔付率超额越高，公司承担比例越高，当实际赔付率低于中标赔付率时，结余的基本社会医疗保险基金一定比例留归寿险公司进行激励。这一机制可以督促寿险公司采取措施，降低大病医疗风险中的道德风险和逆向选择，从而提高社会医疗保险基金运用效率。这些 PPP 合作模式为农业巨灾风险基金筹资应用该模式以及确立筹资者之间的风险分摊和激励约束机制时提供了有益的经验借鉴。

2. 从融资方式分

从融资方式看，PPP 项目可以通过银行贷款、信托、基金、证券化等多种方式融资，传统的 PPP 项目以银行贷款为主，证券化是实现资本市场融资的主要方式。2018 年底我国资产证券化产品发行额达到 2.01 万亿元，年末市场存量 3.09 万亿元，虽然不可与同期银行贷款上百万亿规模相提并论，却不断刷新资产证券化市场的纪录，显示出市场快速增长的生命力。2017 年年初开始，地方政府推荐的首批拟通过证券化方式融资的 PPP 项目已达到 41 个，证监会系统也建立了"即报即审，绝对优先"的绿色通道，上海证券交易所也和优质项目的原始权益人开始接触，证券化开始走上 PPP 项目融资的主舞台。资产证券化分为企业资产证券化、券商资产证券化、现金资产证券化和信贷资产证券化等几种。我国目前较为普遍的是信贷资产证券化和企业资产证券化两种模式（见表 3-3），其中信贷资产证券化占证券化的 80% 以上。

证监会监管下的企业资产证券化还在发展中。由于 PPP 项目大多是地铁建设工程、城市污水处理工程建设等大型实体工程建设，项目完成投入使用后收费机制相对透明，形成产生稳定现金流的条件，并配合公司机构的运营管理，因此较适合以 PPP 项目公司为发起人的企业资产证券化模式。资产证券化的核心要求是基础资产能产生稳定、持续、可预测的现金流，而根据现金流的收入来源，稳定性依次为政府付费、使用者付费与政府补贴相结合、使用者付费方式。公共事业项目中，项目公司基于特许经营协议在项目运营期间一般享有向使用者收取费用的权利，由此产生的现金流大体稳定且可预测，以项目公司为原始发起人，是最适合证券化方式融资的一类基础资产。

表 3-3　信贷资产证券化与企业资产证券化比较

	信贷资产证券化	企业资产证券化
发起人	银行	企业
融资目的	资产负债表内业务转表外	拓展融资渠道，促进融资
基础资产	信贷资产	应收账款、租赁债权、信贷资产、基础设施、商业物业等不动产或不动产收益权等
SPV	信托计划	专项计划
交易场所	银行间债券市场	证券交易所
监管机构	银保监会	证监会

资料来源：课题组整理。

注：SPV，Special Purpose Vehicle，特殊目的机构。

　　和农业保险一样，国家农业巨灾风险基金的设立也是政府和市场合作的典型领域。不同于基础设施建设类的实体工程项目，政府和社会资本共同出资筹建的农业巨灾风险基金作为公共服务类的项目，通过确立合理资本结构和组织形式，可以发挥出 PPP 模式下特有的制度优势，将政府公信力、执行力和社会资本经营效率相结合，最大限度发挥出农业巨灾风险基金提供巨灾保障稳定农险经营的制度作用，落实农业巨灾风险分散机制，保障农业生产安全。

第四章　农业巨灾风险基金合作筹资主体分析

农业巨灾风险基金制度是一个多方参与的有机整体，涉及多方的利益关系，主要包括农户、经营农业保险业务的商业保险公司以及各级政府。以合作筹资思路建立农业巨灾风险基金是政府以开放的姿态和公私合作形式提供农业巨灾风险保障的结果，众多利益相关者集体选择和合作互动的有效性也因此成为基金运行是否成功的关键。作为集体决策的产物，每个基金的筹资主体（利益相关者）都对农业巨灾风险基金制度产生或大或小的实际影响力，会要求在基金运行中体现自己的利益诉求（权利）并承担相应的责任和义务，这些诉求的表达和满足直接影响到筹资主体的出资意愿和具体金额。识别和界定农业巨灾风险基金的利益相关者是开展基金合作筹资的首要步骤。在各筹资参与主体中，由谁作为农业巨灾风险基金的筹资主体，进行基金的筹集、运作和管理，承担筹资的主要责任，关系着整个农业巨灾风险基金制度的运行效率和作用发挥。本章主要分析基金各方利益相关者的利益需求，并对农户及农业企业做了巨灾风险转嫁意愿调查，为开展合作筹资奠定现实基础。

第一节　农业巨灾风险基金的利益相关者

利益相关者最早应用于现代企业管理研究。现代公司管理理论中占主导地位的是研究公司内部变化的管理观，围绕公司所有者、公司经理以及公司雇员的行为及内部管理规律处理好公司与供应商和消费者之间的关系。当前的公司管理开始关注公司外部环境变化对公司经营的重要性，比如政府管制企业活动的严厉程度，市场竞争者、消费者利益鼓吹者、环保主义者、特殊利益群体乃至社会媒体等对企业行为和活动的态度、评价和判断都会影响到企业的经营绩效。利益相关者理论核心是通过合理协调和管理涉及多个利益主体的利益分配来实现组织的目标（马国勇，2014），即研究公司管理人员如何充分界定、识别和控制这些企业内外部利益相关者对公司的影响，从而更加有效地管理自己的公司，提高公司的业绩。

一、利益相关者理论基础

1. 利益相关者的界定

利益相关者一词最早由美国经济学家安索夫（Ansoff）于 1965 年首次引入管理学和经济学领域，他认为一家企业生产经营过程中存在众多利益相关者，包括企业内部的管理人员、股东和工人以及企业外部的供应商、顾客等，只有将企业的诸多利益相关者之间相互冲突的索求权综合平衡考虑，才能为企业制定出理想的企业目标。瑞典学者瑞安曼（Rhenman）认为利益相关者的影响是双向的：利益相关者依靠企业实现其个人目标，而企业也依靠他们来维持生存。1985 年弗里曼（Freeman）出版专著《战略管理——利益相关者方法》，书中将利益相关者的内涵从企业延伸到供应商、各级政府部门、环境保护主义者等，同时将利益相关者的内涵进行拓展，认为"利益相关者是能够影响一个组织目标的实现，或者受到一个组织实现其目标过程影响的任何个人和群体"。弗里曼将利益相关者范围进一步扩大，在此定义下不仅企业董事、小股东、普通员工，而且消费者、材料供应商、政府部门、环境保护主义者等都成为利益相关者的构成主体。经过瑞安曼和安索夫等人的开创性研究，利益相关者成为了一个独立的理论分支，到 20 世纪 70 年代，利益相关者理论逐渐开始被西方企业所接受。在此后的几十年里，许多学者从不同的角度对利益相关者的概念做出界定，除了安索夫、弗里曼等人的定义外，克拉克森（Clarkson，1995）认为利益相关者只包括因投入生产要素而承担某些形式风险的人。他对利益相关者的定义较为狭窄，认为"利益相关者在企业中投入了一些实物资本、人力资本、财务资本或一些有价值的东西，并由此而承担了某些形式的风险；或者说，他们因企业活动而承受风险"，此定义强调投资专用，尤其重视企业实质资源的投入者影响力，而不考虑社会组织、政府部门等未贡献实际价值的参与者。

2. 利益相关者的分类

早期的利益相关者研究围绕企业的生存与发展展开，对企业成长具有重要的作用和指导意义。事实上不仅纯粹市场化的企业组织中存在利益相关者，非营利的社会组织和公私合作伙伴关系中也同样存在利益相关者。不同类型的利益相关者对组织有不同方面、不同程度的影响，利益相关者就有了多种分类，包括克拉克森（Clarkson，1994）提出的自愿利益相关者和非自愿利益相关者、主要利益相关者和次要利益相关者两种代表性分类方法等。而米切尔（Mitchell，1997）的利益相关者分类方法更为细致，更便于理解和应用。

在米切尔看来，权力性、合法性、紧迫性是认识利益相关者属性从而做出合理分类的关键维度。每个利益相关者对组织决策的影响高低不等，对企业组织拥有的索取权和获得的利益大小也不一致，反之，企业决策者对利益相关者的关注程度和建议接受程度也不一致。然而米切尔认为，一个组织的利益相关者应符合以上的一条属性。在此基础上，米切尔将企业利益相关者分为三种类型（见表 4-1），其中潜在的利益相关者对企业组织影响并不明显，或其影响需经过外在事件激发才会被激活，企业管理者一般无须主动关注此类利益相关者。

表 4-1　利益相关者类型

利益相关者类型		具备属性	典型代表
确定型利益相关者		权力性、合法性、紧迫性	股东、雇员
预期利益相关者	支配型利益相关者	权力性、合法性	投资者、政府部门
	依赖型利益相关者	合法性、紧迫性	协会、社团
	危险型利益相关者	权力性、紧迫性	罢工的员工
潜在利益相关者	静态型利益相关者	合法性	
	自主型利益相关者	权力性	
	苛求型利益相关者	紧迫性	

资料来源：课题组整理。

利益相关者理论的设立帮助企业组织了解和适应外部环境的变化，通过相关者分类，努力使企业外部的变化转变为企业内部变化，降低外部环境的不确定性，提高企业经营的稳定程度。上述对利益相关者的分类思路大大增强了人们对利益相关者理论的认识，具有现实可操作性，帮助人们识别围绕在企业组织周围和存在于企业内部的不同的利益群体，有利于分析不同利益相关者的个人目标以及对企业经营的影响，为改善企业管理和机构治理提供新的管理思路。

早期的利益相关者管理是企业战略管理研究中的一个新领域，讨论对象为以盈利为目标的现代企业组织，利益相关者理论的引入使企业经营目标不仅仅是企业利润最大化，而是要求利益相关者利益最大化。随着该理论的应用不断深入，其适用领域和影响力现已从企业管理逐渐扩展至公共事务部门和社会团体等非营利性组织，大学（刘宗让，2010）、社区（钱艳，2018）等非营利机构也能很好地应用该理论，社会管理、医疗卫生、旅游管理以及 PPP

项目等领域中也有极强解释力，利益相关者理论成为提高机构管理效率的重要工具之一。世界银行在其发布的 PPP 参考指南中也明确指出利益相关者是 PPP 项目管理中的一个重要组成部分。世界银行报告把 PPP 项目利益相关者分为政府执行机构、最高审计机构、立法机构和公众四类，政府执行机构直接负责 PPP 项目的实施过程和项目成功与否的责任，其他机构和公众也会通过他们的决定和行为对 PPP 项目的进程及绩效产生好或不好的效果，需要对政府行政机构以外的其他实体同样进行项目投入的指导。

利益相关者理论的影响是极其广泛和深远的，不仅在于理论适用的组织范围广泛，解释力强，而且利益相关者的理论内涵也在不断丰富和深化。起初利益相关者的存在作为影响企业管理有效性的独立因素而被人们所认识。通过对利益相关者的分类，企业或组织的管理者可以有效地将企业外部的不确定变化纳入企业组织的管理内部，降低利益相关者因素对企业经营不稳定的影响。在这一工具主义倾向下，组织管理者或决策者意识到利益相关者的重要性，但管理者依然认为利益相关者是企业组织的外部力量。后期研究逐渐由利益相关者影响研究转向参与研究，组织管理者开始接受将利益相关者作为组织内部的一员，将不同利益相关者之间的矛盾冲突转变为合作，以实现组织的有效管理。利益相关者影响和利益相关者参与的研究都是基于组织本位，由组织主导，利益相关者理论随之进化到共同治理阶段。在这一高级阶段，利益相关者和组织管理者之间的关系更加平等互利，全体利益相关者共同参与组织治理，以现代企业制度精神分配控制权并相互影响、约束和制衡，最终达到长期稳定合作的目的。

二、农业巨灾风险基金的利益相关者

和大学、社区相类似，公私合作模式下的农业巨灾风险基金也是一个典型的利益相关者组织，也可应用利益相关者理论指导农业巨灾风险基金的顺利筹集。在公私合作项目中，利益相关者的反对意见是造成项目失败的主要原因。因此，识别并整合利益相关者的利益对于农业巨灾风险基金筹集的成功至关重要。

农业巨灾风险基金是一个不同于基础设施建设等实体投资的公私合作伙伴项目，是政府公共事务管理领域中公私合作的特殊表现形式。农业巨灾风险基金系统包括政府、保险公司、农户以及农业企业、其他社会组织等相关利益主体。从弗里德瑞克（Fredrick，1988）的角度看，政府和保险公司是农业巨灾风险基金系统中的直接利益相关者，农户或农业企业以及其他非农业产业的社会组织或个人是基金系统的间接利益相关者。

直接利益相关者的认定是因为，首先，政府和保险公司有农业巨灾风险基金的安排意愿。政府同保险公司和农户一样可以在农业保险制度中获得收益，特别是在稳定农业生产、促进农村经济与社会发展、扩大政府财政收入渠道等方面表现更为突出。保险公司出于农业巨灾风险的破坏性和业务经营压力，很大程度上对巨灾管理制度创新抱有极高的需求和迫切性。其次，政府具有构建农业巨灾风险基金的能力。政府可以进行强制性制度变迁，通过行政、法律、经济等手段在不同层面上约束保险公司、农民等利益主体的行为。通过由高到低的政策传导机制，可以在较大程度上左右农业巨灾风险基金的构建与否以及构建时间表。

间接利益相关者的认定则是由我国"三农"现状所决定的。我国传统农业生产方式导致农业生产规模小、经营分散化的现状，以家庭农场以及现代农业龙头企业为特征的我国现代化农业的推进发展又使得新型农业经营主体的数量增长迅速，我国农业经营主体开始形成传统散户和现代化经营主体并存的生产格局。尤其是上规模的新型农业经营主体对农业风险尤其是巨灾风险的损失更关切、更敏感，巨灾风险的出现对以农业收入为主且投入高的农业企业或家庭农场带来损失更大，他们对农业巨灾风险基金的预期更高。此外，农业作为国民经济基础性产业，农产品数量和质量对农产品加工业、食品工业等其他生产性企业和社会成员都具有特殊意义，农业巨灾风险基金对农业保险超额损失的补偿不仅抵御了农业巨灾风险的侵袭，同时又使全体社会公众间接得到生产生活保障。公私合作农业巨灾风险基金的利益相关者关系如图 4-1 所示。

1. 中央政府

中央政府是农业巨灾风险基金融资的直接利益相关者，在农业巨灾风险基金中扮演重要的角色，承担主要的筹资责任。从理论上来说，农业巨灾风险作为农业巨灾风险管理工具，具有准公共风险的属性。农业巨灾风险是农业生产者所面对的风险，会给农业生产者造成直接损失。农业作为我国的基础性产业，是我国国民经济的基础，农业巨灾风险一旦发生，不仅影响到农业生产者，同时也会间接地影响到社会的整体利益。大范围的农业巨灾风险不仅会给农业生产者造成极大的经济损失，影响农民的生产生活，也会影响其他社会成员的生活成本和福利，甚至影响到我国的农业稳定和粮食安全。农业巨灾风险的管理往往涉及地区和社会秩序的稳定、农民经济生活的恢复等一系列问题，是政府职能在防灾减灾领域的体现和应用。仅仅依靠市场手段，难以实现农业巨灾风险管理工具的有效配置。同时，对农业巨灾风险的管理可以带来良好的社会效益，提高社会的福利水平。因此，中央政府必须履行国家职能，参与农业巨灾风险管理，是农业巨灾风险基金的重要利益相关者。

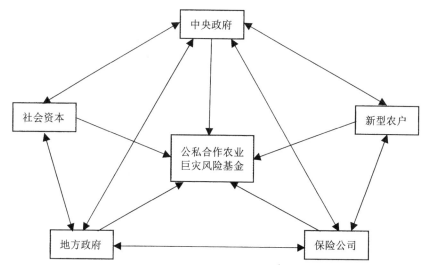

图 4-1　公私合作农业巨灾风险基金利益相关者示意图

2. 地方政府

地方政府与中央政府一样，作为国家职能机构，对农业巨灾风险管理工具的提供有着必要的责任。中央政府与地方政府之间的委托代理关系决定了地方政府是中央政府的派出机构，代表中央政府行使对当地政治、经济、社会、文化的管理职能，应该贯彻执行中央政府统一制定的政策决策。但是地方政府也是相对独立的利益主体，在参与农业巨灾风险管理的过程中，也是农业巨灾风险基金的一个独立的参与主体。蒂布特（Tiebout，1956）指出，地方政府具有相对于中央政府有关辖区居民偏好的信息优势，能做出更有效的公共品提供决策，进而显示他们对地方公共品的偏好，为公共品的有效配置提供必要的信息。

发达地区的经济发展水平高，地方政府的财政状况相对良好，政府在参与农业巨灾风险管理时有更好的财政支持能力，地方政府可以更有效地承担政府责任。在欠发达地区，虽然农业巨灾风险仍然客观存在，但由于农民收入来源有限，购买力较低，风险意识也相对较为淡薄，对农业巨灾风险管理产品的有效需求不足，更依赖地方政府进行农业巨灾风险管理产品的供给。欠发达地区的经济发展程度较低，不仅地方政府的财力也较为紧张，财政负担能力较差，而且欠发达地区的政府官员同样对农业风险意识缺乏必要的体察，因此对农业巨灾风险管理产品的支持程度也会较差，更多依靠中央政府的财政支持而忽视自身的作为。

3. 农业保险公司

作为农业巨灾风险基金的需求方，农业保险公司也是农业巨灾风险基金的重要参与主体。农业巨灾风险基金的直接目的是分散保险公司在经营农业风险时面临的灾害超赔责任。虽然农业保险公司在经营过程中会以积累准备金的方式来应对巨灾风险，减少经营风险，但是准备金积累有限且缓慢，难以应对巨灾风险带来的巨大损失。目前，由于我国还缺乏有效的农业巨灾风险分散体系，一旦发生巨灾，其损失须由保险公司来独立承担，农业保险的赔付率居高不下，极大加重农业保险公司的财务负担。农业保险公司在经营农业保险的过程中承担着较大的经营风险，对农业保险公司而言，如果没有一个较为完善的风险分散机制，会严重影响其承保能力和可持续经营的能力，经营农业保险的积极性会大大降低。

4. 农业企业和新型农户

农业企业是基金最终受益者和重要监督者。农业企业是指通过种植、养殖、采集、渔猎等生产经营而取得产品的营利性经济组织，主要包括从事农作物种植业、林业、畜牧业、渔业和副业等生产经营活动的企业。一般来说，农业企业生产经营的规模较大，投入成本高，生产和流通的环节较为复杂，同时专业化和市场化程度也较高，面临的农业风险也更大，一旦遭受农业自然灾害，会产生较大的经济损失，因此农业企业对农业保险的需求也更为迫切。在农业巨灾风险基金制度中，农业企业所能得到的保障与保险公司的承保能力与赔付能力息息相关，一旦发生农业巨灾，若保险公司的赔付能力不足，农业企业的损失得不到充分的保障，因此，农业巨灾风险基金制度对农业企业有着重要的意义。农业巨灾风险基金制度在分散农业保险公司经营风险的同时，也有利于完善对农业企业的损失补偿机制。新型农户也是基金利益相关者之一。新型农户是指以农业为职业、具有相应的专业技能、收入主要来自农业生产经营并达到相当水平的现代农业从业者。家庭农场主、专业大户、农民合作社等现代新型农户对农业生产经营结果的依赖决定了其对农业风险管理的重视程度，新型农户更关注农业保险以及农业巨灾风险管理的制度绩效，将成为农业巨灾风险基金制度的重要参与者和监督者。

5. 市场投资人

社会投资人是农业巨灾风险基金的间接受益者。社会投资人主要可以分为两类，一类是与农业巨灾风险基金相关性较大的投资人，例如农业科技公司以及其他农产品供应链企业等。这类社会投资人参与农业巨灾风险基金筹资，一方面，可以从投资基金中获得合理的基金投资回报；另一方面，农业巨灾风险基金的成功实施能够稳定农业生产市场，农业生产的稳定也有利于这些农业相关企业在市场上的生产与发展。另一类社会投资人是与农业巨灾风险基金间接相关的投资人，这一类是较为纯粹的追求投资收益的投资人，包括金融咨询公司、财务公司以及其他资金持有者。若农业巨灾风险基金通过市场化的运作方式运行，这类投资者可以通过认购基金份额，从而获得风险收益。社会投资人持有的社会资本投入到农业巨灾风险基金中，可以极大地拓宽基金的筹资渠道，扩展基金的规模，打破农业巨灾风险基金筹资渠道有限、资金规模不足的局限，从而使得农业巨灾风险基金能够更有效地运行。

三、基金筹资主体的利益需求

农业巨灾风险基金筹资主体从各自目标出发，具有不同的利益需求。具体包括：

1. 政府

（1）政府建立农业巨灾风险基金的基本目标

和农业保险以保护农户利益为首要目标不同，农业巨灾风险基金的首要目标是保证农业保险公司偿付能力，提高农业巨灾损失补偿率。而提高重大农业灾害救助效果，是政府承担的农业公共服务职能之一。保障国家粮食安全从而提高国家应对灾难能力是中央政府的责任，建立农业巨灾风险基金提高保险行业分担巨灾损失的能力是中央政府实施公共服务职能的手段。目前我国的农业保险还处在初级发展阶段，农业再保险市场尚未真正形成，承担巨灾风险的能力极为有限。保险公司没有足够的风险分散渠道来分散巨灾风险，不完善的资本市场也使得通过发行巨灾债券融资的方式难以实现。因此，中央政府建立农业巨灾风险基金是重要的农业巨灾风险分散机制举措。

政府属于农业巨灾风险基金筹资中直接的支配型利益相关者。中央政府作为一个独立的利益主体，拥有最多的资源与最大的权力，其基本目标是实现社会福利的最大化。地方政府决策目标则更加多元化。地方政府在大多数情况下与中央政府的目标是一致的，但是在某些方面两者的目标也会存在矛盾。在我国农业巨灾保险发展尚未成熟，农业巨灾风险分散机制尚未完善的情况下，农业巨灾风险基金的建立在本质上属于国家责任，应由中央政府承担主要的筹资责任。但由于我国幅员辽阔，各地农业各有特点，面临的农业巨灾风险种类不一、风险大小各不相同，并且各地经济发展程度差异较大，在这些因素的共同作用下，地方政府在地区利益上与中央政府会产生冲突。从各地经济基础、产业结构、财政实力等差异性出发，各地政府对中央政府建立的农业巨灾风险基金可能会持不同的态度。中西部的农业大省可以从中获利，农业巨灾风险基金制度的建立有利于当地农业产出增加，提高国民经济总值上升，而农业比重较低的东部经济发达省份，对农业巨灾风险基金的关注和配合程度会明显下降，对基金制度的不同依赖度会直接影响各方利益主体的出资状况。

（2）政府行为对农业巨灾风险基金的影响

巨灾风险管理是一种准公共物品，巨额的前期投入和损失发生前后的融资安排会制约其市场供给。在农业巨灾风险基金制度中，根据农业巨灾本身的特性，不可能由市场机制完全解决资金问题，政府在基金筹资中负有义不容辞的重大责任。各国的实践经验也表明，巨灾风险的防范离不开政府资金的投入和支持，尤其是巨灾基金制度更是与政府行为息息相关。首先，政府出资与否以及出资力度直接决定了农业巨灾风险基金能否建立。财政拨款是政府建立农业巨灾风险基金的首要责任。强化政府在农业巨灾风险基金中的筹资责任，是救灾资金落到实处、灾后农业生产得以及时恢复的重要保证。财政资金的到位不仅可以启动农业巨灾风险基金建立，还能引导保险行业资金和社会资金聚集过来，扩大农业巨灾风险基金筹资规模，不断扩充基金的资金源。在基金的筹集和运行过程中，政府作为主导机构所采取的种种行为会对其他社会主体带来显著的影响，从而推动农业巨灾风险基金制度的逐步完善。例如，制定相关法律法规，规范农业巨灾风险基金实施执行；制定针对性的税收政策，对参与筹资的利益相关者给予鼓励；通过新闻媒体宣传普及农业巨灾风险基金，提高公众尤其是农业生产相关单位的认知程度，运用政府有形之手扩大农业巨灾风险基金筹资面和影响力，加大对农业巨灾风险基金的监督管理，提高农业巨灾风险基金的补偿能力等。

（3）中央政府和地方政府筹资责任划分

中央农业巨灾风险基金筹集除了中央政府外，地方政府也应承担一定的出资义务。我国地域辽阔和经济发展所带来的差异，需要正确认识中央政府和地方政府在基金筹资责任上的差异。分税制改革以来，地方政府的事权和财政支出责任不相适应，基层政府的支出责任与实际财力也不匹配。地方政府出资一方面是扩大国家农业巨灾风险基金规模的需要，另一方面也是各地农业遭受巨灾损失后获得中央巨灾补偿资金的前提条件，体现农业巨灾风险基金制度权利与义务相对等的原则。各地政府筹资责任是对中央政府出资的必要补充，各地政府财政资金上拨比例各不相同，并无统一的上拨标准，需依据各地风险及地方财力大小区别对待。各地政府对农业巨灾基金的需求和财政实力的不匹配决定了中央政府还需要提高统筹部分资金。中央政府出资比较迅速，有利于农业巨灾风险基金发挥最大补偿功能。从"非典"、冰雪灾害和汶川地震救灾实践可以反映出中央财政通过紧急调拨款项、出台税费减免政策等应急方式，救灾行动迅速，资金到位及时。合理划分中央和地方政府对农业巨灾风险基金的事权和筹资责任，坚持中央政府承担大部分的出资比例，同时调动地方政府在发展完善农业巨灾风险基金制度中的积极性，农业巨灾风险基金的资金来源才能更加完善，筹资机制的运行才能更具效率。

2. 保险公司

（1）我国农业保险市场格局

2015 年随着农业保险业务经营资质审批权的取消，保险公司经营农业保险业务只要符合有关规定即可开展，经营农业保险的公司因此数量大增。截至 2018 年末，我国共有安信、国元、中原、安华、阳光等 5 家专业性农业保险公司，合计原保险保费收入 170.4 亿元，从事农业保险业务的财产险公司有 31 家，全年农业保险费收入 572.65 亿元，在国家农业保险扶持政策引导下市场规模稳步增长。经营农险业务公司数量的增多，直接导致了市场竞争的加剧。2016 年农业保险保费收入 417.71 亿元，承保盈利却只有 10.28 亿元，相较 2015 年大幅下滑 61.34%。与整体的财产险市场类似，国内农业保险市场的寡头垄断格局明显。2016 年，农业保险保费收入排名前八位的公司依次是人保财险、中华财险、太保产险、国寿财险、平安产险、大地保险、阳光产险、太平财险。其中人保财险 2016 年的保费收入达到近 194 亿元，市场份额 46%；中华财险次之，市场份额将近 17%；而其余的六家公司，市场份额都在 5% 以下。这八家公司累计市场份额将近 74%[①]。

为了预防巨灾风险的冲击，农业保险公司一般每年都会从当年保费收入中计提保费收入的一部分用于专项巨灾风险准备金，逐年滚存以备巨灾损失补偿之需。尽管如此，农业保险公司依然对国家农业巨灾基金抱有强烈的制度需求。我国所处的亚太地区巨灾损失高于其他地区。2011 年，亚太地区巨灾造成的损失是巨灾风险相关保费的 900%－3000%，投保巨灾风险使保险公司变得无利可图，因此受灾最严重的地区，巨灾风险已经从再保险比例分保

---

① 历年《中国保险年鉴》。

合约中剔除（米勒·怀特、戴敏，2015）。对保险公司而言，不承保巨灾风险更加安全和易于盈利。我国的政策性农业保险覆盖面广，一旦发生干旱、洪涝等系统性风险，受灾区域往往范围较大，保险公司很难在空间上对冲风险。同时，巨灾会使农业产生不可估量的巨大经济损失，每年计提的巨灾风险准备金很难充足到可以在时间上应对高强度的巨灾风险。农业保险公司即使有再保险等形式来分散巨灾风险，但分保的成本也相对较高，农业保险公司在经营农业保险时仍面临较高的风险。随着农业保险的迅速发展，农业生产者会追求更高的保障程度，对保险公司来说，高保障程度就意味着高赔付率，若没有较为完善的配套的风险分散机制，农业保险公司很难提供更好的保险产品和有效的农业保险供给。

（2）公司行为对农业巨灾风险基金的影响

我国经营农业保险的保险公司包括股份制保险公司、国有独资保险公司、相互制保险公司三种组织形式。作为主要供给方的股份制保险公司和国有独资保险公司都是以盈利为目的的保险公司，作为商业化经营的市场主体，保险企业需要在经营农业保险过程中控制风险，实现收支平衡。由于农业保险承保风险的复杂性和特殊性，从保费厘定到保险责任确定以及风险事故定损都难以准确估价决定，巨灾事件的出险更加剧了这一不确定性，使保险公司的风险准备金提取遭受严峻的考验。作为商业性机构，当出现常年业务性亏损时保险公司会退出农业保险市场，农业保险供给大量减少，整个农业保险市场萎缩，农业风险管理整体陷入恶性循环，会导致国家以农业保险扶持农业发展的基本政策安排走向失败。

保险公司是农业巨灾风险基金筹资中直接的依赖型利益相关者。农业保险公司经营行为与农业巨灾风险基金运行关系密切。基金制度的有效运行有赖于农业保险公司的科学经营和稳健发展；反之，农业保险公司也离不开农业巨灾风险分散制度的建立和托底支持。首先，巨灾风险基金可能改变农险公司经营行为。农业巨灾风险基金的建立会引发农业保险公司的道德风险，降低理赔标准，转嫁巨灾赔付责任。农业巨灾风险基金以农险业务超额赔付责任为保障对象，农险公司的经营水平直接影响到基金对外支出，公司经营越严格，承保前的风险评估越仔细，核保要求越细致，定损理赔越合理，动用农业巨灾风险基金的可能性就越小。其次，公司发展农业保险的策略也会影响巨灾风险基金制度。农险业务规模越大，承保区域越广，出现高额损失可能性也越大，越需要巨灾风险基金分散风险。因此，控制农业巨灾风险基金制度中保险公司存在的道德风险，鼓励保险公司积极稳妥地提高农业保险覆盖面既是农业保险发展的客观要求，体现出农业保险对农业生产的基础性支持作用，同时又有利于真正发挥农业巨灾风险基金的制度优势，抵御自然巨灾所带来的不可避免的经济损失。

（3）公司出资农业巨灾风险基金的利益诉求

农业保险的实质是农业风险在时间和空间上的转移分摊。农业风险与普通可保风险不同，具有很强的系统性和巨灾属性，难以在市场条件下达到供需平衡。政府财政补贴政策的实施使农业保险"供需双冷"局面得以改善，但仍无法摆脱极端气候事件对农业生产的影响，低概率巨灾事件的发生会使实际损失程度偏离保险产品定价时使用的损失概率，保险公司收取的保费远低于赔付金额，造成公司巨大赔付压力，甚至使保险公司面临破产的境地。此外，随着国家确立农业保险对农业生产的基础性支持政策地位的确立，各级政府农险保费补贴投入的不断加大，农业保险业务规模不断增加，多年稳居世界第二大农业保险市场，遭受农业巨灾损失的威胁也不断加大，分散风险实现农业保险稳定经营显得尤为必要，保险公司对农业巨灾分散机制及农业巨灾风险基金的需求越来越迫切。2010年前后部分省份建立以省为单位的地方农业大灾准备金制度，对建立农业巨灾风险分散机制进行了有益的探索和经验的积累。2014年我国建立农业保险大灾风险准备金制度，财政部要求各家经营农业保险的保险总公司按规定建立大灾准备金账户。这些公司层面和地方层面的积极探索都无法真正分散风险，不能有效中和风险，实现地区间的风险分散，且以公司为单位或以省份为单位建立的准备金规模有限，无法应对一次巨灾造成的破坏性影响，种种因素都造成了各家农业保险公司对国家设立中央统一农业巨灾风险基金的制度需求居高不下，国家农业巨灾风险基金制度对农业保险业务的根本性制度保障需求越来越明显。

3. 新型农户（农业企业）

（1）我国农业生产者的构成

传统小农户独立分散生产经营的局面正在改变，农业生产者结构也正在发生变化。现代化农业的发展进程催生了新型职业农民和新型农业生产经营主体的出现，代表着我国农业正在向集约化、组织化、规模化方向转变。根据第三次全国农业普查公报数据①，2016年末我国共有新型职业农民1270万人，规模农户398万户，新型农业经营主体280万个。新型农业经营主体中家庭农场87.7万家，农民合作社179.4万家，农业产业化组织38.6万个，各

---

① 第三次全国农业普查主要数据公报（第一号）[R]. 国家统计局网站，2017-12-14.

类农业龙头企业 12.9 万家。在农业龙头企业和农业合作社的带动下，广大小农户纷纷组织起来加入合作社，入社农民已占全国农业人口的 44.4%。2016 年我国规模农户和农业经营单位规模化耕种面积已达到全国耕种面积的 28.6%，规模农户和农业经营单位的生猪存栏量和禽类存栏量分别为全国存栏量的 62.9% 和 72.9%，农业规模化经营初见端倪。农业农村部统计，当年主要城市"菜篮子"工程 2/3 的农产品供给以及各地农产品市场 1/3 的农产品及加工制品供给由各类农业龙头企业提供。农业合作社的组织化程度不断提高，各种创新形式不断试点取得成效，有的创办加工实体企业开展产和销一体化服务，有的实施标准化生产申请自有商标品牌，有的申请农产品质量认证寻求法律保护等。这些新型农户和农业企业的生产行为促进了农业生产方式的转变，规模农户和农业企业在农产品供给上的贡献和影响力越来越大，正在形成我国未来农业现代化发展的生产者基础。

农业现代化发展方向带来了适度规模经营的生产要求，规模经营投入更大、面临风险更高，对农业保险的需求更加强烈，这也是农业现代化对农业保险的必然要求。与分散小农户不同，新型农户以及农业企业以农业收入为主要收入来源，高投入带来的高风险会促使这些农业生产者预先防范农业风险的发生，农户作为农业巨灾风险基金最终受益方，可以在基金的筹资中承担一定的责任。农户在购买农业巨灾保险缴纳保险费的同时可以缴纳一定比例的金额投入农业巨灾风险基金。当前农业生产的长周期、低回报抑制了普通农户以及部分新型农户的巨灾风险转嫁需求，农业巨灾风险转移费用成为一种额外的负担，由于农业巨灾发生的可能性比较小，购买保险是不必要的支出。同时农民的收入水平普遍较低，缴纳巨灾保险的保费加重了其生活负担。因此，当前在我国农业巨灾风险基金筹资过程中农户的筹资责任相对较小。农业企业的筹资责任可适当考虑，一些农业企业受到政府的重视和支持，经营状况良好且盈利也逐年增加，也应成为农业巨灾风险基金筹资的一部分，可以每年从盈余中提取一部分注入农业巨灾风险基金，不仅为企业自身进行了灾后保障，也为农业经济的健康发展做出贡献。

（2）新型农户对农业巨灾风险基金的制度需求

据统计，我国有超过 70% 的城市和 50% 的人口分布在气象灾害和地质灾害较严重的地区，损失金额占 GDP 的比重平均每年以 2.7% 的速度增长[①]。对

---

① 金乐平，朱修萍. 完善农业巨灾保险体系，建立"三农"风险分散机制[N]. 温州日报，2015-03-10（B4）.

于"靠天吃饭"的农业生产者来说，受自然灾害的影响更为明显。我国农村人口众多，因此农业自然灾害对农业生产者带来的影响更为广泛，损失更为巨大。农民"因灾返贫""因灾致贫"的现象屡见不鲜。近年来，由于复杂多变的自然灾害的大范围发生，我国农业生产所遭受的巨灾损失一直居高不下（见表4-2）。

表4-2　2010－2018年我国农作物受灾面积与绝收面积一览表

年份	农作物播种面积（千公顷）	农作物受灾面积（千公顷）	农作物绝收面积（千公顷）	绝收面积占播种面积比例（%）
2010	160675	37426	4863	3
2011	162283	32471	2892	1.8
2012	163416	24962	1826	1.1
2013	164627	31350	3844	2.3
2014	165446	24891	3090	1.8
2015	166374	21770	2233	1.3
2016	166650	26221	2902	1.7
2017	165902	10569	2585	1.6
2018	166332	9201	1827	1.1

数据来源：根据国家统计局发布的数据整理得到。

国家农业巨灾风险管理制度的缺失不仅使农户巨灾风险转嫁没有可能，而且也影响到普通农业风险的转嫁效果。农业保险公司因为担忧集中的各类农业风险无法有效分散而不敢提高风险保障和承保范围，最终使农户的真实转嫁需求无法得到满足。2007年以来实施的政策性农业保险已经成为我国市场经济条件下农业风险管理的基本手段，成为农村风险保障体系的重要支柱和农民脱贫攻坚的重要力量。尽管如此，我国现有的农业保险依然存在覆盖范围和保障水平均低的问题。农业巨灾既严重威胁现代农业的可持续发展能力，又影响农民经济收入，增加农业保险承保人的巨灾赔付风险，农户同样存在对农业巨灾风险基金的制度需求。

新型农户是农业巨灾风险基金筹资中间接的依赖型利益相关者。与农业保险公司相比，以大规模现代化龙头企业为代表的农户属于农业巨灾风险基金的间接利益相关者。农业巨灾风险基金是对农业保险公司超额损失的补偿，形式上类似于再保险安排，农户并不与基金发生直接联系，基金的存在间接推动了农业保险公司产品条款的改善，提高了农业巨灾风险的保障程度和覆盖范围，最终使农户得到利益保障。

（3）新型农户对农业巨灾风险基金的出资意愿

从国际上现有的政府巨灾风险基金筹资安排看，几乎都有政府部门、国际机构或捐助资金承担所有的基金出资责任，仅有一些地震基金或洪水基金会涉及向社会公众征收保费。同时农业作为弱势产业，我国农业从业人员的保险意识和保费支付能力似乎一直差强人意。农户是否需要以及是否有可能或以何种参与出资成为国家农业巨灾风险基金的筹资者一员还有待现实的探索和检验。从已有的农业发展水平和农业生产者结构变化看，农户参与基金筹资并非没有可能。

近年来，以农民专业合作社、家庭农场和农业企业为代表的新型农业经营主体正引领着我国分散化农业生产转向规模化农业经营。而新型农业经营主体的保险需求与传统小农经济的生产者对农业保险的需求有着很大的不同。种植作物规模越大，农户购买保险的意愿度就越高。李丹（2016）提出新型农业经营主体受教育程度更高、保险意识更强，因而对农业保险的需求更加迫切，要求也更加个性化。林乐芬（2016）认为新型农业经营主体面临的风险主要是气象灾害、病虫害、价格波动等。叶明华（2018）通过将新型农业经营主体与传统小农户进行对比，认为他们在生产经营、风险情况、保险偏好上存在差异，应该根据各自风险敞口对农业保险产品进行细化与优化。新型农业经营主体在高投入、高产出、高风险的全方位需求必然对农业保险的经营提出更高的要求，对农业巨灾风险保障的要求也必然随之提上议事日程。另一方面，与新型农业经营主体在农业生产和经营中的投入相比，他们对农业风险以及巨灾风险的转移和投资可接受度更高，比起保险费支出，从农业巨灾风险保障制度中得到的补偿更影响其参与决策。为此我们组织了涉及全国东中西六个省份的农户巨灾风险转嫁意愿调查（见本章第二节），调查结论一定程度上证实了我们的观点。

4. 社会投资人

（1）社会投资人参与筹资的动机

从严格意义来看，农户和农业企业是与农业巨灾风险基金间接相关的一类社会投资人。除了负有基金筹资责任的政府和基金真实需求方保险公司外，包括农户（农业企业）在内的其他社会组织都是间接受益于农业高水平发展的间接利益相关者，基金制度的成功实施可以为这些农业或非农业的社会经济组织带来各种回报。这些社会资本包括农户、农业生产型企业、农业经营型企业、农业科技公司、金融咨询公司、财务公司、其他农产品供应链企业等。这些企业参与筹资的动机与各自从基金制度中获得的收益成正比，收益越明显，越容易衡量，参与筹资的动机就越强。

就基金筹资目的来看，农业巨灾风险基金是以金融投资思维在其众多间接利益相关者中寻找合适的筹资对象。社会资本属于农业巨灾风险基金筹资中间接的潜在型利益相关者。无论是债权投资还是所有权投资，投资人的主要要求即获得合理的投资回报。农业巨灾风险基金可以通过招募合伙人、发行巨灾债券、金融市场发债、甚至直接发行基金份额等方式来筹集资金，并从基金运行管理中产生投资收益回报投资人，从而获得稳定的农业巨灾风险基金规模。发行巨灾风险基金份额由基金利益相关者认购是结合了基金保障和基金投资两大功能于一身的一种大胆设想，巨灾风险基金以市场化基金的组织形式发挥巨灾风险基金的补偿和保障功能。按照设计，任何一个社会成员都可以自身支付能力认购巨灾基金，当巨灾没有发生时，可以获得风险保障；发生巨灾后，受巨灾损失的任何单位或个人获得与认购份额一定倍数的补偿。基金认购者可以中途赎回和认购，保持基金的自由进出和动态稳定，以此兼顾投资人的投资偏好和基金管理者的适度规模稳定的要求。

（2）参与筹资的社会投资人构成

综合来看，参与筹资的社会投资人可以分为两类，一类是与农业巨灾事件有切身利害关系的间接利益相关者，这些投资人对农业巨灾风险基金制度本身抱有需求，投资人的利益诉求来自基金制度对农业巨灾风险的抵御和补偿，参与筹资的激励来自巨灾基金对巨灾风险的足额保障功能。这类投资人是农业巨灾风险基金制度重要的监督者，也是农业巨灾风险基金制度的最终保护对象，包括农业龙头企业、家庭农场等新型农业经营主体等。另一类投资人是与农业巨灾事件没有直接利害关系的间接利益相关者，以金融市场投资人为主。这类投资人的加入以获取投资回报为目的，相比基金的保障功能，他们更关心基金激励机制的设计。农业巨灾风险基金管理者可以借助金融市场的投资回报时间不对等性巧妙地以风险换收益，承担超额风险的投资人可以获得更高的回报，从而实现巨灾风险基金筹资目的。这类投资人是农业巨灾风险基金可以信赖的筹资合作伙伴，对于快速筹集农业巨灾风险基金具有积极意义。

第二节　农户及农业企业的筹资意愿实证

农业巨灾风险基金直接利益相关者的筹资意愿已有实践中的地方农业保

险大灾风险准备金验证，政府和农业保险公司的出资意愿没有异议。本节主要验证间接利益相关者的出资意愿。由于社会投资人涉及群体较多，难以开展实证研究，我们以农户调查为切入口，以农户及农业企业为调查样本，在国内多个省份调查开展筹资意愿调查，以此代表间接利益相关者的出资意愿。

一、调查问卷设计

我们采用的数据来自 2016 年年初组织开展的全国 6 省农村实地问卷调查数据。调查地点包括山东、安徽、湖南、四川、甘肃和浙江，分别选择我国东、中、西部不同经济发展水平和农业发展水平的省份，其中山东、安徽、湖南、四川为我国重要粮食生产基地。经过培训，调查小组成员通过入村入户上门收集数据，为不识字的调查对象朗读并做出解释的方式获得大量第一手资料。共发放调查问卷 964 份，回收 865 份，回收率 89.7%，排除回答自我矛盾等无效问卷后获有效问卷 813 份，有效率为 94%。调查对象限定为实际从事农业生产并用于销售以获得农业收入的农产品种植和养殖业经营者。

1. 问卷及研究设计

本次问卷调查的目的是考察不同地区农户对农业巨灾风险意识及巨灾风险转移意愿程度。通过文献检索和各类问卷内容分析，我们设计了了与农业风险和农业巨灾相关问题 23 个，调查围绕农民对巨灾风险的识别和转移意愿展开，将农业巨灾风险与普通农业风险进行区别，以确定的巨灾风险作为保障对象，了解受调查农户的巨灾风险转移意愿。巨灾风险的概念界定目前没有统一定论。常见的界定标准包括："经济损失发生额"标准（瑞士再保险公司等）①、"保险赔付率"标准（邓国取等）②、"自然灾害事件"标准（加拿大）③以及"农户家庭收入损失"标准（周振等）④。为便于开展问卷调查，本研究所指的农业巨灾风险采用"农户家庭收入损失"标准，将农业巨灾风险界定为"涉及大量农户、灾害造成农业经济损失额达到家庭收入 50%以上

---

① 瑞士再保险公司每年更新巨灾标准，2011 年的标准是：经济损失总额达到 89.20 百万美元以上，或者人员死亡或失踪 20 人以上，或受伤 50 人以上，或无家可归 2000 人以上即为巨灾。从国际上政府口径来看，把单项农业灾害一次经济损失总额大于当年 GDP 的 0.1%定义为巨灾；从保险公司角度来看，单项农业灾害一次经济损失总额大于公司当年年末总资本公积金和总准备金的 10%定义为巨灾；从农户角度来看，一次性经济损失大于家庭财产和预期收益之和的 50%以上称为农业巨灾。

② 邓国取、李晓宝等学者建议将农业保险赔付率 150%—200%以上的农业损失界定为农业巨灾损失。

③ 加拿大部分农业保险项目将农业巨灾风险界定为年均发生概率不超过 7%，发生频率 15 年/次以上的风险。

④ 农业灾害损失为正常年份农业收入 50%或更多的农业重大自然灾害认定为农业巨灾。

且对农业生产和恢复带来严重破坏性的自然灾害风险"。由于我国农业经营普遍以小规模生产为特征，并且大量农村人口外出务工导致各地农户的家庭收入大多并不以农业收入为主，为了实现我们的研究目的，在 813 份原始问卷中我们以"农业收入占家庭收入比重 50% 以上"者为调查样本，观察这些潜在的农业巨灾承受者对农业风险的应对状况，得到的研究样本为 392 份问卷数据。

调查问卷共分四类问题：受访者个体特征、受访者当前农业风险意识、巨灾风险转移意愿、农户市场意识，以此考察农户转移农业巨灾风险的实际意愿程度。从受调查农户数据分析可以得出，我国以农业收入为主要收入来源的农业生产者群像特征图：我国职业农民以 40—60 岁中年人为主，该年龄段人数占所有农业大户数的 55.7%，受教育程度相对较高，高中及以上的人数占比（44.1%）比全体受访农户该比例（36.2%）高出 7.9 个百分点，其中大专以上的人数占比达到 17.1%，表明受教育程度对农业规模化经营的正相关性。这些基本数据与我国农村地区的农业生产现实基本一致。分地区比较，内陆地区（安徽、湖南、四川、甘肃）农业大户的人口结构要好于东部沿海地区（山东、浙江），"40 岁以下生产者"以及"高中及以上文化程度的生产者"比例，内陆地区分别为 56.2% 和 51.8%，和沿海地区 10.8% 与 33.7% 相比，内陆地区农业大户更加年轻化，受教育程度更高，显示出内陆地区良好的农业生产基础吸引了大批年轻的受教育程度高的新型农民回乡创业，从事规模化农业生产和经营，这符合我国农业发展的地区现状，反映出本次调查数据真实可信。

第二和第三类问题是本次问卷调查的重点。通过回答问卷，我们希望了解农户对可能出现的农业巨灾风险持怎样的态度并愿意采取哪些应对措施，是否愿意将可能出现的巨灾风险损失以一定的资金代价转移给第三方机构进行管理，对于可能成为农业巨灾风险管理机构的行为主体，比如政府行政管理部门、保险市场上的农业保险公司以及介于两者之间的行业组织或乡镇集体合作组织，受访者是否有较为明确的倾向性意见？同时，价格因素和地区因素也是我们颇为关注的回答内容。由于巨灾风险的低概率高损失特征，其精算公平费率水平一直处于较高水平。农业生产者是否因为经济能力而限制了其转移巨灾风险的愿望，农业龙头企业、家庭农场和专业种养大户等新型农业经营主体是否愿意分摊其他农户的保费成本以促使巨灾风险转移制度尽早落地，是否经济较为发达的山东和浙江两省农户更愿意接受巨灾风险转移制度，围绕这些思考设计的调查问卷共有相关问题 23 个。问卷数据赋值及其说明见表 4-3。

表 4-3　问卷数据赋值及其说明

变量种类	变量名称	变量赋值
反应变量	巨灾风险转移意愿	有=1；无=0
	转移制度供给方	不知道=1；政府=2；村集体=3；保险市场=4
解释变量	性别	男=1；女=0
	年龄	30 岁以下=1；31—40 岁=2；41—50 岁=3；51—60 岁=4；61 岁以上=5
	文化程度	小学=1；初中=2；高中=3；大专以上=4
	农业保险经历	有农业保险=1；没有农业保险=0
	地区	东部沿海地区=0；中西部内陆地区=1
	巨灾经历	有=1；无=0
	巨灾影响程度	很小=1；比较大（30%—50%）=2，很大（50%—80%）=3；非常大（>80%）=4
	家庭年收入	0—5 万=1；5—10 万=2；10—15 万=3；15—50 万=4；50 万以上=5
	风险转移成本	免费=1；单位物化成本的 1%=2；单位物化成本的 3%=3
	成本分摊意愿	愿意=1；看保费=2；不愿意=3

注：单位物化成本是指每单位土地摊到的化肥、种子等各类成本总额。"巨灾风险转移意愿"和"转移制度供给方"分别为两阶段模型中各自的反应变量。

2. 模型选择

为了得到问卷设计中提到的农户对巨灾风险转移意愿以及农户选择巨灾风险转移制度的规律性认识，本研究拟分两个步骤对问卷数据进行分析，分别以 logistic 模型处理农业大户对农业巨灾风险转移意愿的选择问题，以及用有序多分类回归 ordinal logistic 模型分析农业大灾风险保障制度设计问题。第一步借助二项 logistic 回归模型考察农户的选择意愿。农户的选择意愿是典型的二元选择问题，logistic 回归模型可以很好地处理定性变量（即分类变量）问题，避免残差非正态性和异方差性等出现。以"巨灾风险转移意愿"为反应变量，回答"有"表示愿意向第三方单独转移农业巨灾风险，回答"无"则表示不愿意加入巨灾风险转移计划。以"巨灾经历""巨灾影响程度""家庭年收入""风险转移成本"以及"成本分摊意愿"为解释变量，同时引入"性别""年龄""文化程度""农业保险经历"以及"地区"等分类变量作为控制变量，运用二项 logistic 模型观察其运行结果。

二项 logistic 模型公式为：

$$\log isticp_i = F(y_i) = F(\alpha + \beta x_i) \tag{4-1}$$

$$\log isticp_i = \ln \frac{p(y=1)}{1 - p(y=1)} = \alpha + \beta_1 x_1 + \beta_2 x_2 + ... + \beta_k x_k = \alpha + \sum_{i=1}^{n} \beta_i x_i \tag{4-2}$$

上式中 p_i 为回答"有"，表示愿意转移农业巨灾风险的概率，$F(y_i)$ 是逻辑累计概率密度函数，表示对于给定的 x_i，p_i 相应对象做出选择"有"的概率大小。ln 为概率发生比，即农户愿意转移农业巨灾风险的发生概率值。x_i 为解释变量，代表影响农户巨灾风险转移意愿的各类因素，β 为回归系数，α 为常数项。

在完成上述回归后，第二步将选择"是"即愿意转移农业巨灾风险的样本信息筛选出来，组成新的数据库，运用有序多分类 logistic 回归模型考察农户对巨灾风险转移制度的选择意愿，这里我们主要关注农户对巨灾风险转移制度供给方的选择，考察哪类行为主体设计组织转移制度更受欢迎。政府组织和市场化经营一直是国际上应对和管理巨灾风险的两个选择，两种制度设计各有应用，各有利弊。我们的调查从农户接受度出发，在愿意转移农业巨灾风险的样本人群中考察政府和市场哪种力量更接近现阶段农户的实际需要。

有序多分类 logistic 模型公式为：

$$logisticp_j = F\left(y^*\right) = F(\alpha + \sum_{k=1}^{K} \beta_k x_k) \tag{4-3}$$

$$logisticp_j = \ln \frac{p(y \le j \mid x)}{1 - p(y \le j \mid x)} = \mu_j - \left(\alpha + \beta_1 x_1 + \beta_2 x_2 + \cdots + \beta_k x_k\right) = \beta_{0j} - \sum_{k=1}^{K} \beta_k x_k$$

$$\tag{4-4}$$

其中，y^* 表示农户选择风险转移供给方的内在趋势，不能被直接计量，$F(y^*)$ 是逻辑累计概率密度函数。ln 作为该模型的发生比是通过该发生比分子中的事件概率依次连续累计形成，即农户不知道，愿意接受政府、村集体、保险市场作为转移制度供给方发生的概率累计值。μ_j 表示分界点，α 为常数项，β_{0j} 是运行统计软件输出的 μ_j 和 α 的综合。x_k 为解释变量，代表影响农户选择巨灾风险转移主体的各类因素，β 为回归系数。

上式中的 p_j 为农户对巨灾风险转移制度的供给方市场化的选择程度，存在四个选择，即不知道=1，政府=2，村集体=3，保险市场=4，因此，本研究可以同时构建 3 个具体的累计 logistic 函数。

$$\text{logistic} p_1 = \ln\left(\frac{p_1}{1-p_1}\right) = \beta_{01} - \sum_{k=1}^{K}\beta_k x_k \tag{4-5}$$

$$\text{logistic}(p_1 + p_2) = \ln\left(\frac{p_1 + p_2}{p_3 + p_4}\right) = \beta_{02} - \sum_{k=1}^{K}\beta_k x_k \tag{4-6}$$

$$\text{logistic}(p_1 + p_2 + p_3) = \ln\left(\frac{p_1 + p_2 + p_3}{p_4}\right) = \beta_{03} - \sum_{k=1}^{K}\beta_k x_k \tag{4-7}$$

其中，p_1、p_2、p_3、p_4 为回答不知道（不选择）以及选择接受政府、村集体、保险市场为转移制度供给方的概率，且 $p_1 + p_2 + p_3 + p_4 = 1$。3 个具体的累计 logistic 函数为：选择不知道对选择政府、村集体、保险市场为转移风险供给方的对数发生比；选择不知道或政府对选择村集体或保险市场为转移风险供给方的对数发生比；选择不知道或政府或村集体对选择保险市场为转移风险供给方的对数发生比。

二、调查描述性分析

调查对象基本数据的描述性统计分沿海地区和内陆地区两类进行。在我国，重大自然灾害频繁发生，给不同地区的农业生产和农户收入带来了不同程度的影响。在 392 户调查对象中有近半数的农户（194 户，49.5%）最近 5 年有过巨灾经历，具有对农业巨灾风险的主观认知。其中内陆地区的农户占比 31.8%，沿海地区占比 73.5%。按地区差异分别统计的我国农户对农业巨灾风险感知统计如表 4-4 所示。

表 4-4　沿海地区与内陆地区农民对农业巨灾风险感知的描述性统计

项目	分类	样本数		占比	
		内陆	沿海	内陆	沿海
巨灾经历	有	72	122	31.8%	73.5%
	无	154	44	68.2%	26.5%
台风灾害	有	0	124	0	74.7%
	无	226	42	100%	25.3%
洪水灾害	有	51	17	22.6%	10.2%
	无	175	149	77.4%	89.8%

项目	分类	样本数		占比	
		内陆	沿海	内陆	沿海
干旱灾害	有	185	20	81.9%	12%
	无	41	146	18.1%	88%
冰雹灾害	有	17	10	6.4%	6%
	无	209	156	93.6%	94%
最担忧的巨灾原因	自然灾害	56	74	24.8%	44.6%
	市场价格	116	86	51.3%	51.8%
	无所谓	54	6	23.9%	3.6%

不同地区农户对农业巨灾保障意愿统计如表 4-5 所示。

表 4-5 沿海地区与内陆地区农民对农业巨灾保障意愿的描述性统计

项目	分类	样本数		占比	
		内陆	沿海	内陆	沿海
保险补偿	有	13	10	5.8%	6%
	无	213	156	94.2%	94%
政府救助	有	62	17	27.4%	7.5%
	无	164	149	72.6%	92.5%
社会救助	有	18	6	8%	3.6%
	无	208	160	92%	96.4%
自身承担	有	157	135	69.5%	81.3%
	无	69	31	30.5%	18.7%
巨灾保障意愿	有	114	103	50.4%	62%
	无	112	63	49.6%	38%
巨灾保障制度	保险补偿	112	74	49.6%	44.6%
	政府补偿	89	74	39.4%	44.6%
	村集体补偿	16	11	7%	6.6%
	不需要	9	7	4%	4.2%
大户分摊意愿	愿意	45	40	19.9%	24.1%
	不愿意	120	73	53.1%	44%
	看金额高低	61	53	27%	31.9%

不同地区农户对农业巨灾风险的市场运作意识统计如表 4-6 所示。

表 4-6   沿海地区与内陆地区农民对农业巨灾风险的市场运作意识的描述性统计

项目	分类	样本数		占比	
		内陆	沿海	内陆	沿海
保险基础	有	37	17	16.4%	10.2%
	无	189	149	83.6%	89.8%
商业投保意愿	有	71	49	31.4%	29.5%
	无	132	53	58.4%	31.9%
	看金额高低	23	64	10.2%	38.6%
风险转移成本	物化成本 3%	24	8	10.6%	4.8%
	物化成本 1%	182	115	80.5%	69.3%
	免费	20	43	8.9%	25.9%

1. 农户对巨灾风险的感知程度

当地气候条件及灾害发生频率。沿海地区和内陆地区的受灾经历不同，常见的灾害种类也不一样。在台风、洪水、干旱、冰雹四类灾害事件中，沿海地区农户受到台风灾害的影响频率较高，74.7%的沿海地区受访农户有过台风损失的经历。内陆地区遭受干旱的可能性更大，内陆地区农户 81.9%的受灾经历为干旱灾害。同时，干旱也是沿海地区容易发生的灾害种类，有 12%的沿海受访农户表示遭受过干旱损失。有别于沿海地区农户台风、干旱是最主要的灾害种类，内陆地区农业灾害以干旱和洪水为主，有洪水灾害经历的农户占调查人群的 22.6%。

沿海地区和内陆地区巨灾风险差异明显。从灾害影响力来看，内陆地区受巨灾影响损失非常严重的受灾人群比例（80.1%）要超过沿海地区（33.1%），这或许和内陆地区经济不发达，农业收入是主要家庭经济收入有关。从灾害种类来看，内陆地区最主要的自然灾害风险为干旱，沿海地区则受台风灾害风险的影响更大。24.8%的内陆地区农户更关心自然灾害风险，44.6%的沿海地区农户更关心自然灾害风险，这一差异反映出沿海地区农户对农业生产风险意识更强。和自然灾害风险相比，两大区域的农户均对市场风险关注更多。51%以上的受访农户表示对市场风险更加敏感，认为市场价格波动风险是影响农业生产和收入最显著的原因，都选择市场价格作为最担忧的农业风险因素。内陆地区的农户更担心市场风险造成的收入损失风险，选择更担忧市场风险的内陆地区农户比例比沿海地区农户高出约 20 个百分点。

巨灾对当地农业生产的影响程度。沿海地区和内陆地区农户的感受截然不同，内陆地区农户对巨灾影响的主观感受更明显，巨灾带来的农业生产打击更大，80.1%的内陆地区农户感受到巨灾明显影响灾后农业生产经营，而沿海地区只有 4.8%的农户认为影响较大，28.3%的农户认为影响程度在 50%以上。这与沿海地区农户家庭收入结构有较大关系，农业收入占比低的农户家庭对农业巨灾影响不敏感。

2. 农户对大灾风险保障的意愿程度

农业巨灾风险保障与农业风险保障相对独立。调查发现，农业保险的普及实施并不能替代农业经营大户对农业巨灾风险保障的需求，调查中分别有50.4%的内陆地区农户和 62%的沿海地区农户表达出明显的巨灾保障意愿，而这些农户中仅有 16.4%的内陆地区农业大户和 10.2%的沿海地区农业大户参加过农业保险。从大灾保障意愿看，沿海地区农业经营大户的保障意愿更高，比内陆地区高出 11.6%，更加期待有大灾保障制度可以提供。就现有的农业巨灾分散机制看，农业生产者除了自身承担损失外，内陆地区更依赖政府救助（27.4%）、社会救助（8.0%）等外部力量，得到过保险补偿的比例为5.8%；沿海地区的农户则更多选择自身承担（81.3%）或以自身投入做好风险管理和防范，得到政府救助、农业保险补偿及社会救助的比例都在 10%以下。

对于未来拟建立的巨灾保障制度实施方式选择，49.6%的内陆受访农户选择了保险补偿方式，相比沿海地区受访农户增加 5 个百分点，这在某种程度上得益于农业保险在内陆地区的渗透率更高，农户切身感受到农业保险的保障功能。两类地区选择"保险补偿"和"政府补偿"的比例内陆地区和沿海地区农户分别为 89%和 89.2%，政府补偿和保险保障是各地农户普遍接受度较高的制度提供方式。

3. 农户对巨灾风险的市场运作态度

以政策性农业保险代替政府发放农业补贴是我国农业支持政策的重大转变，也是政府转变经济管理方式的有益尝试，这一变化的成功经验表明市场化意识的出现对应用市场化管理手段所发挥的作用有积极意义。从调查中可以发现，两类地区的农业大户都表明愿意为巨灾保障制度的建立承担一定的资金成本，其中，内陆地区受访农户有高达 80.5%的比例选择较低的风险转移成本，沿海地区该农户比例为 69.3%，当转移成本提高时，内陆地区和沿海地区的农户愿意承担的比例迅速降至 10.6%和 4.8%。可见，与建立巨灾保障制度的迫切性相比，受访农户愿意承担相应比例的资金成本。这一发现体现出农业大户的市场化意识和积极参与巨灾保障制度筹资意愿的程度。内陆地区和沿海地区的市场运作意识也存在差异。将近 60%的内陆地区农业大户不愿意加入商业保险合约，沿海地区这一比例降至 32%左右。当问及"是否愿意分摊部分村民保费以加快大灾保障制度建立"时，24.1%的沿海地区农业大户表示"愿意"，31.9%的农户表示"看保费金额高低而定"，比内陆地区农户的选择分别高出 4.2 和 4.9 个百分点。

沿海地区农业大户还具有鲜明的市场化风险管理的意识。在农业巨灾风险保障制度设计问题上，选择保险补偿的农户比例和选择政府补偿的比例持平，两者合计占到调查总人数的 89.2%，既显示出农民对农业巨灾损失补偿的迫切需求，又反映保险制度较高的市场接受程度。

沿海地区农户相对更能接受市场化手段转移巨灾风险。以浙江省为例，巨灾保障制度的统计均值为 2.8431，显示具备经济基础和市场意识的浙江农民并非一味追求政府行为，他们愿意接受市场制度安排下的巨灾保障产品。政府公信力在广大农村依然有着不可替代的号召力，农民更愿意由政府具体主持灾害损失补偿事项。紧随其后的是保险公司组织赔偿。经过近二十年的保险市场经营,保险公司从事风险转移和损失补偿工作的观念已经深入农村，逐步被人们所了解，也愿意借助保险制度和市场力量弥补自身经济损失。在农业巨灾保险的保费成本上，有 60.8%的农民表示可以通过支付保费的方式参加巨灾保险，享受有偿的风险保障服务，另有 39.2%的农民仅愿意免费参加。以交费方式参与巨灾风险转移体现出浙江农民的风险意识和市场意识比较超前，为推动农业巨灾风险保险制度提供了市场环境基础。

三、调查实证分析

1. 一阶段二项 logistic 回归

首先，我们考察影响我国农业巨灾风险转嫁意愿的主要因素。根据调查问卷得到的数据，以"巨灾风险转移意愿"为反应变量，以"巨灾经历""巨灾影响程度""家庭年收入""风险转移成本"以及"风险分摊意愿"为解释变量，同时引入"年龄""性别""文化程度""农业保险经历"和"地区"等分类变量作为控制变量，对这 10 个变量做二项 logistic 回归，采用 SPSS19.0 分析软件，数据处理采用变量一次进入法。首先使用 HL（Homsmer and Lemeshow）指标检验 Logistic 模型拟合优度。当 HL 指标统计值显示显著时，表示模型拟合不好，HL 指标统计不显著，则表明与实际状况拟合较好。实证结果显示 HL 卡方检验值为 10.250，概率 P 值为 0.248，说明模型拟合得较好。具体估计参数如表 4-7 所示。

表 4-7　一阶段二项 logistics 回归分析结果

		B	S.E,	Wals	df	Sig.	Exp（B）
步骤 1a	巨灾经历	1.580	0.270	34.179	1	0.000	4.856
	巨灾影响程度	0.128	0.153	0.694	1	0.405	1.136
	家庭年收入	0.310	0.135	5.282	1	0.022	1.363
	风险转移成本	0.471	0.194	5.865	1	0.015	1.601
	风险分摊意愿	−0.206	0.161	1.625	1	0.202	0.814
	性别	−0.359	0.256	1.971	1	0.160	0.699
	年龄	0.315	0.118	7.151	1	0.007	1.370
	文化程度	0.379	0.130	8.446	1	0.004	1.461
	农业保险经历	0.825	0.377	4.784	1	0.029	2.281
	地区因素	0.058	0.349	0.028	1	0.868	1.060
	常量	−3.735	0.872	18.346	1	0.000	0.024

由表 4-7 可知：

（1）巨灾风险转移意愿受年龄、文化程度、农业保险经历影响较大，且均与巨灾风险转移意愿正相关，体现出我国现阶段农户的巨灾风险转移意愿很大程度上受到非经济因素的影响。由于我国农业保险渗透率不高，农户整体经济意识还不够强烈，容易受到固有农业模式的影响，农业保险的推动还需要从源头出发，调动农户积极性。具体来说，年龄与巨灾风险转移意愿显著正相关；农户教育程度也和巨灾风险转移意愿显著相关，教育程度较高的农户会接触其他方面对巨灾风险的管理作用，在出现巨灾风险的情况下，更倾向于通过寻求外界帮助转移巨灾风险，对农业生产进行保护；所在地区的影响为正向显著，沿海地区的农户具备一定的经济基础，风险意识和市场意识更为超前，因此具有更为突出的风险转移意愿；农户是否具有农业保险基础与巨灾风险转移意愿正相关可能是因为农业保险往往呈现管理化、制度化等优点，有农业保险基础的农户更了解农业险的运作，并从中获益，因此在这种情况下需要转移巨灾风险的意愿变得更为强烈。

（2）模型中相关系数最高的巨灾经历对巨灾风险转移意愿影响力最大，风险感知十分重要，会引起农户的行为和认知偏差。当农户本人或者周围关系中有过灾害经历，或者所在地区有受灾可能的时候，其巨灾风险转移意愿更强。受灾经历每提高一个单位，巨灾风险转移意愿就提高到原来的 1.58 倍。风险感知是巨灾风险管理中个体选择时非理性的重要主观因素之一，因为存在着对未知风险的不了解，再加上巨灾风险自身的极小概率、极大损失的风险特性，人们更容易依赖对某一具体灾害事件的亲身感受去做出判断，会对自身财产损失的效用以及事件发生概率大小的衡量产生误差，从而无法通过客观的分析手段和理性思维对巨灾风险进行转移与规避。家庭年收入和风险转移成本与巨灾风险转移意愿正相关。收入越高，受巨灾风险威胁越大，转移巨灾风险的愿望就越强烈。风险转移成本与巨灾风险转移意愿的正相关性原因不明，或许与农业大户市场化意识下的权利义务对等的认识和接受度有关。

（3）与支付意愿相关的农业大户分摊意愿和地区因素在回归中不显著，本次调查数据没有反映出农户支付或分摊巨灾风险行为对巨灾风险转嫁是否存在影响关系，不同地区农业大户对巨灾风险转移的意愿倾向在统计学上也不具有解释意义。

2. 二阶段有序多分类 logistic 回归

这里，我们考察农户更倾向于选择哪种农业巨灾风险分散制度。常见的农业巨灾风险分散制度包括农业再保险、农业巨灾风险基金以及巨灾证券化等形式。政府和市场是进行农业巨灾风险分散的两大主导因素。由于我国农业和农村整体经济发展水平滞后于城市发展，巨灾证券化等发达金融衍生品种还未出现。根据市场意识萌生的程度，我们从低到高将巨灾风险分散制度选择分为不知道如何选择、选择政府主导、选择村集体安排分散以及选择参加巨灾保险等四种制度安排，实证考察适合我国农业巨灾风险转移的最优选择。

根据调查问卷得到的数据，首先在一阶段分析结果的基础上，将选择愿意转移农业巨灾风险的样本信息筛选出来，共 217 个样本，组成新的数据库，进一步考察现阶段农户对风险转移供给方的选择，然后采用有序多分类 logistic 回归模型进行分析。由于反应变量农户对转移风险的供给方的选择在市场化程度上有序次关系，适合采用该模型。有序多分类 logistic 回归模型是从二元 logistic 回归中发展起来的，在研究不同影响因素对有序分类变量的影响效应时，可以得到更好的参数估计结果。二阶段的回归以"转移制度供给方"为反应变量，同样以"巨灾经历""巨灾影响程度""家庭年收入""风险转移成本"以及"大户分摊意愿"为解释变量，以"年龄""性别""文化程度""农业保险经历"和"所在地区"等分类变量作为控制变量，考察有巨灾转移意愿的农业大户对巨灾保障制度供给方的选择倾向。有序多分类回归结果见表 4-8 所示。

表 4-8　二阶段有序多分类 logistic 回归分析结果

		估计	标准误	Wald	df	显著性	95% 置信区间	
							下限	上限
阈值	[巨灾保障制度 =1.00]	17.420	2.711	41.281	1	0.000	12.106	22.735
	[巨灾保障制度 =2.00]	19.787	2.719	52.946	1	0.000	14.457	25.117
	[巨灾保障制度 =3.00]	21.473	2.756	60.707	1	0.000	16.071	26.874
位置	[巨灾经历 =.00]	0.304	0.405	0.563	1	0.453	−0.490	1.099
	[巨灾经历 =1.00]	0	.	.	0	.	.	.
	[巨灾影响程度=1.00]	−0.189	1.018	0.034	1	0.853	−2.183	1.805
	[巨灾影响程度=2.00]	0.162	0.519	0.098	1	0.755	−0.856	1.180
	[巨灾影响程度=3.00]	−0.086	0.528	0.027	1	0.870	−1.122	0.949
	[巨灾影响程度=4.00]	0	.	.	0	.	.	.
	[家庭年收入=1.00]	−1.474	2.075	0.505	1	0.477	−5.541	2.592
	[家庭年收入=2.00]	−1.108	2.045	0.294	1	0.588	−5.117	2.901
	[家庭年收入=3.00]	−1.276	2.059	0.384	1	0.536	−5.312	2.761
	[家庭年收入=4.00]	−2.995	2.122	1.992	1	0.158	−7.154	1.164
	[家庭年收入=5.00]	0	.	.	0	.	.	.
	[巨灾保费成本=1.00]	0.751	1.089	0.476	1	0.490	−1.383	2.886
	[巨灾保费成本=2.00]	1.368	1.022	1.791	1	0.181	−0.636	3.372
	[巨灾保费成本=3.00]	1.401	1.029	1.854	1	0.173	−0.616	3.417

续表

		估计	标准误	Wald	df	显著性	95% 置信区间	
							下限	上限
位置	[巨灾保费成本=4.00]	0	.	.	0	.	.	.
	[大户分摊意愿=1.00]	−1.439	0.950	2.291	1	0.130	−3.301	0.424
	[大户分摊意愿=2.00]	−0.448	0.942	0.227	1	0.634	−2.295	1.398
	[大户分摊意愿=3.00]	−0.995	0.952	1.093	1	0.296	−2.860	0.870
	[大户分摊意愿=4.00]	0	.	.	0	.	.	.
	[性别=.00]	0.525	0.357	2.168	1	0.141	−0.174	1.225
	[性别=1.00]	0	.	.	0	.	.	.
	[年龄=1.00]	16.998	0.739	529.671	1	0.000	15.550	18.445
	[年龄=2.00]	16.960	0.729	540.843	1	0.000	15.531	18.389
	[年龄=3.00]	17.243	0.595	840.485	1	0.000	16.077	18.408
	[年龄=4.00]	17.499	0.577	920.428	1	0.000	16.369	18.630
	[年龄=5.00]	17.362	0.000	.	1	.	17.362	17.362
	[年龄=6.00]	0	.	.	0	.	.	.
	[文化程度=1.00]	1.277	0.631	4.101	1	0.043	0.041	2.514
	[文化程度=2.00]	−0.469	0.567	.685	1	0.408	−1.580	0.642
	[文化程度=3.00]	−0.683	0.548	1.556	1	0.212	−1.757	0.390
	[文化程度=4.00]	0	.	.	0	.	.	.
	[保险经历=.00]	0.510	0.477	1.143	1	0.285	−0.425	1.444
	[保险经历=1.00]	0	.	.	0	.	.	.
	[地区因素=.00]	0.261	0.536	0.237	1	0.627	−0.789	1.310
	[地区因素=1.00]	0	.	.	0	.	.	.

实证结果表明，影响农户选择巨灾保障制度供给方的因素中，年龄和文化程度有统计学意义。其他如地区因素、农业保险经历等对农户选择风险转移制度供给方的影响都不显著。

（1）文化程度越低，越愿意接受政府组织实施巨灾风险转移机制。文化程度低的农户对于新鲜事物的理解能力和接受能力相对比较低，而农户的认知水平会限制农户的选择。当农户有转移风险的意愿时，市场化的不确定性和保险制度的复杂情况，会使农户倾向于更为信赖的政府组织实施。政府在我国小规模分散化的农业经营模式下需要承担起引导农户的责任。调查发现，在我国农业保险和市场化风险管理方式不发达的农业生产阶段，农户的风险认知还处于初级阶段，文化程度等非经济因素是制约我国农户选择巨灾风险分散制度的重要方面，人们习惯于被动承担巨灾损失或政府救济安排，还不熟悉巨灾保险等经济因素或市场化操作来管理农业巨灾风险。

（2）农户年龄越大，越愿意接受政府提供的巨灾风险转移机制。年龄越大的农户对政府的依赖性更强，对保险制度没有清晰的认识，心理上更倾向于选择熟悉的政府组织巨灾救助方式，同时政府的公信力也超过普通保险制度供给方，更容易为农户所接受。这也反映出政府在推广保险手段和市场化风险分散方式中具有非常重要的影响力。

（3）地区差异和农业保险经历对于巨灾保障制度供给方的选择没有明显差异。二阶段有序分类回归结果表明，在对是政府组织还是提供保险的制度选择时不同地区的农户没有明显的倾向性差异。

四、调查结论及评价

本次农业巨灾风险状况调查表明，农业自然灾害对以农业收入为主要来源的农户家庭以及农场主带来严重的影响，新型农业经营主体（即家庭农场、农业企业等以农业收入为主要经济来源的农民）对转嫁农业巨灾风险的意愿非常强烈。调查显示，人们对农业巨灾的管理意愿与农户主观上的巨灾经历和客观受教育程度密切相关，随着巨灾经历的增加以及受教育程度的提高而表现出增强的农业巨灾转嫁意愿和支付意愿。此外，调查还显示，人们对农业巨灾的保障意愿和对农业保险的需求是相互独立的两个事件，彼此弱相关。即使对农业保险并无了解（调查对象中86.2%农户没有参加农业保险），也没有对农业巨灾保障意愿带来增加或减少的影响（55.4%的调查对象有意愿转嫁农业巨灾风险）。相当一部分对保险一无所知的农户依然因为损失惨重而产生强烈的转嫁农业巨灾风险意愿。

调查还表明，政府在农户心目中具有非常重要的影响力，无论是现有的巨灾补偿还是未来的农业巨灾保障制度，农户都对政府参与给予强烈的期望。农户对农业巨灾风险具有切实的转移意愿，且对政府拥有绝对的信任基础和依赖心理。需要把政府行政手段和保险制度经营规律有机结合。政府的影响是多方面的，从政策制定、灾前预防、灾时预警、灾后救援以及巨灾风险认知的改良等方面均有助于刺激农户提升农业巨灾风险的转移意愿。和村集体以及保险企业相比，政府是农民心目中更加信赖的巨灾风险保障制度提供者。正是基于政府的公信力对农户转移农业巨灾具有明显的吸引作用，建立农业巨灾基金转嫁农业巨灾风险比起农业保险，更容易被农户所接受，更容易获得市场需求的支持，这与其他已经建立农业巨灾保障机制的国家经验是一致的，巨灾风险保障机制大多由中央政府组织或提供，须充分发挥政府在农业巨灾风险管理中的主导作用。

第三节　基金筹资主体的利益冲突与协调

利益相关者需求和行为分析是公私合作项目开展的重要组成部分。衡量利益相关方的意见可以更好地促进能够满足利益相关者需求的 PPP 项目落地，可以帮助项目倡导者和利益相关者进行有效沟通。利益相关者的意见表达和协调对于公私合作项目而言更加重要。利益相关者可以分为两个部门：公共部门（政府部门、作为消费者的公众、第三方中介咨询和监管机构）和私营部门（项目公司和投资者）。这两个部门的参与目标往往不一致，常常相互冲突。公共部门的目标是社会福利最大化，这是基于公共利益最大化而言的，而私人公司则追求利润最大化，协调好各利益所有者之间的利益诉求冲突是公私合作项目取得成功的关键。

一、筹资主体的利益冲突

1. 政府与保险公司之间的利益冲突

由于农业保险准公共产品的性质，农业保险无法像商业性财产保险一样完全市场化经营，只能通过政策性保险来实行。政府作为政策性农业保险的扶持者，其参与保险是为了追求社会公共利益，而保险公司作为商业性市场主体则追求自身利益最大化。政府与保险公司的属性差异决定了政府与保险公司之间的利益冲突。

政府是社会利益的代表者，它的主要职能在于促进国家经济和社会的发展，稳定各项生产活动。必要时，通过财政政策和货币政策弥补市场在调节资源配置时的不足，例如提供公共产品、维护市场秩序等，从而保证国家的利益最大化。农业巨灾事件带来的重大损失意味着政府在农业巨灾风险管理中应占据主体地位。缺少政府的参与和干涉，农业巨灾损失难以得到真正保障，农业保险业务就难以开展。从利益相关者角度来说，政府建立农业巨灾风险基金，符合政府的利益。因为农业保险的发展有助于分散农业风险，保障农业产业的稳定发展，促进农村经济的增长，农业保险已经证明是一国农业生产重要且有效的产业发展政策,可以帮助政府分担农业巨灾的财政负担，这直接与政府的利益相联系。但是，政府也是理性的经济人，与市场中的各个主体一样，它同样追求自身利益的最大化和最优的资源配置。政府设立巨灾基金前，要对投入资金规模进行理性的评估分析和预算分析，基金对农业保险的支持力度等指标也需进行测算。只有当巨灾基金建立在符合自身利益的基础之上,才能保证农业巨灾风险基金的社会边际效益大于社会边际成本。

政府建立农业巨灾风险基金来防范农业巨灾风险，直接目的是防止保险公司在面临农业巨灾时出现无力赔付的情况，转移保险公司的经营风险，但其更深层的目的是农业保险公司的经营能够可持续发展，进而分担农户的经营风险，保障农业的稳定发展。根据风险共担的原则，保险公司作为参与主体，理应承担一部分风险责任。但是保险公司经营的利益最大化原则，会尽可能地希望承担更少的风险，获得最多的经济利润，希望将自己的风险更多地转移给政府等其他主体，这与政府追求的社会公共利益最大化的目的有所冲突。政府财政资金是有限的，为了追求社会效益的最大化，政府希望以较少的财政资金产生最大的社会效益，一旦政府过多地为保险公司承担经营风险，势必会损害到其他社会利益。一方面，政府要扶持农业保险公司，依靠保险公司来开展农业保险业务，对保险公司进行财政补贴和税收优惠政策；另一方面，政府也要监督保险公司的行为。

2．政府与新型农户（农业企业）之间的利益冲突

政府作为农业保险的扶持者，实行农业保险、推进农业巨灾风险基金建设的主要目的是推动农业发展，维护我国的农业稳定和保障我国粮食生产安全，追求的是社会公共利益和国家利益。因此，政府与农户之间的根本利益是一致的，农户或农业生产者利益的实现也是社会公共利益、国家利益的实现。

但是，政府追求的是社会利益总效用的最大化，政府在运用有限的财政资金时不但要考虑农业生产者利益，更要实现社会各个产业的总体利益的最大化。同时，对于政府而言，尤其是地方政府，除了社会公共利益之外，还有其他的利益追求。农户作为独立的经济主体，本质也是逐利的，利润最大化是其根本目标。农民或农民企业亦是受到严格财务约束的经济人（谢家智，2009），农民在考虑是否要参加农业保险时，势必会比较投保所获得的效益和参与投保的成本，并且，农民更倾向于获得直接的效益。当农业保险对农户来说有利可图时，选择参加保险；反之，则不然。农户参与农业保险时总是期望以最低的成本得到最高的保障。在农业巨灾风险基金筹资过程中，农户更倾向于政府及保险公司承担更多的风险，尤其是在现行的政策性农业保险制度下，农户在享受了多年政府保费补贴，很难愿意成为风险承担者。因此，政府与农户之间依然存在着潜在的利益分歧。政府和农户的法律地位不对等，政府相对于农户来说有着绝对话语权，政府与农户之间虽然有共同利益，但是在利益分歧上很难通过有效的沟通机制或市场行为得到协调。因此，利益分歧容易转化为利益冲突。

3. 中央政府与地方政府之间的利益冲突

地方政府的政策目标决定了其对农业巨灾基金制度的筹资现实需求并不高，客观上忽视了农业巨灾风险基金制度的重要性。首先，我国各级政府都有强烈的投资偏好。政府的管理逻辑是，国家发展以经济建设为中心，发展经济成为各级政府首要职能。在这一思想指导下，政府积极参与经济活动，发展经济成为重要的任务，各地争上项目、争建工程的行为引发政府的"投资饥渴症"，地方债务平台纷纷出现以及地方债务的高企都源自地方政府的投资冲动和投资扩张。在这一基调下，政府很少主动关注不会带来实际利益和政绩结果的风险规避和防范措施，尤其是在经济困境、城镇化发展、经济适用房建设等普遍投资资金不足的前提下，通过财政预算转移部分资金用于巨灾保障等未来不确定支出，更是难以引起决策者的高度重视。过于强调和追求经济增长，而忽视了灾害预防和救助体系的构建。同时，由于自然灾害发生的突然性、随机性和伴生性，地方政府政策目标就决定了灾害救助难以成为政府日常关注的重点工作内容，有限的财政资金更多应用到经济建设和项目投资等产生实际利益的工作中，这些都导致农业巨灾风险保障迟迟难以确立，从而也带来了农村"因灾返贫""因灾致贫"的现象普遍存在。其次，农业灾害风险的地区差异以及农业在当地国民经济结构中的比重差异较大，不少地方政府对建立中央农业巨灾风险基金制度需求并不迫切，为此承担出资义务更是缺乏积极性。以农业巨灾损失为基础的基金使用原则必然会有一些地方政府上缴费用多使用基金少而产生抵触情绪，与中央政府建立基金实行全国统筹分散巨灾风险的初衷相违背，导致基金落地困难。

二、筹资主体的利益协调

利益相关方之间的互动使得政府在利益相关方之间分配责任变得充满挑战，利益分配是 PPP 项目合作最关键的问题。不同利益相关者在经济理性驱使下的经营活动，推动农业巨灾风险基金制度整体正常运转，他们之间的利益关系复杂，互动频繁而又不断地动态变化。不同利益相关者对待巨灾风险的态度、处置风险的个体理性行为决定了他们在风险产生和传递过程中所扮演的角色各不相同。公私合作的农业巨灾风险基金项目中，政府和保险公司的合作目标是一致的，即基金规模适度化所确保的充足的巨灾赔付能力，政府与其他社会资本的合作目标却不一致，尤其是投资人，他们单纯以盈利能力为最终目标。因此，协调各方参与主体的利益，协调不同利益相关者的利益冲突，对于建立农业巨灾风险基金的公私合作项目非常关键，直接决定公私合作模式下的基金筹资是否成功。

值得肯定的是，新型农户、保险公司和政府在农业巨灾风险基金筹集过程中的根本利益是相同的，利益博弈很多都是隐性的而非直接的对立冲突。究其原因是在财政补贴政策下，农户和保险公司都受益于农业巨灾风险基金制度推行带来的农险覆盖面扩大，农户的生产利益得到保障，保险公司则增加了业务收入，扩展了业务领域。政府也由此达到促进农业发展提高农业产业化水平等政策意图。从利益相关者理论出发，农业巨灾风险基金制度既整合了政府与农户的利益需求，满足农户损失得到保障的根本利益，又整合政府与保险公司的利益需求，保证保险公司的偿付能力和可赢利性。从保障农户经济利益角度出发，整合农户与保险公司的利益需求，建立良好的农户与保险公司之间的信用关系，对于给予保险公司巨灾保障支持和落实农业巨灾风险基金制度至关重要。

公共部门和私营部门之间的关系是长期而非一次性的关系。良好的公私合营关系涉及公共和私营部门之间的风险合理分配，政府承担大部分风险并非最佳选择。风险分配中公共合作伙伴应该承担项目财产风险和政治风险，项目经营风险应分配给私人合作伙伴。政府不应对私人合作伙伴承担不适当的风险，为满足私人部门追逐高回报率而承担过高的合作成本。保险业务的运作本身不可避免地会遇到各种道德风险问题，统保模式和政府买办方式的道德风险尤为突出。农业巨灾风险基金项目相当于政府向农业保险公司提供的农业再保险安排，公共财政资金的投入带来的道德风险同样明显。例如，农户因为间接受益基金制度，会产生套取政府资金的道德风险，扩大灾情损失申报；保险公司会因为政府公共资金的投入而放松核赔管理，放低定损标准等，道德风险的出现极大增加了公私合作成本，需要通过合理的风险分配、风险监测以及风险跟踪来均衡各方参与主体的成本负担。

第五章　农业巨灾风险基金合作筹资国内外实践

不少农业发达国家已多年采用农业巨灾风险基金管理农业巨灾风险，如加拿大、日本、法国等建立了农业巨灾风险基金。农业巨灾风险基金以政府主导型基金为多，政府预算配合政府发债等市场手段确保政府注资充足。虽然各国基金设立章程各不相同，但基金的筹集来源非常类似，几乎都来源于中央政府出资和保险公司缴费，且政府和保险公司大多各出资 50%。加拿大的省级农业巨灾风险基金的资金来源更加广泛，除了政府拨付资金和公司缴费以外，还包括适当投资产生的收益、社会捐赠等。我国目前尚无国家级农业巨灾风险基金，部分城市实施了地方农业巨灾风险准备金制度。研究我国地方巨灾准备金以及国际农业巨灾风险基金的筹资做法，可以为我国设立国家农业巨灾风险基金提供经验和启示。

第一节　我国农业巨灾风险基金合作筹资实践

一、各地做法[①]

1. 设立地方农业巨灾风险准备金的政策背景

2007 年我国启动政策性农业保险以来，由于农业大灾风险分散机制的缺失使受灾地区的农险公司赔付入不敷出，赔付率极高，受灾农户和农业经营主体难以立刻从承保机构那里得到充分的资金补偿，灾后用于恢复再生产的补偿资金无法迅速到位。2013 年中国保监会对农业保险承保资质和保险条款管理做出明确规定，要求农业保险条款中不得出现封顶赔付、平均赔付等损害农户合法权益的内容,同时承保农业保险的保险企业需连续保持超过150%的偿付能力充足率。这些规定使得农业保险公司巨灾偿付压力更加明显，建

[①] 由于我国地方政府试点方案实践中称为政府巨灾风险准备金或农业保险巨灾风险准备金，因此本节提到的农业巨灾风险准备金等同于农业巨灾风险基金。

立巨灾风险分散机制的需求更加迫切。2014 年财政部出台《农业保险大灾风险准备金管理办法》，要求农业保险公司分别按照农业保险保费收入和超额承保利润的一定比例计提农业保险大灾准备金（包括保费准备金和利润准备金），逐年滚存，这标志着我国开始实施公司层面上的农业保险大灾风险准备金制度。然而，公司积累大灾准备金受保费收入总量影响，积累非常缓慢。2017 年全国粮食主产区试点水稻、小麦和玉米三大粮食作物的农业大灾保险，2018 年积极推行"扩面、增品、提标"，政策性农业保险的不断完善在提高农业生产保障的同时也增加保险公司风险管理的难度，合约赔付额也随之增加，不利于大灾准备金的积累，也更加急需建立政府层面上的国家农业巨灾风险基金制度。

2. 各地农业巨灾风险准备金的筹资比较

我国各地农业巨灾风险准备金制度自 2006 年在部分省市试点以来已有十多年时间，北京、上海和黑龙江三地率先建立起农业巨灾风险准备金制度，此后四五年间，我国主要省份都建立了农业保险巨灾风险准备金制度（见表 5-1）。准备金筹资是建立农业巨灾风险准备金制度的首要问题。足额提取地方政府农业巨灾风险准备金，是确保农业保险不发生系统性和区域性风险的重要制度保证。当前，我国各地政府农业巨灾风险准备金多以财政预算投入为主，农业保险经营结余补充投入次之，上级部门保费奖励为辅的多渠道基金筹资体系，例如四川、内蒙古等将农业保险经营结余转为大灾准备金或巨灾风险准备金。

表 5-1   2006－2011 年全国主要省份农业巨灾风险分散机制建设情况对比

省、自治区、直辖市	建立时间	大灾风险准备金	准备金使用	资金来源
北京	2006	有	赔付率超过 300% 的损失部分	政府按上年农业增加值 1‰拨付
上海	2014	有	赔付率超过 150% 的损失部分	赔付额超过农业再保险赔款摊回部分和农业保险大灾风险准备金承担部分仍不能弥补其损失的，差额部分由市、区县财政通过一事一议方式安排解决。
江苏	2008	有	联办共保，分账管理，政府承担 60% 的赔付责任	按种植业保险保费的 5%－10%提取

省、自治区、直辖市	建立时间	大灾风险准备金	准备金使用	资金来源
浙江	2011	有	赔付率200%—300%，政府承担50%；300%—500%间，政府承担2/3责任	按种植业保险保费的25%提取
湖南	2012	有	—	按种植业保险保费的25%提取
四川	2008	有	赔付率200%—300%，政府承担50%责任	按种植业报销保费的5%—10%提取
内蒙古	2013	再保险试点区	当年种植业及森林保险赔付率超过100%部分。若仍不足则由保险机构通过再保险解决	2017年起，自治区财政专户不再收取大灾风险准备金，改由各自治区级经办机构自行设立农业保险大灾风险准备金专户，按照种植业保险6%、养殖业保险2%的比例计提
安徽	2011	公司准备金	综合赔付率300%以上部分，由省政府和市县政府共同承担	按种植业保险保费的25%提取
河北	2015	有	—	保费收入的25%
河南	2012	有	赔付率200%—300%的责任，再保险无法弥补的，财政部门承担部分责任	按农险收入25%提取
山东	2008	有	2017年开展大灾保险试点	农险保费收入的一定比例
江西	2009	公司准备金	—	农险盈余的50%提取计入
陕西	2011	公司准备金	综合赔付率超过75%，使用基础准备金；超过150%或连续三年超100%，使用统筹准备金	按保费收入的3%—6%提取基础准备金，1%—2%提取统筹准备金
广东	2012	有	—	按险种结余或补贴保费的25%提取
海南	2010	有	赔付率200%—500%间，省政府承担50%责任	按橡胶、香蕉和生猪保险保费收入的30%从农险发展资金专户提取

资料来源：除了特别说明外，课题组根据制度出台当年条款整理。一为信息缺失。

在地方政府出台的巨灾风险准备金制度中，比较典型的有浙江、江苏、山东、安徽等省。浙江省对水稻、蔬菜（瓜果）大棚、油菜、林木火灾（包括公益林）、露地西瓜、林木综合及柑橘树等 7 个种植业险种，按照当年种植业保费的 25%提取资金，建立浙江省政策性农业保险巨灾风险准备金；江苏省设立省级政府巨灾风险准备金、省辖市政府巨灾风险准备金以及县级政府巨灾风险准备金三级准备金制度，其中省级的政府巨灾风险准备金主要来源于各省辖市级政府巨灾风险准备金余额 20%的上缴部分；山东省巨灾风险准备金由各级财政按照当年农业保险保费收入的一定比例列入预算，主要用于对大灾之年超出保险公司赔付责任之外的超赔部分给予适当补贴；安徽省设立省、市、县三级农业巨灾风险准备金，由经办机构按照当年种植业保费收入的 25%提取巨灾基金，同时还建立了种植业保险巨灾风险准备金调剂制度，各市于每季度终了后 10 日内，将上季提取的种植业保险巨灾风险准备金的 40%，划至省级保险经办机构开设的种植业保险巨灾调剂资金专用账户。总体来看，各地区的农业巨灾风险准备金的建立都由政府主导，结合保险公司缴纳费用的方式积累基金，体现了政府与行业相结合的力量，在一定程度上提高了各自地区的巨灾风险防范能力，但是就构建细节来看，各地都采取了不同的办法。浙江、江苏、山东、安徽四省基金筹资制度比较如下：

首先，筹资主体和筹资管理机构的设置。江苏省和山东省均实行省、省辖市、县三级政府财政筹资制度，其中江苏省以政府筹资管理为主，山东省以公司管理为主，政府进行监督。而浙江省由省财政厅与人保财险浙江省分公司共同进行筹资管理。安徽省由省级保险经办机构进行筹资管理，省级财政部门监督。通过对比可以发现，政府无论是作为筹资的主体还是监督主体都发挥着重要的作用。可见，我国的农业巨灾风险基金筹资试点总体上是在政府主导下开展的。多级政府共同出资是江苏省和山东省筹资的主要特征。下辖政府拨款是巨灾保险资金来源的一个重要组成部分，同时这部分资金的收取也面临着比较大的效率与公平性的问题。效率是指巨灾保险基金能够最快地收集到应对巨灾风险所需的资金。因为巨灾资金的用途是对巨灾进行补偿，所以公平是指地方缴纳的资金量应该与该地区受灾导致的经济损失呈现正相关性。地方财政拨款，由各级政府财政直接注资或当地政府拿出救灾资金存量由巨灾基金管理委员会托管，并进行投资增值。地方政府资金进入巨灾保险基金后应该做到"单独建账，专款专用"，即地方政府缴纳的巨灾保险基金理论上只用作该地方发生巨灾时使用。

其次，筹资渠道和筹资时点的选择。我国各试点巨灾风险基金主要来源于地方财政预算和保费收入。其中浙江省来源比较单一，主要是通过提取保费实现。而江苏省和山东省的筹资渠道还将保险公司历年农业保险经营盈余、上级政府的财政奖励等渠道引入巨灾基金筹资体系，虽然占比不高，但为我们提供了新的筹资思路。总体来看，我国农业巨灾风险基金的筹资渠道目前主要以政府筹资为主。我国各试点地区的农业巨灾风险基金筹资均是灾前筹资，采取"先累积，后补偿"的模式。从农业巨灾风险基金使用层面来看，浙江和山东相对简单，主要由总体受灾数量的多少决定基金的动用。江苏设立了省、市、县三级准备金制度，发生灾害时基金通过县、市、省逐级向上动用。

遗憾的是，各地虽有农业巨灾风险准备金制度，国家级的农业巨灾风险基金始终没有建立。以地方为单位建立农业巨灾风险基金，地方政府可以更好发挥其主观能动性，通过对农业情况、灾害情况及财政实力的分析灵活安排筹资工作，实现对地方农业巨灾风险管理，保障本地农户的利益。然而，各地政府分别建立农业巨灾风险基金并独立筹资，难以使一地巨灾在全国范围内进行分散。统筹程度不高制约了巨灾保险基金使用效率，且受地域范围所限，筹得的资金总量始终有限，无法满足当地的农业巨灾风险补偿要求，多地分散小规模的巨灾风险准备金制度一直面临难以承担农业巨灾赔付乃至最终资金池被击穿破产的压力和困境。

二、基金筹资中的主要问题

国内农业巨灾基金的筹集各省市大多根据保费收入和财政实力自行决定筹资比例，自行完成基金统筹，各地农业巨灾基金独立运作，互不影响。在科学经营精细管理农业保险的要求下，尤其在未来设立统一的国家农业巨灾风险基金后，各地实行差异化筹资标准将势在必行，这是由我国灾情复杂、区域经济发展不平衡的国情决定的。由于我国幅员辽阔，地理气候条件复杂，各个省份及地区的致灾因素、经济发展水平和承灾主体等存在差异，根据各省、地区的实际情况进行差异化筹资，实行"因地筹资"，在一定程度上可以减轻地区间筹资的道德风险。一般说来，设立农业巨灾风险基金的筹资标准主要包括以下三个方面：风险致灾因子多寡及高低、行业承灾能力强弱以及政府出资能力的大小。受灾严重、经济状况较好的地区负担的基金份额较多，反之亦然。

1. 筹资缺乏统筹

我国自 2005 年 11 月提出设立农业巨灾风险基金制度以来，各省、地区的农业巨灾风险基金试点逐渐开展起来，但是始终未建立起国家农业巨灾风险基金，农业巨灾风险基金的筹资工作也是以地方为主。虽然以地方为单位建立农业巨灾风险基金，地方政府可以根据当地的农业实力、受灾状况及财政实力"因地制宜"地安排筹资工作，实现对地方农业巨灾风险发生后救灾工作的资金保障，维护当地农户的利益，但从全局来看，由各省、地区的政府分别建立农业巨灾风险基金并独立筹资，这将使有限的资源被人为分散，不利于提高基金使用效率，不能集中有限的资金办大事，容易形成地区壁垒，无法有效实现将农业巨灾损失在全国范围内进行分散的目的。

率先开展农业巨灾风险基金试点进行巨灾基金筹资的省份、地区在应对农业巨灾风险的能力与其他未建立农业巨灾风险基金的省份、地区相比相对要强。在没有建立国家农业巨灾风险基金的前提下，各省之间的农业巨灾风险基金无法实现合理流动，资金无法实现有效配置，这会导致地区间的发展更为不平衡，抗风险能力及灾后救济能力差距较大。因此，当前我国急需建立国家级的农业巨灾风险基金，实行全国层面的筹资机制，在农业巨灾发生后，将基金在全国范围内有效配置，重点扶持受灾严重的地区，控制地区间的经济发展平衡，实现全国范围内的农业巨灾损失分散。

农业对自然条件依存度高，灾害均为不可抗力且危害大、范围广，农业灾害补偿制度被视作国家灾害应对的重要一环。建立国家农业巨灾风险基金的重要原因是巨灾风险的分散需要。我国国土面积广大，自然条件复杂，人口聚居的东南区域又是季风性气候，气象灾害造成的农业巨灾往往使当地经济遭受严重损失，而且由于灾害分布不均匀，损失大多集中在蒙、鲁、粤、川等省区。由于农业巨灾风险基金无法在省际之间调配，一方面使受灾严重省区的财政和农业保险赔付压力扩大，另一方面也会加大中央政府安排财政资金的难度。在省级风险基金基础上设立国家农业巨灾风险基金可以在全国范围内进行风险统筹，有利于降低基金费率，提高巨灾基金使用效率。不仅如此，国家农业巨灾风险基金的设立可发挥政府再保险作用，尽管各地农业主要风险来源不一致，江浙以台风灾害为主，内陆地区以干旱灾害为主，当地农业损失超过地方农业巨灾基金积累额度达到一定比例时，均可以寻求国家统一基金支持，提高受灾农民保障程度。周边国家经验表明，农业灾害补偿往往被要求在全国所有农村地区实施，在基层补偿救助、中层保险调节及中央再保险领域中发挥各自的作用，相互协同合作形成了完整而有效的保险补偿系统。近年来不断频发的极端灾害天气不断考验着我国的农业巨灾风险管理能力，也需要筹建更大规模的国家级农业巨灾风险基金来应对日趋复杂的自然环境带来的风险。统一的农业灾害保险基金在稳定农业经营、保持和提高农业生产能力、防止农业灾害损失和稳定区域经济方面发挥了重要作用。

2. 筹资渠道单一

当前我国开展农业巨灾风险基金试点的省份、地区，其基金筹资渠道主要有两种，即地方财政预算和保费收入，资金来源渠道较为单一。例如，浙江省和安徽省提取种植业保费收入的25%作为农业巨灾风险准备金；山东省的巨灾风险准备金主要来源于财政拨款及保险公司历年农业保险经营盈余，但是农业保险经营出现盈余的情况很少，即便出现盈余，数额也有限；北京市政府在"十一五"期间规定按照每年北京市农业增加值的 1‰提取农业巨灾风险准备金。相较于其他省、地区，江苏省农业巨灾风险准备金的筹资渠道较为丰富，共包括省、市、县三级的筹资安排，具体有：各级政府的财政预算安排、一定比例的保费收入、上级政府的财政奖励、县（市）级的农业巨灾风险准备金以及其他可用于准备金的其他资金等。虽然江苏省规定农业巨灾风险基金的筹资渠道相对较多，但现实操作中农业巨灾风险准备金的资金来源还是主要集中在政府的财政预算及保费收入，上级政府的财政奖励及其他资金微乎其微，起不到实质性的作用。

多元化的筹资渠道不仅能减轻政府的财政负担，而且有利于农业巨灾风险基金规模的扩大，真正实现农业巨灾风险的分散。而我国地方试点的基金筹资渠道单一，在很大程度上制约了基金规模的扩大，限制了准备金防灾防损、补偿巨灾损失的能力。同时，光靠地方财政筹集和积累农业巨灾风险基金需要一段较长的时间，如果在基金还未充分积累起来就发生了农业巨灾，那必然不利于及时弥补巨灾损失。地方政府的财政力量十分有限，基金的启动和积累速度较慢，难以覆盖全部的农业巨灾风险，仅仅依靠政府财政和保费收入来建立农业巨灾风险基金是远远不够的，需要拓宽我国农业巨灾风险基金的筹资渠道，实现筹资的社会化。

3. 筹资效率不高

虽然我国的农业巨灾风险基金在一些省份率先展开了试点工作，而且试点的基金筹集规模不断扩大，成效初现，但与我国历年形成的农业巨灾损失情况相比，现有各省、地区的农业巨灾风险基金规模无法满足农业巨灾之后有效恢复农业生产、农户生活的需求。我国已建立起农业巨灾风险基金试点的省份、地区，试点范围一般较小，且筹集资金规模不大，覆盖范围小。由于基金筹集来源的单一性，直接导致了基金规模扩充的困难。一些省份仅靠一定比例的保费收入作为基金筹集的来源，在短时间内很难形成规模，即使有财政注资作为基金来源的省份，其政府直接注资的数额也较小，无法对基金规模的扩充起到推动作用。

4. 筹资初衷偏离

2013 年前各地政府农业巨灾风险准备金试点的经验表明，我国的农业巨灾风险准备金并没有真正发挥"封顶赔付"之外的超赔损失补偿作用，而仅仅是承担了"封顶赔付"以内的一部分赔款额。例如，浙江省原本实施 5 倍封顶方案进行分摊赔付，建立的农业巨灾风险准备金只承担了超过保费 1.3—2 倍的部分。山东省实行保费赔付 3 倍封顶，而巨灾风险准备金只承担超过 1 倍，但不足 3 倍的部分。这种农业巨灾风险准备金的运作规则，无法实现建立农业巨灾风险基金的初衷，只是相对减轻了政府财政在农业保险超赔中的压力。因此，我国的农业巨灾风险基金试点尚未立足于农业巨灾损失的最大范围补充，这一定程度上显示了我国农业巨灾风险基金筹集的阶段性压力。

5. 差异化筹资标准未建立

我国还未建立起国家农业巨灾风险基金，因此也未实现全国范围内的筹资标准设立。虽然各试点根据本省具体情况在省际范围内实行了不同筹资标准，具有阶段性意义，但从长远发展角度看，建立国家农业巨灾风险基金是必然的。由于我国幅员辽阔，地理气候条件复杂，受农业自然灾害影响严重，各地区之间的农业巨灾风险水平差别较大、经济发展水平也不均衡，因此采取全国统一筹资标准是不合理的。实行地区差异化筹资标准是国外农业巨灾风险基金制度较为成熟国家的实践经验，我国应在借鉴世界成功经验的基础上，结合我国农业巨灾风险基金建立的实际情况，建立符合我国国情的筹资标准，实现农业巨灾风险基金筹资过程的科学性和合理性。

三、基金筹资中的效率问题

以安徽省为例考察我国地方政府农业巨灾风险准备金的筹资效率。安徽省是我国农业大省，地方政府对健全农业风险防范机制、加大农业投入和维护农民利益非常重视，将农业保险作为完善农业支持保护体系的一项重要举措，自 2008 年启动政策性农业保险试点以来，安徽省于 2015 年在全国率先实现了"两个第一"：大宗农作物承保面积超过一亿亩；首个实现主要品种省级全覆盖的省份。安徽大宗农作物和能繁母猪保险投保率均超过 90%，共累计承保农作物 8 亿亩、森林近 2 亿亩、畜牲 1600 多万头，提供的风险保障超过 3000 亿元，累计支付保险赔款 90 亿元，有效地发挥了农业保险的"助推器""稳定器"作用①。安徽农业巨灾风险准备金的筹资效率可以看作我国农业大省巨灾风险基金筹集的一个缩影。

1. 政策性农业保险条款内容

安徽省自 2008 年推行政策性农业保险开始，就同步开始了农业巨灾风险准备金的试点建设。安徽农业巨灾风险准备金制度有以下特点：

首先，巨灾风险准备金主要由保险公司负责筹建。《安徽省政策性农业保险资金管理暂行办法》和《安徽省人民政府关于开展政策性农业保险试点工作的实施意见》是基金建设试点时期的主要政策依据。根据这两份文件，安徽省种植业保险试点品种包括水稻、小麦、棉花、油菜、玉米、大豆（2010年增加），保险经办机构根据规定建立农业巨灾风险准备金。种植业保险品种按当年保费收入25%的比例计提，保费结余亦全额转入风险准备金。种植业保险巨灾风险准备金由农业保险经营机构单独建账，独立核算。当年种植业保险品种发生大面积灾害时，经市级财政部门同意，可以按下列顺序动用种植业保险巨灾风险准备金：（1）综合赔付率60%以上的，可以动用当年提取的种植业保险巨灾风险准备金；（2）综合赔付率100%以上的，可以动用种植业保险巨灾风险准备金历年结余；（3）赔付资金仍不足的，可向省级保险经办机构和省财政厅申请使用种植业保险巨灾调剂资金。对已使用的种植业保险巨灾调剂资金，保险机构及地市级政府需在 3 年内筹集资金及时偿还。

其次，建立种植业保险巨灾风险准备金调剂制度。种植业保险巨灾调剂资金由省级保险经办机构支配使用，只有在公司巨灾风险准备金历年结余仍不足以支付赔款时，才可以向省级部门申请使用调剂资金。省内各市需将上期提取的种植业保险巨灾风险准备金的40%，上划到省级保险经办机构开设的种植业保险巨灾调剂资金专用账户，实现灾害损失省内统筹。《安徽省政策性农业保险资金管理暂行办法》同时规定，只有发生当季种植业保险保费收入300%以上的赔付责任时，才会由省和市县政府共担。

2. 基金筹资效率测算思路

基于上述政策内容，我们需要考察的是，安徽省按照每年种植业保费收入的25%建立的农业巨灾风险准备金是否能够弥补计算期内发生的种植业保险试点品种的灾害损失赔偿额？巨灾风险准备金的筹资规模和筹资速度能否满足建立巨灾风险准备金制度的初衷？我们的测算思路是，基于种植业

---

① 童劲松. 安徽政策性农业保险财政绩效评价第一 得到财政部认可.凤凰安徽. 发布日期：2016-11-08.

1988－2018 年自然灾害的数据分析，分别计算各农作物成灾率和绝收率，对照安徽省政策性农业保险条款中的赔偿标准和费率，计算出各农作物损失赔偿金额以及基金累积额，比较基金赔偿年份的收支结果最终判断农业巨灾风险基金的筹资效率是否有效。如下所示：

（1）根据政府承担赔偿责任的起点要求，计算各年度的种植业试点品种的赔付率；

（2）计算赔付率超过 300% 的承保年份的种植业保险保费收入，按照条款规定计算应由政府承担的损失赔款额；

（3）根据《安徽省政策性保险资金管理暂行办法》测算计算期内农业巨灾风险准备金的调剂额。安徽省种植业保险巨灾风险调剂资金具有省内统筹应对大灾赔付的功能，与政府农业巨灾风险基金的功能类似，在此作为政府农业巨灾风险基金的筹资方式加以测算；

（4）比较基金支付额与基金积累额，观察基金余额值判断农业巨灾风险基金的筹资效率。

我们用于测算的数据来源于《安徽统计年鉴》（1989－2019），共计 31 年，选取的测算对象为安徽政策性农业保险规定的试点承保品种 6 类：水稻、小麦、棉花、油菜、玉米和大豆。由于农业灾害数据系统性和完整性较差，拟采用比例法得到各参保品种的受损情况，涉及数据指标及测算公式如表 5-2 所示。由于农业巨灾风险基金制度的建立，农业保险不再允许封顶赔付，所有超过保险公司承保责任的超赔责任由政府设立的巨灾风险基金承担，因此计算赔付率时，可以用当年农业保险承保的总损失代替农业保险赔款额，实现农业保险"应赔尽赔"。筹资效率的判断标准为：当 $E>0$ 时，即筹资有效；$E<0$ 时，表示当期筹资不足，即筹资效率不高。其中，CF_t、DA_t、CA_t 分别代表第 t 年安徽全省农作物的绝收面积、成灾面积和播种面积。r_{it} 为第 i 个承保品种第 t 年的种植业保险投保率。S_{it} 为第 i 个承保品种第 t 年每亩赔偿标准。我国农业巨灾风险基金筹资效率测算指标含义表见表 5-2。

表 5-2　我国农业巨灾风险基金筹资效率测算指标含义表

指标名称	代表含义	测算公式
CF_{it}	第 t 年第 i 个试点品种的绝收面积	$=CF_t \times (CA_{it} / CA_t)$
DA_{it}	第 t 年第 i 个试点品种的成灾面积	$=DA_t \times (CA_{it} / CA_t)$
CA_{it}	第 t 年第 i 个试点品种的播种面积	
P_t	第 t 年种植业承保品种的保费收入	$=\sum CA_{it} \times p_{it} \times r_{it} \times S_{it}$

指标名称	代表含义	测算公式
I_t	第 t 年安徽种植业保险的赔付率	$=\sum(CF_{it}+DA_{it})\times r_{it}\times S_{it} / P_t$
FI_t	第 t 年农业巨灾风险准备金的收入	$=\sum P_t \times 25\% \times 40\%$
FP_t^*	巨灾年份农业巨灾风险准备金的支出	$= P_t \times(I_t -300\%)$
E	农业巨灾风险准备金筹资效率	$= FI_t - FP_t$

注：*该指标计算赔付率超过300%的承保年份出现时的基金支付额。

3. 基金筹资效率测算及其结果

（1）测算假设

假设 1：按照定义，成灾面积是指农作物实际收获量较常年产量减产三成以上的农作物面积。在此将成灾面积损失率设定为较低级别的 55%，绝收面积按照 100%损失率计算。由于农业保险有 20%－30%的免赔率规定，因此农作物普遍受灾情况不在测算范围之内。

假设 2：目前保险机构针对农作物处于不同生长期的损失采用不同赔付标准，本研究将赔付标准统一设定为成熟期赔付标准的 80%。

假设 3：各农作物的投保率统一为 2009 年安徽省政策性农业保险覆盖率水平，即投保率为 55%。

假设 4：计算期内各年各种投保农作物的费率和每亩赔偿标准按照 2008 年安徽省政策性农业保险试点工作实施意见的内容，小麦投保费率为 4%，其他农作物为 5%，每亩赔偿标准为 240 元（300 元×80%）。

（2）测算结果

基于上文的基本假设可以发现，以 1988 年至 2018 年期间的农业自然灾害数据为样本，31 年共出现赔付率超过 300%的年数为 6 年，占样本统计年数的 19%，赔付率低于 100%的年份有 7 年，占 23%，赔付率在 200%－300%之间的年份为 10 年，100%－200%的年份为 8 年，如表 5-3 所示。

表 5-3　1988－2018 年安徽省政策性农业保险赔付率分布情况（损失率为 55%）

赔付率	出现年份频数	占比
>300%	6	19%
200%<I<300%	10	32%
100%<I<200%	8	26%
<100%	7	23%
合计	31	100%

安徽省农业巨灾风险准备金的动用根据赔付率水平而定。6 种主要农作物的赔偿标准及费率依据《关于开展政策性农业保险试点工作的实施意见》执行。安徽省巨灾风险分担标准为，当年保费赔款在当年保费收入 1 倍以内的，由经办保险机构承担赔付责任；当年保险赔付率在 100% 以上的，由经办保险机构与市县政府按一定比例共同承担；当综合赔付率在 300% 以上时，超出部分由省和市县政府承担。为此，我们分两种情况进行测算。第一种情况，现行种植业保险巨灾风险调剂资金只用来承担政府全额承担部分的赔偿责任，即政府承担所有超赔责任。测算结果如表 5-4 所示。在出现 300% 赔偿责任的 6 个承保年份内，除了 2000 年及 2001 年的基金累积余额超过当年赔款额出现结余外，其他 4 个巨灾年份都出现了基金不足的结果。不仅如此，31 年间总体基金累积余额依然低于 6 年巨灾年份的基金支付总额，可见，即使政府农业巨灾风险基金超赔责任的起赔点定在 3 倍保费的高位，依然会出现基金余额不足的情况，基金积累速度无法满足基金超赔支付的需要，基金筹资效率需要提高。

表 5-4   1988－2018 年安徽省种植业保险巨灾风险基金支付测算表（基金起赔点为 300%）

（单位：%，亿元）

年份	赔付率 I_t	基金支付区间（I_t-300%）	当年保费 P_t	基金支付金额 FP_t	基金累积总额 FI_t	基金缺口 E
1991	3.4181	0.42	11.04	4.62	4.34	-0.28
1994	3.7188	0.72	7.42	5.33	2.57	-2.76
2000	3.0697	0.07	7.17	0.50	4.53	4.03
2001	3.0763	0.08	7.05	0.54	0.7	0.16
2003	4.4355	1.44	7.29	10.46	1.45	-9.01
2005	3.9706	0.97	7.95	7.72	1.57	-6.15
1988－2018合计				29.16	26.18	-2.98

第二种情况，假设起赔点为 100%，赔付率在 100% 以上时由政府和农业保险经办机构按 1:1 比例共同承担超赔责任。重新测算农业巨灾风险基金余额情况可以得到表 5-5。表 5-5 显示，赔付率在 300% 以上的 6 年间，共需支出农业巨灾基金 62.48 亿元，赔付率在 200%－300% 期间，基金支付 56.77 亿元。31 年基金合计共需支出 132.49 亿元，而同期基金的累积总额仅为 26.19 亿元，基金缺口达到 106.3 亿元。从时间动态上看，样本取值时间内基金收支余额出现大于 0 的年份仅为 8 年，其余 24 年都出现几千万至数亿元的基

金赤字，农业巨灾风险准备金制度濒于破产，基金的筹资效率需要提高。

表 5-5　1988－2018 年安徽省种植业保险巨灾风险基金支付测算表（基金起赔点为 100%）

（单位：%，亿元）

赔付率	出现年份频数	占比	基金提取	基金支付	基金余额
>300%	6	19%	4.79	62.48	-57.69
200%<*I*<300%	10	32%	8.09	56.77	-48.68
100%<*I*<200%	8	26%	7.33	13.24	-5.91
<100%	7	23%	5.98	0	5.98
合计	31	100%	26.19	132.49	-106.3

第二节　国际农业巨灾风险基金合作筹资实践

一、主要国家的农业巨灾风险基金筹资状况

由于农业生产对一国经济的重要性，美国、加拿大、日本、澳大利亚等世界主要国家都先后设立了农业巨灾风险基金应对农业生产面临的重大风险冲击。虽然同为农业巨灾风险基金，各个国家对基金功能和用途的设计各不相同。日本农业共济基金（JER）以互助形式提供覆盖农户和保险公司的双重巨灾保障机制；法国农业再保险公司（CCR）是农业再保险的重要机构，降低农业保险公司因理赔金额过大而导致的破产风险，同时还成立了农业灾害保证基金，承担不可保风险带来的农业生产损失；澳大利亚的生物安全伙伴计划抵御的是外来病虫害和疫病破坏自然生态系统的重大风险，澳大利亚种植业和畜牧业是最大的受益群体之一。澳大利亚政府建立的该计划是公私合作 PPP 的典范，各类社会组织和民间机构与澳大利亚联邦政府之间形成的良好关系对于改进生态保护机制提高病虫害防治效果作用明显，同时公私合作筹集项目资金的做法也颇具借鉴意义。

1. 加拿大农作物再保险基金

加拿大联邦政府和省级政府分别于 1987 年和 1991 年两次立法设置了农作物再保险基金（CAI），为开办农作物保险的省提供再保险服务。加拿大农作物再保险基金从行业再保险角度出发，针对农业保险公司超赔责任提供补贴资金。农作物再保险基金的筹资来源主要有：农业保险公司的保费收入，

农业保险公司的投资收益，立法机关的拨付资金，通过补助、捐赠、遗赠或其他方式获得的资金。农业保险公司缴纳的保费费率根据再保险基金的盈余状况决定，任意一级的再保险基金盈利越多，再保险费就越少。如果再保基金出现亏损，则保险公司需补缴再保险费，弹性收费的方式保证了保险公司与再保险基金风险共担、盈利共享的激励机制，体现两者良好的合作关系。基金用途是为农作物保险公司提供管理费用补贴，为保险公司支付筹资费用提供补贴，弥补基金和补偿支付需求之间的差额等。联邦农作物再保险基金由财政部管理，省级再保险基金因地而异，有的委托农作物保险公司负责日常管理和运作（如萨斯喀彻温省），有的资金使用归省财政部门管理，资金保管归农业服务公司控制（如曼尼托巴省）。

为了保证农作物再保险基金的充足性，当大灾之年的农作物损失导致联邦再保险基金出现超额赔款，将由联邦政府财政出资予以补贴。该笔政府借款为无息贷款，本金由以后年份累积的农作物再保险基金偿还。同时加拿大政府还规定，联邦政府不对基金负兜底责任，农业巨灾赔付责任过高时，联邦政府将终止其财政赔款责任。联邦政府的财政赔付上限为各省政府当年的赔款支付额和以下三项总和之差的7%：（1）省政府当年保费收入与缴纳再保险费之差；（2）省政府的赔款准备金；（3）省政府赔款额的2.5%[①]。

2. 美国农业巨灾保险和农业救灾援助信托基金

美国的农业巨灾保险经过多年发展，已经非常成熟。首先，农业保险计划的底层设计是面向全体农户的巨灾保险，巨灾保险的投保费用由政府全额承担，实现低保障广覆盖的制度目的。值得注意的是，美国农业巨灾保险只是农户最基本的农业风险保障产品，并非针对保险公司超赔责任而设计。根据《联邦农作物保险法》的规定，当农户遭受农业损失时，先由农业巨灾保险合约进行赔付。联邦政府承担所有的巨灾保险费用，参加的农户仅负责分摊少量行政管理费用就可以获得相当于农作物预计价格一半左右的损失补偿。不仅费用由政府承担，农作物保险法还规定，不参加投保的农户不能享受政府在价格、生产服务、信贷等政策方面的优惠。低廉的费用以及政府的政策限制使几乎所有的农户都参加了农业巨灾保险，保险公司承保风险大大下降，同时农户也获得基本保障。其次，联邦农作物保险公司（FCIC）提供

---

① 庹国柱，赵乐，朱俊生. 政策性农业保险巨灾风险管理研究——以北京市为例[M]. 北京：中国财政经济出版社，2010.

农业再保险。商业保险公司所有保险业务收入全部进入再保险基金。FCIC 在各州组建风险保障基金，对不同风险特性的业务提供再保险支持。风险保障基金分为风险转移基金和自由保障基金，分别针对高风险保单和较低风险保单设计不同的再保险安排。在州级再保险支持的基础上，FCIC 还向农业保险公司自留风险提供统一分保，最终使农业保险公司获得平稳的经营结果，由此产生盈余来维持其运作及管理。

除了农业保险计划中的巨灾保险保障外，根据农业法案内容，美国还设立了农业救灾援助信托基金（Agricultural Disaster Relief Trust Fund）。农业救灾援助信托基金是独立于农业保险计划以外的政府救助基金项目。该基金的管理方是美国农场服务局（FSA），基金用于救助遭受洪水、干旱、霜冻等农业自然灾害的农户，主要适用没有纳入联邦农业保险计划的农作物。其筹资来源是关税收入、裁军费用和投资收益等渠道，受益农户没有交费负担。美国农业救灾援助信托基金主要用于：（1）补充收入，当受灾农户的农场收入出现巨灾损失时，救灾基金将弥补农户 60% 的农场实际收入；（2）家畜赔偿计划（LIP），当受灾农户农场的牲畜遭受损失时，基金将按牲畜死亡日前一天市值的 75% 进行补偿；（3）家畜饲料灾害计划（LFP），农户因遭受火灾、干旱而导致的饲料损失将由基金进行补偿赔款；（4）紧急救援，出现天气状况、疾病或其他农业灾害后，基金赔偿农户出现的家畜、蜜蜂等受灾而引起的经济损失。

3. 日本农业共济基金

日本人多地少，农场规模一般都比较小，小规模的农业生产抵抗自然灾害的能力也相对较弱。这些因素都促成了日本政府非常重视农业再保险。日本的农业保险比较发达，以互助组织形式建立了"三级"制村民共济制度，分别是各地农业共济组合、农业共济组合联合会以及国家农业共济再保险特别会计。民间的保险互助组织——市、镇、村农业共济组合与都、道、府、县农业共济组合联合会直接管理农业风险，每个农业共济组合都是联合会的成员，承担分保责任。日本农业共济基金由农业共济组合联合会与政府于1952 年共同出资建立，共济联合会向基层的农业共济互助组织提供再保险，同时共济联合会也向农业共济再保险特别会计投保再保险，起到了稳定农业保险经营收支平衡的作用。根据日本的财政制度，设立的农业共济再保险特别会计、渔业共济再保险特别会计实质上就是政府的专项再保险基金。根据日本《农业灾害补偿法》（1947 年）、《渔业损害等补偿法》《有关特别会计的法律》等一系列法律，政府为农业共济组合联合会、渔业共济组合联合会提供再保险服务，双层再保险制度使日本的农业巨灾风险得到基本化解。日本农业共济基金的原始资本为 30 亿日元，由中央政府和联合会以各 50%的出资比例共同组建。该基金的资金来源主要是收缴的农业保险费收入，承担农业灾害损失赔偿。各方的赔偿责任为：农业共济组合承担 10%－20%，共济组合联合会承担 20%－30%，政府承担 50%－70%。当遇到大灾年份，政府将承担 80%－100%的赔款责任，用以保证农业共济组合的经营。同理，日本还设置了渔业共济再保险基金以应对渔业巨灾风险带来的赔付压力。

二、澳大利亚生物安全伙伴计划及其筹资[①]

澳大利亚自然灾害主要是干旱和洪涝，经过长期的摸索，现已形成以应对天气灾害的"自然灾害救助及灾后重建计划""国家干旱管理政策"以及动植物疫病灾害的"生物安全伙伴计划"为主要措施的农业巨灾风险管理体系。近年来，生物安全伙伴计划不断改进，政府和行业组织的合作程度日益加深，成为西方国家公私合作良好伙伴关系的典型代表。和其他国家的政府巨灾基金制度不同，澳大利亚生物安全伙伴计划将公私合作边界以清晰的量化关系加以体现，行业组织和社会资本的介入程度远超其他政府主导的巨灾基金管理和运行。

澳大利亚的国家生物安全体系是为了维护本国良好的自然生态系统，使外来病虫害和疫病对澳大利亚经济、环境和社会的影响最小化而订立的一系列政府措施的总和。通过风险评估、检查和认证以及一系列紧急响应机制的建立，国家生物安全体系保护了澳大利亚的动植物健康状况，从而维护其海外市场和保护澳大利亚的经济与环境免受外来病虫害的影响。近年来，随着国际商业贸易和人员流动的增加，澳大利亚的生态系统面临越来越严峻的外来物种和动植物疫病的入侵威胁，国家生物安全体系的建设需要更多的资金投入，这对澳大利亚的财政资金造成巨大压力。自 2012 年开始，一个建立在政府行业合作基础上的生物安全项目筹资体系应运而生。澳大利亚国家生物安全体系的构成机构可以分为政府和行业两个层面。全国生物安全委员会（NBC）负责管理生物安全威胁的全国性战略方法及其对农业生产、环境和社

---

① 本节内容参见 Craik, W, Palmer, D & Sheldrake. Priorities for Australia's biosecurity system. An independent review of the capacity of the national biosecurity system and its underpinning Intergovernmental Agreement, 2017.

会公共福利的影响，动物健康、动植物入侵委员会、海洋害虫部门委员会和植物健康委员会等多个部门委员会提供工作支持。行业层面则有动物健康协会（AHA）和植物健康协会（PHA）等。这种政府和行业的公私伙伴合作关系还体现在筹资责任上，国家生物安全体系的筹资不仅仅是政府的责任，同时也是其他系统参与者的共同责任。通过责任分摊的方式，多样化的筹资为其国家生物安全提供资金来源，主要包括政府向服务对象的服务收费、征税和其他财政捐助等。另外，也有一部分实物以及土地所有者和其他行业参与者提供的捐助。政府认为，现行的筹资和资源配置方式是不充分和临时的，将无法支撑起未来的国家生物安全体系建设需要。

1. 国家生物安全项目筹资现状

观察表 5-6 数据可以发现，近年来澳大利亚政府的财政拨款支出有明显下降，而成本回收的比例则不断上升，在生物安全体系中行业的出资比例正在上升。成本回收是出口等行业通过服务收费等形式分摊生物安全控制成本，弥补政府投入资金不足的有效方式。随着贸易总量的增加，服务收费逐渐成为生物安全任务中的较大一部分，预计未来成本回收的比例将会增加。2015年，澳大利亚农业与水资源部对收费进行了全面审查，审查结果显示，回收的成本基数增加了 8.6%，精简系统的费用大幅减少，费用数额也有大幅变化。澳大利亚农业和水资源部门在 2016－2017 年度的预算支出总额（拨款和成本回收资金）现在已经高于 2011－2012 年度的实际水平，资金总量上升，但资金的结构有所变化，行业筹资增加。

2. 完善国家生物安全项目的筹资指导原则

为了有效地获得维持国家生物安全体系的充足资金，澳大利亚政府确立了生物安全活动成本分摊模式的基本原则，包括三个方面：（1）根据成本效益、风险管理的方式开展活动和分配投资，优先将资源分配给回报率最高的领域。（2）相关部门为生物安全活动的成本出资，包括：风险创造者和风险受益者按创造的风险或获得的利益为风险管理措施的成本出资；政府按照从中获得的公共利益的比例对风险管理措施的成本出资。（3）政府、行业组织和其他相关者根据各自的角色、责任和贡献参与决策。上述筹资原则的确立获得了社会各界的广泛支持。生物安全体系筹资原则的一个关键要求是确定公共利益和私人利益之间的边界——按照公共利益的比例出资。例如，在确定国家重点外来病虫害清单时，应对公共和私人利益进行评估。

表 5-6   澳大利亚农业与水资源部投资预算报告信息（单位：百万美元）

资金来源	2011−2012[1]	2012−2013[1]	2013−2014[1]	2014−2015[1]	2015−2016[1]	2016−2017[2]
财政拨款	254.08	203.39	188.96	178.49	201.16	227.65
成本回收	293.27	299.60	299.85	325.83	335.68	345.02
进口服务	185.34	177.67	175.46	189.85	202.71	216.56
出口服务	93.88	108.59	110.89	122.15	119.05	115.92
其他	14.05	13.34	13.50	13.83	13.92	12.54
总计	547.35	502.99	488.81	504.32	536.84	572.67
成本回收比例	53.6%	59.6%	61.3%	64.6%	62.5%	60.2%

注：[1] 实际支出；[2] 预算支出。数据以 2011−2012 年为基期，用 CPI 调整。

数据来源：澳大利亚农业与水资源部门投资预算表。

3. 国家生物安全项目成本分摊框架

澳大利亚对国家生物安全活动的各类投资的资金用途做了分类，建立国家间接投资优化模型。该模型试图提供一个成熟的整体投资方法，来帮助理解投资回报。它提供了五个投资类别目录（IC），反映了整个国家生物安全体系的一系列活动。澳大利亚政府也报告了第六个目录（出口便利化）。如表 5-7 所示，其中 IC1 和 IC2 属于预防和监测性活动，IC3 为根除和遏制计划，IC4 和 IC5 属于已知的病虫害管理。

表 5-7   澳大利亚国家间接投资优化模型目录

投资目录	内容
IC1	外来/紧急病虫害预防
IC2	对外来/紧急病虫害的警备和监测
IC3	国家根除/遏制项目
IC4	全国性已知病虫害管理
IC5	已知的其他病虫害管理
IC6	出口便利化（仅澳大利亚政府）

数据来源：Priorities for Australia's biosecurity system. An independent review of the capacity of the national biosecurity system and its underpinning Intergovernmental Agreement, 2017. http://www.agriculture.gov.au/biosecurity.

国家间接投资模型的基础是维多利亚州政府提出的 2008 年广义入侵曲线。入侵曲线包括预测性经济回报，预防病虫害的投资回报率高于病虫害日常管理的投资回报率。入侵曲线左侧的领域投资回报率较高，包括病虫害的预防、根除和遏制等，对应国家间接投资优化目录中前三个类别；入侵曲线右侧的领域投资回报率较低，主要在对已知病虫害的管理方面，对应目录中的第四和第五个类别。第六个投资类别和其投资回报在入侵曲线中没有重点突出。由图 5-1 可知，预防监测等领域（IC1 和 IC2）投资回报率高，投资 1 单位的资金可节约 100 单位的病虫害治理费用，已知病虫害的管理（IC5）每投入 1 单位的资金可节约的治理费用在 5 单位之内，投资回报率比较低。

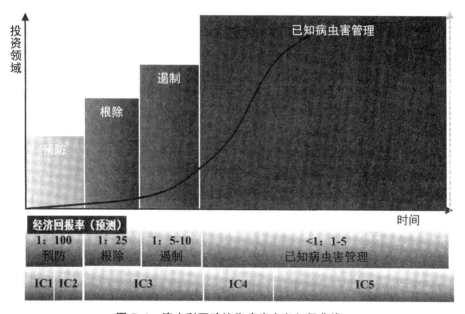

图 5-1　澳大利亚动植物疫病广义入侵曲线

资料来源：维克多利亚州环境和初级产业部。

澳大利亚使用国家间接投资优化模型的六个类别来对澳大利亚政府如何对生物安全进行投资做了盘点。盘点的结果表明（如图 5-2 所示），澳大利亚政府拨款资金的比例变化不大或略呈下降趋势，而外部来源资金（即成本回收和征税）一直在增加。毫无疑问，三年来随着投资数量的增加，投资方式已经发生了一些变化。

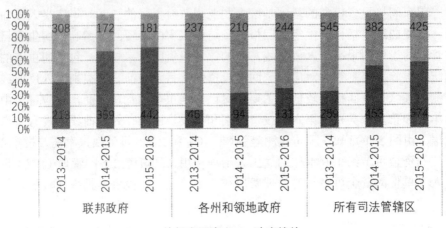

图 5-2   2013－2014 年度至 2015－2016 年度澳大利亚生物安全投资资金来源结构分布图

数据来源：National stocktake of biosecurity investment 2013–2014，2014–2015 and 2015–2016. http://www. agriculture.gov.au/biosecurity.

从总量来看，2015－2016 年度的资金总额为 9.98 亿美元，较 2013－2014 年度的 8.04 亿美元增加约 24%。从结构来看，2015－2016 年度的外部来源资金占总投资的 57%，预算拨款占 43%，与 2013－2014 年度的 32%与 68% 相比在资金结构上有显著变化。其中，澳大利亚政府的预算拨款和外部来源资金的变动最大，在 2013－2014 年度，财政拨款占澳大利亚政府生物安全投资的 59%，但到 2015－2016 年这一比例大幅下滑至 29%。在此期间，澳大利亚政府的成本回收资金增长了 108%，州和领地政府的成本回收资金增长了 183%。

由图 5-3 可知，2015－2016 年盘点结果是：澳大利亚政府将 62%的拨款资金（约 1.13 亿美元）用于预防和监测（IC1 和 IC2），而州和领地政府则将 63%的拨款资金（约 1.38 亿美元）用于已知病虫害管理。而行业提供的资金中有 58%（约 1.38 亿美元）用于预防和监测（IC1 和 IC2）。总体而言，超过一半的资金（约 5.1 亿美元）用于预防和监测（IC1 和 IC2），6%（约 5500 万美元）用于根除和遏制方案（IC3），26%（2.64 亿美元）用于病虫害管理（IC4 和 IC5），17%（1.69 亿美元）用于出口便利化（IC6）。

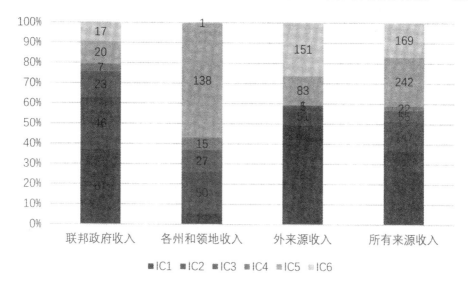

图 5-3　2015－2016 年度按投资类别和资金来源的全国生物安全投资结构分布图

数据来源：National stocktake of biosecurity investment 2013－2014，2014－2015 and 2015－2016. http://www.agriculture.gov.au/biosecurity.

　　总的来看，可以将投资回报率低的领域向行业开放，从外部筹集建设资金，保证政府资金倾向于投资回报率高但收效缓慢且不明显的预防和监测领域。目前澳大利亚各州和领地政府的大部分投资还针对投资回报率较低的领域，对预防和监测等投资回报率较高的领域则投资不足，这将导致越来越沉重的投资负担。为了能够更好地支撑起澳大利亚的国家生物安全体系，除了改变州和领地政府的投资结构外，还需要引导资金更多地投向对病虫害的预防和监测领域，同时也需要不断地探索筹资方式，拓宽筹资渠道，为澳大利亚国家生物安全体系提供足够的资金支持。

三、其他巨灾风险基金筹资状况

　　相较于专项投入农业领域的农业巨灾基金而言，国际巨灾基金在发达国家更加普遍，作为同为政府基金的国际巨灾基金，其筹资安排也可以为农业巨灾风险基金的筹集提供借鉴。国际上已有十几个国家建立了国家巨灾风险基金制度，大多是市场化程度较高的发达国家。政府或以巨灾保险制度或以专项基金形式对自然灾害造成重大人员生命安全和经济损失实施积极的事先管理，主动介入灾害事件的预防和灾后处理，取得良好的社会和经济效益。较为成功的案例有美国、加拿大、日本、韩国等国家。根据政府参与层次的深浅划分，大致有以下几种分类，如表 5-8 所示。

表 5-8　巨灾风险基金的国际比较（按政府参与程度分）

	政府主导型	政府市场联合型	市场运作型
基金代表	FCIC	TCIP	FHCF
管理机构	政府机关	政府、（再）保险公司共同管理	保险公司
基金来源	财政拨款、保费收入	政府、机构共同出资	保费收入
损失分担	政府管理机构承担	政府、（再）保险分摊	保险公司
投保形式	自愿投保	强制投保	捆绑销售
优点	保险成本低、偿付能力较好	灾后效率高、偿付能力较好	承保、赔付效率较高
不足	公司积极性差、基金灵活性不够	管理机构职责不明确，销售积极性不高	风险管理要求高、基金来源单一

资料来源：课题组整理。

政府实质性参与（政府主导型）：典型的有加勒比巨灾风险保险基金（CCRIF）、联邦农作物巨灾保险（FCIC）、西班牙农业巨灾风险管理、日本农业巨灾保险（JER）、加拿大农业巨灾保险（CAI）、法国农业巨灾保险（CCR）等。

政府提供担保支持（政府市场联合型）：典型的有加利福尼亚地震保险计划（CEA）、土耳其巨灾保险基金（TCIP）、挪威自然灾害基金（NNPP）、美国国家洪水保险基金（NFIP）等。

政府不担责（市场运作型）：典型的有佛罗里达飓风巨灾基金（FHCF）、英国巨灾保险、瑞士自然灾害巨灾保险等。

1. 国际主要巨灾风险基金简介

（1）美国国家洪水保险基金

国家洪水保险基金（NFIP）是美国联邦政府于 1956 年设立的自然灾害基金之一。洪水是美国面临的最大的自然灾害。长期以来，美国饱受洪水灾害的影响，国土总面积的 7% 受到洪水威胁，1/6 的城市处在百年一遇的洪泛平原内，2 万个社区易受洪灾威胁。1969 年制定的《国家洪水保险计划》规定全体居民可自愿参加洪水保险计划。在此后的几十年中，美国不断颁布和修订法律，先后出台了《洪水灾害保护法案》和《洪水保险改革法案》，逐渐完善了洪水保险计划。NFIP 设立的目的是减少生命及财产遭受的灾害损失，保护所有国家重要基础设施免于洪水灾害，主导或配合综合应急管理措施的执行。

美国的洪水保险计划由政府成立联邦行政管理机构负责实施，直属于联邦保险管理局直接办理洪水保险计划，由政府部门直接管理，其销售网络较少，政府推出商业保险公司协助销售洪水保险，扩大洪水保险计划的覆盖面和影响力，投保人的服务质量也因此提高。该计划的主要职责是：销售洪水保险、办理洪水保险赔付和垫付赔偿金。保险公司在协助执行洪水保险的过程中不承担保险赔偿责任，保费收入全部上缴国家洪水保险基金，赔付也由国家洪水保险基金支付。洪水保险的风险是由联邦政府承担的。保险公司主要提供向洪泛区居民出售洪水保险，按保单数量获取佣金，并在洪灾发生时及时办理有关赔偿手续和垫付赔偿资金等市场服务。

（2）加勒比巨灾风险基金

加勒比巨灾风险保险基金（Caribbean Catastrophe Risk Insurance Facility，以下简称 CCRIF）是由世界银行牵头，联合加勒比海地区各国政府以及主要捐款国协商组建的国际合作巨灾风险基金，是集多国政府以及国际社会力量成立的一只自然灾害防御基金。CCRIF 成立于 2007 年，是第一个由多国政府合作设立的国际性巨灾风险共保体，第一个选取参数指数为触发条件的共保体，也是第一个为灾后政府迅速提供流动性支持的政府性质救灾保险基金。CCRIF 最初针对较为罕见的飓风和地震风险造成的损失，起赔点较高，后期保障责任扩展到暴雨风险带来的损失。CCRIF 的设立极大缓解了加勒比地区国家紧张的财政预算，政府以能够负担的保险费率来购买巨灾保险，使受灾国能够筹集到灾后短期内急需的救灾资金，提高政府救灾效率。

CCRIF 在开曼群岛注册特殊目的保险公司（SPV），由各参与国和捐赠国所任命的董事会控制，其运营管理则是通过董事会监督下的保险经理来具体操作执行。CCRIF 包括董事会和运营部门。与再保险安排不同，CCRIF 类似一个各参与国控制的具有保险功能的联合储备基金。缴纳会费后，参与国政府有权在遭受飓风或地震灾害后向基金申请赔款用于灾后救济活动所需的资金花费。财务稳定性是 CCRIF 的显著特点。在风险赔付安排上，CCRIF 做了风险自留、再保险合约分出、资本市场掉期等多层风险转移设计，其中与世界银行签订美元掉期协议的安排，成功地将自然巨灾风险转移到国际资本市场上,大大增加了高风险赔付的承受能力,使 CCRIF 的财务安全性大大增强。

（3）美国加州地震保险基金

加州地震保险基金（California Earthquake Authority，简称 CEA）设立于 1996 年,有 17 家保险公司参与。1994 年的地震保险危机后,加州地震保险市场的供给大幅减少,与需求极不匹配。为此加州立法部门 1996 年成立地震保险局,以公司化地震保险联合体形式经营与房屋相关的地震保险,采用公众管理私有资金形式来运作。该基金由企业融资,加州政府代为管理风险基金,但是政府并不保障该基金的承保能力和偿付能力。

CEA 是在 1996 年由加州 80% 的财产保险人出资 10 亿美元建立的商业保险联合体,与众不同的是,巨灾风险基金是私人资本出资,基金的资本金完全私有,但由加州政府代为管理,具有"公营私有"性质。该机构完全由商业保险公司出资成立。

在风险分担机制设计方面,美国加州地震保险制度也采用分层分担方式,一共分为五层,在免赔额以上部分,由地震保险基金、保险公司、再保险市场共同承担。第一层:地震灾害发生后,先由地震保险基金承担;第二层:地震保险基金不足以支付索赔时,根据参与保险公司向 CEA 的承诺,出资共同承担赔偿金;第三层:通过具有地震风险转移功能的金融产品或再保险安排分担赔付;第四层:由 CEA 委托发行的加州政府债券或其他举债融资产品来融资;第五层:参与保险公司再次出资共同承担赔偿金。若地震风险损失过大,无法承担所有损失,政府也不会承担剩余赔付责任,而是要求按照保单持有人损失金额的一定比例进行赔付。

（4）美国佛罗里达飓风巨灾基金

佛罗里达飓风巨灾基金（Florida Hurricane Catastrophe Fund，FHCF）是地方政府设立的自然灾害基金。1992 年安德鲁飓风袭击佛罗里达半岛造成巨大的经济损失,给当地保险业带来前所未有的冲击。再保险费率的上升以及部分保险公司的退出使该州家庭财产险市场的承保能力大大缩减,承保范围及幅度都大幅减少。为了应对财产保险市场偿付能力危机,佛州立法机关在 1993 年 11 月 11 日签署法律,决定成立 FHCF。这项基金本质上是一个政府性质的再保险项目,其宗旨是为该州财产保险公司提供一层价格低廉的非商业再保险,以提高原保险公司的承保能力,缓解巨灾财产保险费率上涨的压力,稳定巨灾保险市场。

FHCF 的主管机构是佛罗里达州管理委员会（SBA），FHCF 除了管理层外还设有由九名委员所组成的顾问委员会,负责向州管理委员会提供建议。

这种制度安排使得 FHCF 的运作能够独立于佛州保险监管部门和保险公司之外，政府参与程度更高。FHCF 仅仅对飓风灾害造成的损失进行赔付，体现了"自然灾害专项保险基金"的思想，针对特定区域内的特定灾害的巨灾保险基金避免了巨灾保险的跨区域补贴。

作为一项再保险安排计划，FHCF 的总偿付能力综合了各保险公司的自留风险额、历年保费结余额、债券市场发行债券筹集的资金，对特定巨灾事件（飓风）造成保险公司赔款中超过当年保费收入两倍的超额损失按比例摊回赔款，待摊回赔款如果超过 FHCF 总赔偿能力的损失则没有赔偿。保险公司可以按照低、中、高三档标准自行选择赔付比率，赔付比率越低，自留风险额就越高。当保险公司向 FCHF 申请赔付时，还需要承担共同负担费用，共同负担费用比率与赔付比率相对应，每一档赔付比率有相应的共同负担费用比率。FCHF 设计了较好的激励分担机制，把保险公司摊回赔付的权利和缴纳再保险费以及共同负担费用的义务结合起来，解决了飓风灾害对当地保险市场赔付压力的影响，不仅综合了保险市场承保能力，FCHF 还充分利用债券市场融资功能，扩大了基金承保能力。除了保险市场和债券市场的作用，政府在基金运行过程中通过前期出资设立以及后期投资免税等资金和政策支持，也为基金的发展提供了重要的平台和政策保障作用，使 FHCF 成为公私合作设立政府主导巨灾基金的成功典范。

（5）墨西哥自然灾害基金

墨西哥是世界范围内政府与保险公司合作应对自然巨灾的先行者。墨西哥位于北美洲，北邻美国南接危地马拉，东临墨西哥湾和加勒比海，西南临太平洋。地处大西洋和太平洋板块交汇处的墨西哥，地震、飓风等自然灾害频繁发生，自 1985 年以来就发生过 6 起以上严重灾害。作为自然灾害多发的国家，墨西哥政府于 1996 年设立了"自然灾害基金（FONDEN）"，旨在为本国各级政府提供灾难救助和灾后重建等所需的财政资金。

自 2005 年开始，墨西哥政府与世界银行合作，对 FONDEN 基金实施改革，将巨灾保险和巨灾债券纳入 FONDEN 基金体系，实现该基金规模的高度放大，并且引进灾害预防基金机制，旨在加强灾害风险管理。基金由世界银行财政部充当协调人，瑞士再保险公司作为首席管理者管理基金的日常运作。FONDEN 按照预算将 80% 的资金注入灾后重建基金，20% 划入防灾基金，两大账户内的资金各自成立信托基金，灾后重建基金还将在保险市场上购买再保险分散风险。当地震或飓风灾害发生后，重建基金为各个受灾区域设立子账户拨付资金用于救灾。如果各地区救灾资金出现余额未使用完毕，将返还到灾后重建基金总账户上。防灾基金也以设立专项子账户的方式进行资金管理，如图 5-4 所示。

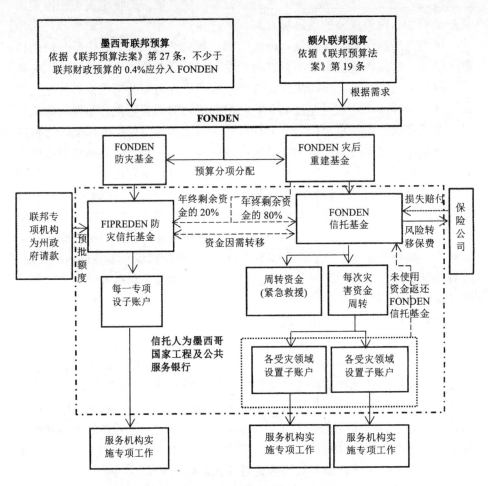

图 5-4   墨西哥 FONDEN 巨灾基金资金来源及分配流程

资料来源：Swiss Re.

2. 国际巨灾风险基金的资金构成及筹资保障

（1）巨灾风险基金的资金来源

政府资金主导的巨灾基金有 CCRIF 和 FONDEN。CCRIF 主体资金来自成员国政府和国际社会。CCRIF 基金池的主要资金来源包括：16 个成员国一次性缴纳的 2200 万美元参与费；成员国每年向 CCRIF 缴纳巨灾风险保费，成员国根据自身的风险承受能力和支付能力自行决定投保保额，保费支付从 20 万到 200 万美元不等，对应保额 1 千万到 5 千万美元之间；欧盟、加拿大、加勒比发展银行、世界银行等 8 个捐助方向 CCRIF 捐赠的资金。捐赠资金则由世界银行管理，用于日常营运费用开支。参与国所缴纳的保费和国际捐赠是加勒比巨灾风险基金的主体，此外利息和投资受益也扩大了基金规模，成为基金重要的资金来源。FONDEN 巨灾基金根据联邦预算法按年度联邦支出预算 0.4%提取，逐年滚存，必要的时候可以根据实际情况，依据《联邦预算法》第 19 条规定征收额外联邦预算用于充实自然灾害基金。基金由两个相辅相成的预算账户组成，即 FONDEN 灾后重建基金账户和 FOPREDEN 防灾基金账户。其中灾后重建基金是主预算账户，通过 FONDEN 信托账户的各个分账户执行各项重建项目的损失评估、资金拨款、项目管理。防灾基金用于资助风险评估、风险控制等工作（参见图 5-4）。

　　以参与人资金为主的基金包括 NFIP、FHCF 和 CEA。NFIP——美国国家洪水保险计划是由联邦政府管理和运作的非营利计划。1973 年的《洪水灾害防御法》将洪水保险计划由"自愿性"修改为"强制性"后，国家洪水保险计划的防洪保险基金就由洪水风险区和社区所有投保人强制缴纳的保费构成，投保人的缴费义务还和联邦政府资助行为相联系，这样的安排在保证保费收入和基金数量稳定的同时也尽可能满足了保险"大数法则"，保证定价的准确性。FHCF 的资金来源有三个渠道：在佛州经营住房保险的财险公司所缴纳的再保险保费。根据历年飓风经验数据模型确定基金缴费费率，费率定价模型综合历年飓风的强度、飓风登陆的形式、标的地理位置、建筑结构、赔付比率以及免赔额等多种因素；在资产经营授权范围内的各种投资收益，受益享受联邦政府与州政府的免税待遇；在紧急情况下发行收入债券所募集的资金。州法律授予 FHCF 出现持有现金资产不足以支付保险赔付时发行收入债券来筹集资金的权力。收入债券有"事后"和"事前"两种。债券偿还还可以通过对所有财产保险的险种加收费率的 1%作为紧急费率来实现，由各财险公司承担。CEA 是纯粹的市场化运作基金，基金的资金全部来源于企业融资，当地财产保险人出资 10 亿美元建立 CEA，成员保险公司向市场销售 CEA 地震保险单，CEA 承担地震损失的补偿职能。

　　（2）巨灾基金的筹资保证措施

　　国际巨灾基金的资金充足性是巨灾基金制度成功与否的标志之一。上述五种代表性巨灾基金的资金筹集和应急资金筹措各有特色，其中加勒比海地区 CCRIF 财务稳定性的特点是与国际金融机构紧密合作，签订大量金融协议将巨灾风险分散出去，使基金的财务基础相当稳定。首先，CCRIF 积极向国际再保险市场转移巨灾风险，和瑞士再保险、慕尼黑再保险、劳合社等国际再保险组织都有再保协议；其次，CCRIF 和世界银行签订巨灾风险互换协议，按照一定的条件交换彼此的巨灾风险责任。NFIP 通过强制收费和借助保险公司销售网络来实现国家洪水保险基金池的充足性。FHCF 则通过发行收入债券的权力来弥补赔付资金不足缺口，且事后征收紧急费率的做法又将缴费负担转嫁到投保人身上。FONDEN 的筹资特色是引入巨灾债券发行，从资本市场获得充足的补偿资金，确保该自然灾害基金的稳定运行。

为了保证巨灾基金的资金充足，巨灾基金还设置了损失补偿分层设计和资金不足时的紧急预案。如 CEA 对灾害发生后基金不足时采取紧急权限贷款和保险行业分摊途径筹集应急资金。行业摊派是 CEA 特有的一种做法。法律规定在地震赔款用尽基金自有资金后，CEA 有权向参与的保险公司进行第一层行业摊派，这部分融资可以获得数十亿美元的承保能力，参与保险公司通过其他业务所产生的利润或者保险公司累积的盈余等来收回摊派成本，不可以向保单持有者额外收费或提高费率。当地震损失过大，CEA 可以通过紧急权限贷款或资本市场发行巨灾债券筹资，此后地震损失补偿如仍不足，可以进行第二次行业摊派，当上述融资额度都使用完毕，CEA 还可向保险监管局提交按比例或分期付款赔付的申请，保险监管局会考虑以确保其继续经营，但会适时要求停止承保新业务。FHCF 的激励分担机制将参与公司摊回赔款的权利和缴纳保费义务相挂钩，公司缴纳保费和共同关联费用越多，可摊回的损失补偿额就越高。

第三节　国内外农业巨灾风险基金合作筹资评述

一、国家巨灾风险基金的合作筹资特征

综合来看，各国巨灾风险基金共同具有的特征包括：

第一，单一灾因的自然灾害基金中政府多以保险人身份出现，承保多灾因的农业巨灾风险基金中政府更多以再保险人身份出现，政府作为基金运营者身份的巨灾基金还不多见。在基金各方合作关系中，政府主导型占主要地位，多数巨灾基金由政府出资并管理运行，依照传统政府基金的运行模式，政府承担完全的基金筹资责任和管理职能。美国的国家洪水计划和加州地震

保险基金是典型的 PPP 基金运作模式，保险公司在基金筹资和基金管理上都发挥了积极作用，而佛罗里达飓风基金更是以保险公司市场化运作为特色，除了提供免税政策外，政府很少干预基金运行。从基金使用领域看，多数基金用于巨灾事件中投保人或受灾人群的财产损失补偿以及对保险公司超赔责任的弥补，也有部分基金用作确保政府救灾基金的规模的成本开支，以维持救灾资金的稳定性。比如墨西哥政府运用本国自然灾害基金向瑞士再保险购买保险产品，通过自然灾害基金保障财政的稳定性，同时确保救援资金充足。根据墨西哥政府购买的保险协议，当墨西哥境内发生里氏 6.5 级以上地震时，保险公司将根据保险合同向墨西哥政府赔付 4.5 亿美元的保险赔偿款，这些理赔款项将用于地震后的紧急救助，从而为墨西哥政府在本国发生大地震时提供了可靠的救援资金。

　　第二，私人部门和市场化筹资开始进入政府基金管理者的视野。一般地，巨灾保险基金的融资来源主要有国家财政资金、保费收入、减免的税收、各财险公司依比例计提的风险准备金、巨灾保险基金的资金运用收益、通过资本市场融资等六个方面，政府发行巨灾彩票、社会捐助等也是巨灾基金的部分资金来源。其中政府出资的财政资金部分，有的向公众公开课征，有的则由公共财政直接拨付，筹资方式各国不尽相同。由于财政资金紧约束以及巨灾救济的社会义务，政府开始考虑以另一种方式满足农业风险管理的需要（Jerry Skees，Barry Barnett & Jason Hartell，2006），建立市场化基金取代拨款救济开始成为政府首选。市场化基金的筹资除了采用参与成员缴纳会费的方式外，不确定状态下的风险筹资逐步应用。例如，墨西哥将部分基金用于购买再保险协议，以便基金可以承担高额财产损失和人身补偿的救援责任。澳大利亚的生物安全伙伴计划将出资对象扩大到全体制度受益人，拓宽了资金来源渠道，为普遍筹资不足的政府基金设立提供了一个新的思路和尝试。澳大利亚生物安全伙伴计划的筹资主要是基于公私伙伴合作关系进行的，即公共部门和私人部门通过正式协议建立长期伙伴关系，为生物安全体系提供服务，公共部门和私人部门协作建立起生物安全体系的行政框架，行业协会承担一部分生物安全体系的职能，通过向行业内部的经营者征税和收费来进行筹资。依据公共利益比例分配出资额的筹资指导原则，公众和经营者将承担最终的成本，被动介入筹资体系中。澳大利亚通过政府与行业协会等社会团体合作，国家生物安全体系的筹资成为政府与社会的共同责任。总体上，国家生物安全体系由政府主导。政府通过一系列的收费和征税活动来获得大量外部资金，并且可以监督行业组织是否履行了对国家生物体系的义务。从发展趋势看，行业组织会越来越多地参与澳大利亚的生物安全体系之中。根据成本分摊框架的原则，行业组织在国家生物安全体系中的话语权也将不断增大。随着行业组织出资比例和参与度的提高，不但能够促进国家生物安全体系的不断发展，也会对国家生物安全体系起到越来越多的监督作用，使其不断完善。通过规定明确的筹资指导原则，建立系统的国家框架，政府和行业组织根据双方的责任与义务确定出资比例，为澳大利亚的国家生物安全体系提供可持续的资金支持。

第三，金融市场是各国巨灾基金重要的投资场所，越来越多的国家政府将金融市场作为新的资金来源。巨灾债券是各国巨灾基金用来补充基金规模的通常方式，有利于分散巨灾损失。由于政府巨灾基金规模庞大，基金管理人大多将巨灾基金投资到低风险的金融市场产品，获取的投资收益也成为基金稳定的资金来源。世界银行、花旗银行等金融机构成为政府巨灾基金的管理人，积极带领政府巨灾基金从事基金投资、巨灾债券发行等金融事务，为基金的保值增值提供金融活动的安排。虽然目前各国基金主要发行巨灾债券融资，然而考虑到金融市场庞大的投资群体以及活跃的交易现状，可以在保险连接证券市场的基础上尝试更多的金融制度创新，以便获得稳定的基金资金来源。

二、国家巨灾风险基金中的政府角色

现有国家巨灾风险基金（包括农业巨灾风险基金）有的以传统政府出资为主，有的则以公私合作方式建立。从国际经验看，PPP方式建立的巨灾基金有三种管理模式：政府作为保险人、政府作为再保险人以及政府作为基金运营管理者的身份出现（王瀚洋，2018）。大多数巨灾基金发挥保险人角色，典型代表有加勒比巨灾风险保险基金（CCRIF）、美国国家洪水保险基金（NFIP）、美国加州地震保险基金（CEA）等。这些基金或用于政府筹集救灾资金或用于受灾群体的损失补偿，都直接用于自然灾害救助过程中的费用支出和损失补偿支出。基金成立后，政府运用保险机制将受灾人群纳入基金受益人群体，以签订保险或共保合同方式将风险分散到覆盖对象上，从而实现风险保障功能。一些巨灾基金则充当再保险人角色，例如美国佛罗里达飓风巨灾基金（FHCF），基金款项用于保险公司承保灾害保险因赔付责任过高带来的赔付压力，当巨灾损失过大导致保险公司保费收入不足以支付保险赔付时，可以申请由巨灾基金提供赔付。这类基金的受益人是保险公司，是政府构建全社会巨灾风险分散机制的主要形式之一。第三种巨灾基金以墨西哥自然灾害基金（FONDEN）为代表。政府设立自然灾害基金后委托专业金融机构管理基金日常运作，实现基金保值增值并多方筹集资金保障基金的充足性。从基金性质看，大多数巨灾基金属于"自然灾害专项保险基金"，仅仅保障单一或少数几个灾害事件造成的损失，如地震基金、洪水基金、飓风基金等。保障单一灾因损失有利于确定灾害损失的发生概率及损失分布，准确预测基金规模，便于提高和控制基金的财务稳健性和基金的持续性。综合来看，各国巨灾风险基金和农业巨灾基金的模式特征如表 5-9 所示。

表 5-9 （农业）巨灾风险基金的国际比较（按政府参与角色分）

	政府主导型	政府市场联合型	市场运作型
政府作为保险人	CCRIF	NFIP，TCIP，CEA	FHCF
政府作为再保险人	FCIC，JER，CAI，CCR		
政府作为基金运营者	FONDEN		

说明：/前为巨灾风险基金，/后为农业巨灾风险基金。课题组整理。

由表 5-9 可知，农业巨灾风险基金的政府角色与巨灾基金相比较为单一，主要国家的农业巨灾风险基金组建时都将政府定位在再保险人的身份上，这一定位确立了基金筹资过程中必然包括保险公司缴纳保费的基本要求，农业巨灾风险基金行业出资成为和政府出资同样重要的资金来源。可见，农业巨灾风险基金要比其他巨灾基金具有更加坚实的合作筹资基础。

三、政府出资责任

国际巨灾基金大多采取公私合作方式组建和管理。在自然巨灾面前，仅靠政府一方管理重大的自然灾害，无论是从资金还是效率角度都无法实现最佳效果。众多的国际巨灾基金各有特色，互不相同。政府是各个国际巨灾基金的主要参与人，除了大多数基金都拥有的政府给予的税收优惠外，政府在基金中的出资责任根据需要各不相同，形成多样化的政府参与巨灾基金方式。其中参与度最高的巨灾基金有加勒比巨灾风险保险基金（CCRIF）。除国际捐赠资金外，各成员国政府缴纳一次性参与费和每年巨灾风险保费，该基金的主体资金由成员国政府缴纳的财政资金构成。一些基金中政府不进行财政注资，但会以财政借款、特别拨款等方式提供资金支持，例如美国国家洪水保险基金（NFIP）。该基金通过保险公司代为销售洪水保险，由投保人强制缴纳的保费构成 NFIP 资金主体，但政府承诺洪水保险基金不够赔付时提供必要的资金支持。美国佛罗里达飓风基金（FHCF）则由政府提供特殊政策，如允许基金发行特别债券，允许基金向投保人加征紧急费率等来扩大资金来源，提高赔付能力。美国加州地震保险基金（CEA）是政府出资责任最小、市场化程度最高的一类巨灾基金，政府不提供资金，也不承诺赔付不足时承担赔付责任，不保障基金承保能力和偿付能力，但提供免税政策，由政府特许经营并参与管理。

四、公司出资责任

保险公司是众多国际巨灾基金中的积极参与人，不同的基金中公司作用各不相同，从承办保单销售到承担出资责任，保险公司的参与程度取决于巨灾基金设计中规定的公私合作的具体方式。一般来说，政府主导型基金中的保险企业以代理身份提供保险服务为主，包括销售保单、收取保费收入、提供理赔服务等，并通过服务收取公司佣金收入。政府市场联合型基金中的保险企业还需要安排风险分担机制，考虑赔付责任的承担水平，必要时保险公司还需要负责基金不足时的融资。市场运作型基金中保险公司责任最大。和其他巨灾基金相比，农业巨灾风险基金中的公司出资责任更加重要。基金的建立首先确保了农业保险业的行业经营稳定，农业保险公司成为基金实施的直接受益人，有义务为促进和推动基金建立承担相应的出资责任。确定参与基金设立的每家公司出资金额及出资标准需要运用市场法则，结合各地风险特征和风险区划确定公司出资比率，这一做法也保证了国家农业巨灾风险基金的筹资科学性与合理性。

第六章　"政府主导，行业参与"合作筹资模式

"政府主导，行业参与"是以运营方为主的合作筹资模式。建立以保险公司缴费为基础的农业巨灾风险基金是世界各国颇具代表性的应对农业巨灾的重要形式。政府主导、行业参与下的基金筹资模式实际上即专门成立国家政策性保险机构，筹集并管理农业巨灾风险基金的运营和使用。这一模式下，政府给予首期启动资金，然后根据交易费率由各家农业保险公司缴纳再保险费用完成筹资。国家农业巨灾基金成为各家农业保险公司的再保险人，基金的建立为各家农业保险公司出现的超额赔偿责任提供巨灾风险再保险保障，增强各家农业保险公司的偿付能力和市场经营稳定性。本章主要分析我国政府和保险行业共同出资的筹资方式，并对农业保险公司出资的差异化费率标准做了实证分析。

第一节　农业巨灾风险基金政府筹资方式

筹资渠道解决的是基金的来源问题。国际上，巨灾风险基金来源主要包括财政拨款、保费收入、社会捐助和投资收益。但我国因农民可支配收入低，基金来源应以财政拨款、社会募集为主，将原本用于救灾，不能滚动使用的资金逐步转换为可以长期积累的巨灾风险基金，以提高农业巨灾风险管理能力和保障水平。

一、财政筹资方式

从世界各国建立巨灾基金的经验来看，政府财政的介入是必不可少的。在美国，政府主要通过财政手段，投入巨额的资金对本国农业巨灾保险计划给予大力支持。我国作为一个发展中的农业大国，政府不可能一次性投入巨额资金支持农业巨灾风险基金的筹集，只能坚持循序渐进的原则逐步注资。在建立农业巨灾风险基金的初期，政府筹资可以从财政预算中提取一定比例的资金注入基金，实行滚动累积。财政拨款包括中央和地方两级财政。中央

政府的拨款比例应在国家财力所能承受范围，由中央政府拨付基金建立的启动资金，然后再逐年滚动累积。地方政府的拨款比例根据各地的农业实力、经济实力、政策等多方面进行综合考虑，对相对落后地区进行适当照顾和政策倾斜。在具体出资比例上可以由发达地区多拨一些，欠发达地区相对少拨一些，从而达到在效率筹资的同时又兼顾公平。税收优惠也是政府基金筹资的一种主要渠道。作为一种宏观经济调控手段，税收优惠不但可以直接为农业巨灾风险基金提供相当的资金支持，也能起到鼓励农业保险公司经营、农户购买农业巨灾保险的作用。除了农业保险公司税收减免部分，将防灾、减灾和救灾专项支出中与农业保险服务标的相对应部分等几个方面的资金整合起来，充实到农业巨灾风险基金中去。同时，充分利用财税杠杆，积极实行减税优惠政策，降低农业保险公司的营业税税率或对农业巨灾保险部分不征或减征营业税，以提高农业保险经营者开展工作的积极性。除此以外，还有政府补助、社会捐助等政府筹资渠道，但主要以财政拨款和税收优惠为主要渠道。

1. 财政拨款。财政直接拨款是建立农业巨灾风险基金的首要方式。财政拨款设立专项基金不同于财政直接补贴，它有严格的管理要求，需要在基金设立之前就必须明确资金的数量、用途、对象、支付方式和补贴方式。以设立基金的方式管理巨灾风险，要求更加严格，管理更加规范。

2. 公开课征。公开课征是指政府在法律许可范围内向所有主体征收费用的一种形式，公开课征具有强制性。2010 年我国政府性基金征收目录中，政府公开向特定群体征收费用的政府专项基金包括特别课征类、附加税类、资源税类、环境税类、使用费类、公有财产收入类、公营企业收入类、捐赠收入类、规费类共 9 类（朱柏铭，2012），如育林基金向采伐林木的单位及个人征收，社会保障基金向受保障群体全员征收保费等，农业合作组织、种养专业大户以及农业保险公司等可以成为农业巨灾风险基金的课征主体。

3. 发行政府债券。通过发行国债等财政票据筹集基金。这一渠道需要活跃的债券市场作为基础。发行政府债券是国际上常见的政府筹措资金来源。美国、日本、韩国、阿根廷等国家都曾发行过特别国债用来灾后重建、应对危机、稳定汇率和支付国际债务等。政府可以为农业巨灾风险保障发行专项债券，以财政收入作为还款保证。如美国联邦农作物保险公司的资金来源中包括政府票据的发行（王涛，2014），2010 年智利发行 15 亿美元特别国债用于地震灾后重建，2011 年起日本连续 3 年共发行 3.02 万亿日元特别国债用于基础设施建设和居民安置。日本、匈牙利等还曾在金融危机和欧洲债务危机后发行特别国债以应对危机冲击，弥补财政缺口。匈牙利的特别国债面向非欧盟移民发行，非欧盟移民可以通过购买一定的特别国债获得匈牙利永久居民身份。韩国曾在 1998 年、2004 年和 2015 年发行外币特别国债以稳定韩元币值。智利、阿根廷等国则为了偿还国际债务而向国际投资者发行高息特别国债。

4. 税收减免。政府对农业巨灾风险基金管理机构在基金运行管理过程中的各种税收实施免收政策，免税待遇有利于巨灾保险基金筹资提速，加快扩大基金规模。

二、外部援助方式

当前很多国际国内援助机构参与到灾害救助过程中，公众慈善捐助资金也是农业巨灾风险基金的重要来源，以民间组织、企业集团、社会公民为代表的各类社会公众群体捐资救灾已经成为政府不可忽视的重要力量，政府可开设专门账户用于接收社会公众的捐助资金来充实农业巨灾风险基金。慈善捐助是国际通行的灾后救济方法，其中世界银行是迄今为止最大的援助机构，其次是日本和其他的地区性开发银行。一些跨越国界建立的国际灾害基金资金来源不受国家疆域限制，世界银行、美洲开发银行等国际性组织成为国际灾害性基金项目的主要捐助者，具有鲜明的国际化特色，如加勒比巨灾风险保险基金、中美洲自然灾害保险基金等。与此同时，农业巨灾风险基金作为灾害救助的特殊形式，也可以接收国内社会公众的捐款，并由政府管理运用。

第二节　农业巨灾风险基金行业筹资方式

一、保险企业直接筹资

农业巨灾风险基金是农业保险稳健运行的制度保障，基金的存在对农业保险经办机构的偿付能力有着巨大的支撑作用。市场筹资模式是以农业保险公司为主，联合农业合作社、种养大户以及农产品收购企业等农业相关利益主体，共同出资设立农业巨灾风险基金，综合农民人均纯收入、农业保险覆盖率以及灾害发生率等因素合理确定征缴费率。强制征缴可以使基金收缴更有保证。保险和再保险市场为巨灾基金风险转移提供了良好的转移渠道。英国因为高度发达的市场机制和行业自律，借助英国成熟的保险市场基础和规范的市场制度，通过再保险公司签订再保险协议来分担巨灾风险。商业保险公司为投保人自愿购买的巨灾风险保单提供分保安排，再保市场吸收和消化了大量巨灾风险的转移，在保证巨灾风险基金制度资金充足性方面作用巨大。

　　以农业保险公司为代表的众多市场主体包括保险行业协会、代理机构等，或多或少都是农业巨灾风险基金的利益相关者，都可能成为巨灾保险基金的筹资主体。虽然专门论述农业巨灾基金筹资方式的文献不多，但讨论农业巨灾风险基金的学者大多提到包括农业保费提取、农业保险业务盈余转入、保险公司缴纳基金会费、基金投资收益等多种保险行业内筹资途径（谢世清，2009；于博洋，2007；张长利，2013；沙治慧，2012；王涛，2014；邱波，2015）。成功设立农业巨灾风险基金不仅需要政府的全力支持，也需要保险市场发挥风险分散和补偿功能，为基金的筹集贡献力量，降低对政府财政的依赖度。首先，农业保险公司可以每年按照当年保费收入的一定比例提取农业巨灾准备金投入基金，作为农业巨灾风险基金的一种稳定筹资渠道。再保险费收入的一部分也可以同样提取并投入基金。其次，农业保险公司可积极探索开发适合农户的巨灾保险产品，以巨灾保险产品为载体，将销售所得汇集起来形成专项资金，从而形成农业巨灾风险基金的另一条筹资渠道。保险市场的筹资不仅需要供给方的支持，同样需要需求方（农户）的配合。在政府补贴保费力度不断加强的同时，应增强农户自身的巨灾保险购买力。国家可以通过法律手段将农业巨灾保险定为强制险，这既能扩充巨灾保险市场容量，提高农户的风险意识，也能为农业巨灾风险基金注入一部分资金，维持有效基金规模。

二、保险企业间接筹资

　　除了保险市场，资本市场也是保险企业重要的筹资场所。随着自然灾害风险频度的提高，保险和再保险机构开始借助强大资本市场分担风险，不断尝试风险证券化交易，开发出一系列保险衍生品，资本市场筹资开始成为基金筹集重要的补充渠道。1992年，芝加哥期货交易所首次发行销售了巨灾期权，成功尝试新的基金筹集方式。1994年巨灾债券的发行更是风靡了全世界，成为当今资本市场上成熟且广泛应用的巨灾风险转移途径。不仅如此，全球资本市场庞大的资金量是天然的分散风险资金池，通过证券化技术承接巨灾风险这类保险负债的转移，从而提高农业巨灾基金补偿能力只是证券市场连接保险的一种应用，众多投资者的存在以及庞大资金群的存在都为利用资本市场吸收巨灾损失提供了新的可能，金融技术创新和金融产品创新可以为资本市场承接巨灾风险提供新的市场融资方式。

资本市场是保险企业重要的风险融资场所，也是保险和再保险企业应对巨灾风险弥补巨灾保险基金不足的重要场所。农业巨灾风险基金在资本市场上公开发行巨灾债券，对巨灾基金承保能力不足部分的巨灾风险通过巨灾债券协议转移到资本市场，供投资人选择认购。保险机制是一类典型的风险筹资方式，火灾、爆炸等普通自然灾害风险可以通过订立保险合同并缴纳保费的方式在投保人群体间得到有效分散。但是当发生重大自然灾害，出现集中性受灾人群和受损财产时，由于风险无法分散，保险机制的运用受到某种程度上的限制。

近年来将巨灾风险转移到资本市场这一创新风险筹资工具开始出现，巨灾债券等负债证券化的创新手段将投资者直接作为小概率事件下的损失承担者，通过事先订立的协议条款，以未出现极端事件时获得的高收益为代价换取触动触发机制时投资者损失收益甚至本金的投资风险，最终实现政府补偿巨灾风险损失的目的。随着自然灾害风险频度的提高，西方国家借助本国发达的金融市场分担风险，不断尝试风险证券化交易，开发出一系列保险衍生品，资本市场筹资开始成为基金筹集重要的补充渠道。

第三节　行业筹资的差异化费率标准

一、实施基金差异化筹资的基本依据

为建立国家统一的农业巨灾风险基金，设置科学合理的差异化基金缴费率是第一步。和农业保险费率制订原理类似，农业巨灾风险基金的缴费费率也必然是和农业风险、农作物种类以及地方经济基础相关的差异化费率水平。

1. 我国农业风险的地区差异

中国地域辽阔、地理环境复杂、气候稳定性差、生态环境脆弱，自然灾害的类型多、发生频率高，是世界上自然灾害最严重的国家之一。整体来看，中国气象灾害包括干旱、洪涝、冰雹、台风、霜冻、寒潮、泥石流、地震等，其中洪涝、台风、干旱等发生最为频繁，也是对社会经济发展尤其是农业生产发展影响最大的灾害类型。气象灾害是影响农业生产和农民生活的主要因素，近些年的气候变化已经显示气象灾害的发生频度和强度都在显著提升。这些自然灾害有灾害种类多、覆盖面积大、发生频率高的特点，对农业生产有着显著的影响，造成农作物的大面积减收甚至绝收，影响农产品供给，农民收入和农业经济稳定。

近年来，我国农业生产结构调整呈现区域化布局与专业化分工的趋势，不同的农作物种植不断向具有比较优势的农业产区集中。在农作物生产区域集聚的过程中，原本分散的农业生产风险汇聚到了一起，导致农业生产的风险单位变大。尤其明显的是，某一地区的农作物生产明显受到该地区的自然条件，特别是地理状况与气候条件的影响。由于国土面积广大，各地区所处的地理位置不同，气候条件、地形地势、土壤种类等皆有明显差异，我国农业生产面临的自然灾害也有着明显的地域特征。我国东南沿海地区地处亚热带地区，东临太平洋，多洪涝、台风灾害；西南地区主要受旱灾、泥石流、暴雨洪灾危害，且地震多发；东北地区纬度高，受低温冷灾的危害严重，在其平原地区还受洪灾危害；华北地区则多旱灾、洪灾，多受寒潮影响；西北地区地处内陆，降水少，旱灾严重，并且受泥石流、滑坡、冷害雪灾等不同程度的危害。由于农业生产面临的农业风险总体上有规律可循，不同地区面临的农业风险大小相对固定。地域越大，风险的种类越多，危害的对象及危害程度差异也越大；地域越趋近，风险越趋近，风险的差异越小。张峭、王克（2011）发现我国北方地区的农业自然灾害风险高于南方，同时造成农业损失的灾因存在明显的地域性，如农作物旱灾风险主要集中在华北和东北地区，农作物洪涝风险主要集中在长江中下游流域，冷害主要集中在北方大部和西北地区，农业风雹灾害集中在华北和西北部分地区，农业台风灾害则主要集中在东南沿海地区，这就导致各地农业损失概率各不相同，各地承担的农业风险转移价格也会各不相同。

农业保险风险区划是大规模开展农业保险必不可少的基础性工作之一，风险区划对于农作物保险长期稳定经营的重要性不言而喻，农业风险区划理论是构成基金差异化筹资的理论依据。我国实行省、自治区、直辖市的风险区划和费率分区，把风险相同或相近的地域划在一起作为同一个风险区，有利于控制和管理风险，是体现保险的风险一致性原则和防止逆向选择的必要措施。国际经验表明，进行风险区划和费率分区，将农业保险标的面临的保险风险做出区域划分，可以避免让一个农场主或一个地区的保费补贴其他的农场主或地区，使他们的保费与自己的生产风险损失概率联系起来。农业风险区划是正确确定保险责任、科学厘定保险费率的前提，也是实行区域费率、均衡保费负担的必然要求，是国家科学管理农业风险的基本保障。

2. 我国农业作物的地区差异

农业风险管理的技术复杂性除了农业灾因多样化以外，农作物种类繁多也是重要因素之一，不同农作物的习性和生产环境各不相同，对各种气候灾害的耐受力也不相同。当某一农业巨灾发生时，实际损失会因为农作物种类的不同而不同，因此，农业风险定价也应根据农作物种类进行差异化定价。根据气候条件的差异，我国农作物种类分布大致上可以分为东部季风气候区和西部非季风气候区两部分，季风气候区受夏季风影响，降水量多，一般为湿润区或半湿润区，农业生产以耕作业为主，栽培作物范围广泛、种类繁多；非季风区夏季风难以到达，一般为干旱、半干旱区，以畜牧业为主，种植业主要为绿洲、河谷农业。

我国东部地区以秦岭、淮河为界，可以分为南北两部分。在秦岭淮河以南，青藏高原以东地区，水热条件好，农作物生长期长，作物可以一年两熟或三熟，农业生产的自然条件优越，历来是我国粮、棉、油、茶、桑蚕以及热带经济作物的主要产地。其中，长江中下游地区耕地面积广阔，经济发展水平较高，农业生产条件和投入水平都比较高，主要粮食生产以水稻、冬小麦为主，是我国商品粮、商品棉基地集中区域，经济作物的品种多、产量高。此外，该地区还是我国重要的海洋渔业与淡水渔业基地，包括云南南部、两广及福建的热带地区和海南省在内的华南地区，纬度较低，是我国水热资源最丰富的农业产区，盛产热带、亚热带水果以及橡胶等产品，海南省由于其独特的地理位置，还是我国重要的冬季蔬菜供应基地；云南中北部、贵州和四川等西南地区则由于地表起伏大，农业生产层次明显，除了是水稻为主的多种粮食作物产区外，该地区也是我国重要的烤烟、麻类、茶叶、柑橘等水果的经济作物产地。

东部秦岭淮河以北地区，属于温带季风气候区，平原面积广阔，耕地数量多，主要农作物以旱作为主，一年一熟到两熟。该地区农作物的粮食作物种类多，杂粮生产比重大，畜牧业发达，地域范围包括东北地区、黄淮海地区和黄土高原地区。东北地区包括黑龙江、吉林、辽宁三省和内蒙古的大兴安岭地区，土地肥沃，农业发达。东北地区人口密度较小，人均耕地多，是我国农业机械化生产水平最高的地区，适合农业的规模化发展，是我国重要的商品粮基地和农业基地。主要粮食作物以水稻、小麦、大豆、玉米为主，经济作物有甜菜、亚麻等。东北地区的肉牛、奶牛养殖以及林产品也较为发达。黄淮地区是玉米、小麦等粮食作物的优势产区，此外还有高粱、谷子等杂粮作物。同时，山东、河北等省是苹果、精细蔬菜的优势产区。该地区的养殖业也较为发达，肉牛、肉羊养殖业发展较好，黄渤海养殖带重点发展对虾和贝类养殖等水产品。黄土高原地区则因水土流失严重，农业生产以杂粮为主。

西部非季风区气候较为干旱，属于草原向荒漠的过渡地带，主要以畜牧业为主，农作物生产主要分布在河谷等有灌溉水源的地区。甘肃、青海、宁夏等地的粮食作物生产主要以小麦、玉米以及马铃薯等其他杂粮为主，并且出产胡麻、油菜、药材、蔬菜与瓜果等。新疆农业生产以棉花、粮食、特色林果、畜牧业为主，是中国和世界最大的手摘细绒棉和中国唯一的长绒棉生长区，主要粮食作物以豆类、大麦、玉米为主。新疆的特色林果主要有香梨、葡萄、大枣、核桃、枸杞等。畜牧业是新疆农业的主导产业之一，在养殖牛、马、羊、猪等方面有优势。青藏高原由于海拔高，独特的高原环境形成了独特的农牧业生产特点，畜牧业主要有牦牛、藏绵羊、藏山羊等，农作物出产青稞、豌豆、小麦、马铃薯等。

3. 我国经济发展的地区差异

农业巨灾风险价格受到自然地理条件与社会经济条件双重影响。一方面，农业生产受到地理环境、气候条件的制约，水热资源会对农业生产的空间布局造成影响，同时形成不同风险区划下的费率水平；另一方面，农业风险价格还与社会经济条件相关，农业生产不但要充分利用自然条件，也会受到抗灾能力等人为因素的影响，各地的经济发展状况和农业产业发展水平也对缴费费率带来一定的影响。

改革开放以来，我国经济发展水平不断提高，但是在经济发展过程中，我国区域的经济发展并不平衡。由于国家政策、基础设施、地理位置、资源禀赋等种种原因，我国东中西部地区的经济发展水平差异性明显。从国内生产总值来看，GDP 较高的省份大多位于东部沿海地区，其次是中部地区，西部偏远地区的经济发展水平较低，经济发展水平呈现出明显的东中西阶梯状趋势。从 GDP 总量上来说，东部 12 省份的 GDP 总量是中部 9 个省份的 2 倍多，是西部 10 个省份的 3 至 4 倍，东部地区的经济发展水平远远高于中西部地区。

我国各地区不但总体经济发展程度差异大，农业经济发展也存在较大差异。从农业生产总值来看，中东部地区大部分省份的农业生产总值较高，如东部地区的山东、江苏、广东、河北等，中部地区的河南、湖北、湖南等，而西部地区中四川省是我国的农业大省之一，其他大部分西部地区省份的农业生产总值相对较小。从产业结构角度来说，海南、黑龙江、广西、贵州等省份的农业生产总值占 GDP 总量的比重较大，达到 15%以上，而东部地区大部分的农业生产总值虽然较大，但是占当地 GDP 的比重不到 7%，特别是天津、北京、上海等三个直辖市，不但农业生产总值小，农业生产总值占 GDP比重不到 1%。从农民人均可支配收入看，我国农民的人均可支配收入水平呈现出非常明显的东中西递减的规律。根据 2017 年的数据，农民人均可支配收入水平位于全国前十的省份中，东部地区省份占到 9 个，各省的农民人均可支配收入皆高于全国平均水平 13432 万元。其次是中部地区省份，西部地区省份农民的人均可支配收入最低。这些因素都会使农业巨灾风险基金采取差异化费率筹资在理论和现实层面上变得必要和可行。

二、影响地区差异化筹资水平的主要因素

由于我国幅员辽阔，地理气候条件复杂，各个省份及地区的致灾因子、经济发展水平和承灾主体等多方面因素存在差异，根据各省、地区的实际情况进行差异化筹资，实行"因地筹资"，一定程度上可以减轻地区间筹资的道德风险。受灾严重、农业产出高的地区负担的基金份额较多，反之亦然。在全国设立统一的国家农业巨灾风险基金必须考虑地区间损失程度及缴费能力的差异，这一差异通过缴费费率来体现。在农业巨灾风险基金的筹资过程中必须确定一个合理的费率水平，合理的费率至少应该满足两个条件：一是保证农业巨灾风险基金能有足够的规模以应对农业巨灾后的赔偿；二是能有效消除各地区之间缴费产生的道德风险，发挥农业巨灾风险基金稳定市场、保障社会的功能。在信息不对称的情况下，过高的费率反而会进一步引发道德风险。缴费率的关键要素是差异化的价格水平。一般说来，影响农业巨灾风险基金缴费费率的因素主要包括以下三个方面：自然风险因素，农业产业因素以及地区经济因素。

1. 自然风险因素

根据风险区划理论，客观风险可以依据自然条件、平均亩产、受灾成灾绝收面积等指标衡量风险值大小，从而确定各地不同的差异化费率水平。确定缴费费率时不仅考虑保费收入，还应考虑地区风险因素的差异，即引入基于风险因素的评估与筹集方法，根据自然风险因素确定损失概率后，才能确定与损失概率相匹配的缴费费率。可见，自然风险因素是决定差异化费率水平的基本要素之一。

2. 农业产业因素

不同于市场运作的农业保险费率定价，本着权利和义务平衡的原则，农

业巨灾风险基金的行业筹资责任还需和巨灾保险基金的灾害补偿使用相匹配。设立国家农业巨灾风险基金是在全国范围内统一协调使用，农业大省和粮食主产区因战略需要拥有较大的粮食种植面积，遭受农业巨灾打击的可能性上升，对农业巨灾风险基金的依赖性也更大。依据权利义务相对等的现代市场契约基本精神，农业产业发达的地区承担的费率水平应高于普通省份。

3. 地区经济因素

地区抗灾能力是一个地区资源调动能力、承载能力和社会经济状况的综合反映。在同等的灾害风险水平下，抗灾能力强的地区能通过一系列的防灾、减灾、救灾措施减少灾害造成的经济损失，能有效利用可支配的资源进行灾后补偿和恢复生产，最大程度化解灾害造成的不利影响；反之则缺乏足够的能力、资源应对灾害的冲击，相应地会遭受更严重的损失。抗灾能力包括农民收入、水库堤坝等基础设施。因为农民是遭受农业灾害损失的主体，也是防灾、减灾、救灾最有效、最直接的力量，农户纯收入的多少关系到农业风险的承受能力和处理能力。地区财政能力是政府参与农业风险管理的基础资源，关系着当地农业产业设施的水平、灾后恢复的支持力度，也是应对农业风险非常重要的外部资源。水库堤坝等农业产业设施更是防洪抗旱最主要的抗灾能力体现。

三、农业巨灾风险基金费率的差异化实证

根据上述分析，我们针对全国 31 个省、自治区、直辖市近年来的农业发展水平、农村基础设施建设程度、地方财政实力以及历年当地农业灾害损失状况做了数据梳理和处理，应用因子分析法对各省农业风险缴费责任进行聚类分析与农业巨灾风险区域划分，据此实现差异化筹资的制度目的。

1. 指标选取原则

在借鉴已有研究成果的基础上，我们确定以下几条指标选取的原则：

（1）可得性。为保证分析结果的客观性，选取的样本数据为 2017 年经济数据和灾情数据，数据来自中国统计年鉴以及水利部灾害数据库。

（2）全面性。反映农业灾害风险指标种类有很多，影响农业灾害风险基金规模大小的因素也很多，因此，我们选取指标时从政府角度、产业角度和风险角度分别选取最有代表性的指标数据，以便综合反映以种植业为代表的农业发展过程中的损失补偿全貌。

（3）操作性。根据该原则，对含义不明确的统计指标舍弃，纳入有一定现实统计核算基础，可以进行数量分析的指标种类。

2. 筹资费率指标体系

（1）地方经济指标。①农民人均纯收入。按农村人口平均的"农民纯收入"，反映了一个地区农村居民收入的平均水平，是衡量农民富足程度的重要指标。②地方财政收入。地方财政收入是指地方财政年度收入，包括地方本级收入、中央税收返还以及转移支付，是衡量一个区域城市经济发展水平的重要指标。③地域指标（虚拟指标）。由于对我国东中西部的划分不存在绝对意义上的统一，因此根据研究需要，我们做如下划分：东部包括北京、天津、河北、辽宁、上海、江苏、浙江、福建、山东、广东、海南11个省区，中部包括山西、内蒙古、吉林、黑龙江、安徽、江西、河南、湖北、湖南9个省区，西部包括重庆、四川、贵州、云南、西藏、甘肃、陕西、青海、宁夏、新疆、广西11个省区，同时将东部地区定义为1，中部地区定义为2，西部地区定义为3。

（2）农业产业指标。①耕地灌溉面积。耕地灌溉面积是指可以进行灌溉的耕地面积。②农用机械总动力。农用机械总动力是指主要用于农林牧渔业的各种动力机械的动力总和，主要包括耕作机械、排灌机械、收获机械、农用运输机械等，是反映一个地区农业机械化水平的重要指标。③农业增加值。农业增加值是指农业各生产单位生产经营或劳务活动的最终成果，即一个单位或行业对社会所做的贡献，可以反映地区农业生产水平、经济效益、收入分配关系等。④水库库容量。水库是农业发展必不可少的重要基础设施，是农业生产重要的基础保障。水库库容量的大小反映出洪水来临时当地调洪能力的强弱。

（3）风险损失指标。①经济作物损失。经济作物损失是指作物遭受自然灾害而导致的经济损失。②农作物受灾面积。受灾面积是指因灾减产一成以上的农作物播种面积。③农作物成灾面积。因农业受灾面积和成灾面积代表巨灾事件对农业生产的影响，且目前农业巨灾基金从政策性农业保险费当中按比例提取，故纳入讨论范畴。④农作物绝收面积。绝收面积是指因灾减产八成以上的农作物播种面积。

综上，影响我国农业巨灾风险基金的主要因素可以分为三大类11个指标，如表6-1所示。

因子分析法是从研究变量内部的依赖关系出发，把一些具有错综复杂关系的变量归结为少数几个综合因子的一种多变量统计分析方法。它能把多个指标（变量）化为少数几个综合指标（变量），而这几个综合指标可以反映原来多个指标的大部分信息，而且使用这种方法得出来的结果更具客观性，能在一定程度上避免赋值的主观性。因子分析一般包括以下四个基本步骤：（1）确认待分析的原变量是否适合作因子分析；（2）构造因子变量；（3）利用旋转方法使因子变量更具有可解释性；（4）计算因子变量得分。本章运用因子分析法对我国农业巨灾风险进行风险区划，为科学合理定制基金上缴份额提供基础和基本依据。首先对不同的风险区进行综合打分，然后根据得分将巨灾风险区划分为几个不同等级，作为我国巨灾基金向各省筹集资金征收不同费用的参考依据。

表 6-1　我国农业巨灾风险基金筹资指标体系

一级指标	二级指标	三级指标
农业巨灾风险基金筹资影响因素	地方经济指标	农民人均纯收入
		地方财政收入
		地域指标
	农业产业指标	耕地灌溉面积
		农用机械总动力
		农业增加值
		水库库容量
	风险损失指标	经济作物损失
		农作物受灾面积
		农作物成灾面积
		农作物绝收面积

3. 数据来源及分析方法

数据来源：本研究所选取的灾害损失指标来源于《2017 年中国水旱灾害公报》，农民人均纯收入、农业增加值等指标来源于 2017 年中国统计年鉴，所有数据真实、可信。

分析方法：通过运用因子分析法综合考虑我国 31 个省、自治区、直辖市的农业受灾程度、农业经济实力等影响因素，对我国农业巨灾风险基金实行地区差异化筹资标准进行实证分析。因子分析法是从研究变量内部的依赖关系出发，把一些具有错综复杂关系的变量归结为少数几个综合因子的一种多变量统计分析方法。它能把多个指标（变量）化为少数几个综合指标（变量），而这几个综合指标可以反映原来多个指标的大部分信息，而且使用这种方法得出来的结果更具客观性，能在一定程度上避免赋值的主观性。

4. 适合度检验

因子分析是从众多的原始变量中构造出少数几个具有代表意义的因子变

量，这里面有一个潜在的要求，即原有变量之间要具有比较强的相关性。如果原有变量之间不存在较强的相关关系，那么就无法从中综合出能反映某些变量共同特性的少数公共因子变量。因此，我们首先对原有变量做相关检验。

（1）相关系数矩阵检验。这是最简单的方法，即计算变量之间的相关系数矩阵。如果相关系数矩阵在进行统计检验中，大部分相关系数都小于 0.3，并且未通过统计检验，那么这些变量就不适合进行因子分析；反之，当大部分相关系数大于 0.3 且通过显著性检验时，则适合进行因子分析。SPSS 软件结果显示，变量间相关系数绝大部分大于 0.3，且通过显著性检验，可以初步判断选取变量适合进行因子分析。

（2）Anti-image correlation matrix（反映像相关矩阵检验）。该方法以变量的偏相关系数矩阵为出发点，将偏相关系数矩阵的每个元素取反，得到反映像相关矩阵。偏相关系数是在控制了其他变量对两变量影响的条件下计算出来的相关系数，如果变量之间存在较多的重叠影响，那么偏相关系数就会较小，适合作因子分析；反之，反映像相关矩阵中有些元素的绝对值较大，则不适合作因子分析。通过 SPSS 软件输出的反映像矩阵显示，反映像相关系数值均较小，因此适合进行因子分析。

（3）Bartlett Test of Sphericity（巴特利特球形检验）及 Kaiser-Meyer Olkin（KMO 检验）。巴特利特球形检验以变量的相关系数矩阵为出发点，其原假设是相关系数矩阵为一个单位阵，其统计量是根据相关系数矩阵的行列式得到的，如果该值较大，且其相伴概率小于显著性水平，则应拒绝原假设，说明原始矩阵不可能是单位阵，即原变量之间存在相关性，适合作因子分析。通过检验结果可以看出巴特利特球形检验的相伴概率为 0.000，小于显著性水平 0.05，因此拒绝原假设，适合因子分析。KMO 检验是用于比较变量间简单相关系数和偏相关系数的指标，当所有变量间的简单相关系数平方和远远大于偏相关系数平方和时，KMO 值接近 1，KMO 值越接近 1，意味着变量间的相关性越强。表 6-2 中 KMO 值为 0.653，通过检验，因此适合作因子分析。

表 6-2　KMO 和 Bartlett 的检验

取样足够度的 Kaiser-Meyer-Olkin 度量		0.653
Bartlett 的球形度检验	近似卡方	455.333
	df	91
	Sig.	0.000

5. 模型构建及计算结果

采用 SPSS19.0 进行因子分析。由于样本各指标在数量级和量纲上的不同，我们首先将原始数据进行标准化处理，设 X_{ij} 为第 i 个省的第 j 个指标值，标准化后变量的均值为 0，方差为 1，服从（0，1）的标准正态分布。

$$X_{ij} = \frac{X_{ij} - \bar{X}_j}{S_j}, \text{其中} \bar{X}_j = \frac{1}{n}\sum_{i=1}^{n} X_{ij}, S_j = \sqrt{\frac{1}{n-1}\sum_{i=1}^{n}(X_{ij} - \bar{X}_j)^2} \qquad (6-1)$$

标准化以后的公共因子变量为 F，平均值 E（F）=0，协方差 cov（F）=1，构建因子模型矩阵形式：X=AF+ε。$A = \begin{pmatrix} a_{11} & L & a_{1m} \\ N & O & N \\ a_{p1} & M & a_{pm} \end{pmatrix}$ 为负荷矩阵，a_{ij} 为因子负荷，它是第 i 个变量在第 j 个公共因子上的负荷，反映了第 i 个变量在第 j 个变量上的相对重要性，a_{ij} 越大表示 X_i 和 F_j 的相互依赖度越大，即该公共因子对变量负荷量越大。残差 ε 为特殊因子，相互独立，服从正态分布。

（1）SPSS 输出结果如表 6-3 所示。

表 6-3　解释的总方差

成分	初始特征值			提取平方和载入			旋转平方和载入		
	合计	方差的 %	累积 %	合计	方差的 %	累积 %	合计	方差的 %	累积 %
1	4.738	43.076	43.076						
2	2.557	23.243	66.319						
3	1.984	18.040	84.359						
4	0.765	6.952	91.311						
5	0.395	3.591	94.902	4.738	43.076	43.076	4.058	36.887	36.887
6	0.242	2.199	97.101	2.557	23.243	66.319	2.858	25.985	62.872
7	0.119	1.079	98.180	1.984	18.040	84.359	2.364	21.487	84.359
8	0.091	0.830	99.010						
9	0.064	0.586	99.596						
10	0.041	0.375	99.971						
11	0.003	0.029	100.000						
提取方法：主成分分析									

表 6-3 可以看出，我们提取的 3 个公因子累计方差贡献率达 84.359%，解释力较充分。

如图 6-1 所示，横坐标为因子数目，纵坐标为特征值，第一个因子特征值很高，对解释研究对象的贡献最大，第四个以后的因子特征值都较小，对解释研究对象的贡献很小，因此提取 3 个公因子是合适的。

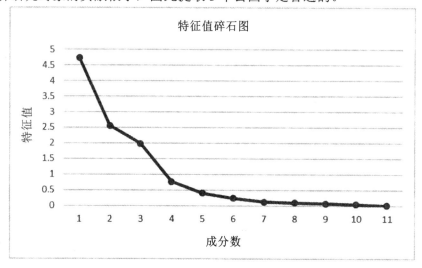

图 6-1 影响因子碎石图

为了更好地对公共因子进行解释，减少解释的主观性，我们采用正交旋转法进行因子旋转最终得出成分矩阵。表 6-4 为旋转前成分矩阵与表 6-5 为旋转后的成分矩阵。

表 6-4 旋转前成分矩阵

	成分		
	1	2	3
Zscore（农民人均纯收入）	−0.216	0.633	0.644
Zscore（地方财政收入）	0.089	0.825	0.297
Zscore（地域指标）	0.033	−0.762	−0.458
Zscore（经济作物损失）	0.810	−0.164	0.449
Zscore（农作物受灾面积）	0.938	−0.160	0.254
Zscore（农作物成灾面积）	0.921	−0.226	0.266
Zscore（农作物绝收面积）	0.878	−0.279	0.319
Zscore（耕地灌溉面积）	0.542	0.443	−0.585
Zscore（农用机械总动力）	0.632	0.458	−0.536
Zscore（农业增加值）	0.633	0.548	−0.440
Zscore（水库库容量）	0.658	−0.080	−0.099

表 6-5   旋转后成分矩阵[a]

	成分		
	1	2	3
Zscore（农民人均纯收入）	0.036	−0.114	0.393
Zscore（地方财政收入）	−0.005	0.077	0.348
Zscore（地域指标）	−0.015	0.004	−0.377
Zscore（经济作物损失）	0.263	−0.101	0.073
Zscore（农作物受灾面积）	0.243	−0.019	0.016
Zscore（农作物成灾面积）	0.249	−0.038	−0.001
Zscore（农作物绝收面积）	0.259	−0.072	−0.002
Zscore（耕地灌溉面积）	−0.077	0.350	−0.039
Zscore（农用机械总动力）	−0.051	0.346	−0.020
Zscore（农业增加值）	−0.039	0.332	0.037
Zscore（水库库容量）	0.106	0.089	−0.061

提取方法：主成分。

旋转法：具有 Kaiser 标准化的正交旋转法。

a. 旋转在 7 次迭代后收敛。

（2）主成分分析

从表 6-6 我们可以发现，公共因子 F1 在经济作物损失、农作物受灾面积、农作物成灾面积以及农作物绝收面积上负荷值比较大，可见 F1 是反映农作物受灾损失的农业受灾因子；公共因子 F2 在农业增加值、农用机械总动力、水库库容量、耕地灌溉面积上负荷值较高，反映了各省份农业产业设施以及综合实力的不同，因此 F2 可以作为农业产业因子；公共因子 F3 在农民人均纯收入、地方财政收入以及地域指标上负荷值较大，农民人均纯收入可反映个人承灾能力，地方财政收入可反映政府承灾能力，地域指标反映了东中西部不同区域的经济水平差异，因此 F3 是反映各省经济发展程度及承灾能力的经济基础因子。

（3）综合得分分析

根据各地农业气候条件、农业经济发达程度、地方经济实力等基础不同，根据地方政府责权利相匹配的原则，依据农业贡献度高低确定缴费权重，农业经济越发达，遭遇农业巨灾损失可能性越大的省份，上交国家农业巨灾风险基金的比例就越高。我们运用 SPSS 软件，采用回归估计法计算求得各因子的得分，再以各因子的方差贡献率为权重，由各因子的线性组合得到综合评价得分，即：

F=（w1F1+w2F2+…+wmFm）/（w1+ w2+…+wm）　　　　（6-2）

在公式 6-2 基础上代入之前得出的因子方差贡献率，得到计算各省综合得分的公式：

F=（36.887F1+25.985F2+21.487F3）/84.359　　　　　（6-3）

表 6-6　我国 2017 年各省农业巨灾基金筹资综合得分排列表

	F1	F2	F3	F	综合得分排序
西藏	-0.59	-1.15	-1.11	-0.89	1
宁夏	-0.60	-1.06	-1.04	-0.86	2
青海	-0.48	-1.02	-1.23	-0.84	3
甘肃	-0.55	-0.49	-1.22	-0.70	4
山西	-0.51	-0.61	-0.42	-0.52	5
海南	-0.53	-0.96	0.06	-0.51	6
陕西	-0.37	-0.31	-0.85	-0.47	7
新疆	-0.75	0.46	-0.98	-0.43	8
重庆	-0.08	-0.72	-0.60	-0.41	9
天津	-0.51	-1.35	1.00	-0.38	10
贵州	-0.07	-0.15	-1.08	-0.35	11
北京	-0.47	-1.39	1.64	-0.22	12
福建	-0.39	-0.46	0.66	-0.14	13
上海	-0.47	-1.45	2.12	-0.11	14
云南	0.24	0.24	-1.00	-0.07	15
四川	-0.57	1.08	-0.56	-0.06	16
辽宁	-0.05	-0.23	0.33	-0.01	17
内蒙古	0.16	0.04	-0.29	0.01	18
广西	0.52	0.24	-0.84	0.08	19
安徽	-0.40	1.11	-0.23	0.11	20
河北	-0.76	1.39	0.31	0.17	21
江西	0.75	-0.26	-0.11	0.22	22
浙江	0.06	-0.43	1.75	0.34	23
吉林	1.37	-0.57	-0.23	0.36	24
黑龙江	0.33	1.26	-0.41	0.43	25
江苏	-0.74	1.16	1.61	0.44	26
河南	-0.29	2.15	-0.15	0.50	27

	F1	F2	F3	F	综合得分排序
山东	-0.73	2.29	0.92	0.62	28
广东	0.47	0.36	1.89	0.80	29
湖北	1.78	0.76	-0.13	0.98	30
湖南	4.26	0.08	0.20	1.94	31

通过公式 6-3 得到各省综合得分及排序，表 6-6 将全国 31 个省、自治区、直辖市按综合得分由低到高排列，得分越低的省份缴纳的筹资费率越低。

（4）各地区筹资等级划分

根据表 6-6 数据绘制散点图，得到图 6-2。根据综合得分将 31 个省进行排序，根据各省在 3 个公共因子和其综合因子中的得分，并结合散点图分布，可以将我国划分为三个风险费率区，即低风险费率区、中风险费率区和高风险费率区，如表 6-7 所示。

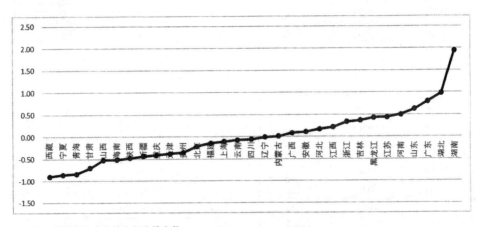

注：横轴为各省份综合得分排序数。

图 6-2　全国各省份农业巨灾基金筹资综合得分分布图

低费率地区：西藏、宁夏、青海、甘肃、山西 5 省（自治区）。对公共因子进行分析可以看出：西藏、宁夏、青海、甘肃受 F3 经济基础因子影响较大，负荷值均为较大负值，即这些地区经济实力较弱，同时在 F1 农业受灾因子上负荷值较小，说明受农业巨灾风险影响也较小，因此综合受灾情况和经济情况我们将其划为低风险费率区。山西在 F1 农业受灾因子、F2 农业产业因子、F3 经济基础因子上均负荷较大负值，说明其受农业巨灾风险影响很小，综合得分较低，被归为低风险费率区。

高费率地区：吉林、黑龙江、江苏、河南、山东、广东、湖北、湖南 8 省。除去江苏、山东外，其余地区在 F1 农业受灾因子上负荷值均为正，且湖南、湖北、吉林等省份正值数非常大，说明这些地区受农业巨灾风险的影响非常大，特别是湖南处于我国农业气象、地质灾害的高频率发生区，缴费应高于其他地区。山东、江苏、河南、黑龙江四省在 F2 农业产业因子上负荷较大正值，说明农业综合实力较强受农业巨灾风险影响较大，导致农业设施受损严重，缴费也应较高。江苏、山东、广东省在 F3 经济基础因子上负荷正值数较大，经济实力较强，因此综合考虑 3 个公共因子影响将其纳入高风险费率区。

中费率地区：海南、陕西、新疆、重庆、天津、贵州、北京、福建、上海、云南、四川、辽宁、内蒙古、广西、安徽、河北、江西、浙江 18 省。这些省份综合得分仍较低，在 3 个公共因子影响下综合得分居中，可纳入中等风险费率区，每年向国家上缴的农业巨灾风险基金份额属于中等水平。

中国各个省份天气灾害种类不同，农业生产规模不同，财政实力也差异明显，需要为不同地区的基金筹集费率确定不同的标准。综合这些影响农业巨灾风险基金筹集的因素，通过因子分析法我们将 31 个省份分成低、中、高三类不同费率水平的缴费地区。

表 6-7　我国各省份农业巨灾基金筹资等级划分表

MingLiU	F1	F2	F3	F	综合得分排序	风险费率等级
西藏	−0.59	−1.15	−1.11	−0.89	1	低费率区
宁夏	−0.60	−1.06	−1.04	−0.86	2	
青海	−0.48	−1.02	−1.23	−0.84	3	
甘肃	−0.55	−0.49	−1.22	−0.70	4	
山西	−0.51	−0.61	−0.42	−0.52	5	
海南	−0.53	−0.96	0.06	−0.51	6	中费率区
陕西	−0.37	−0.31	−0.85	−0.47	7	
新疆	−0.75	0.46	−0.98	−0.43	8	
重庆	−0.08	−0.72	−0.60	−0.41	9	
天津	−0.51	−1.35	1.00	−0.38	10	
贵州	−0.07	−0.15	−1.08	−0.35	11	
北京	−0.47	−1.39	1.64	−0.22	12	

MingLiU	F1	F2	F3	F	综合得分排序	风险费率等级
福建	-0.39	-0.46	0.66	-0.14	13	
上海	-0.47	-1.45	2.12	-0.11	14	
云南	0.24	0.24	-1.00	-0.07	15	
四川	-0.57	1.08	-0.56	-0.06	16	
辽宁	-0.05	-0.23	0.33	-0.01	17	
内蒙古	0.16	0.04	-0.29	0.01	18	中费率区
广西	0.52	0.24	-0.84	0.08	19	
安徽	-0.40	1.11	-0.23	0.11	20	
河北	-0.76	1.39	0.31	0.17	21	
江西	0.75	-0.26	-0.11	0.22	22	
浙江	0.06	-0.43	1.75	0.34	23	
吉林	1.37	-0.57	-0.23	0.36	24	
黑龙江	0.33	1.26	-0.41	0.43	25	
江苏	-0.74	1.16	1.61	0.44	26	
河南	-0.29	2.15	-0.15	0.50	27	高费率区
山东	-0.73	2.29	0.92	0.62	28	
广东	0.47	0.36	1.89	0.80	29	
湖北	1.78	0.76	-0.13	0.98	30	
湖南	4.26	0.08	0.20	1.94	31	

（5）各保险公司缴纳基金方式

保险公司是农业巨灾风险基金的重要出资者，基金制度很好地保护了保险公司的偿付能力，因此开展农业保险业务的保险公司是农业巨灾风险基金制度的直接受益者和义务人。设立差异化缴费费率是本阶段实现行业科学筹资的关键所在。在现有的农业巨灾风险准备金的基础上，国家级巨灾保险基金依然离不开农业保险公司的实际缴费。

基金行业筹资由开设农业保险业务的各保险公司总公司在差异化地区费率和不同险种费率的基础上统一缴费，缴费金额根据其总保费或净保费收入与缴费费率乘积来计算。基金的缴纳费率即农业巨灾风险基金筹资规模的累积速度，费率越高则农业巨灾风险基金的累积速度越快，更能担负起灾后补偿的义务。如前文所述，保险公司根据各自承保的农业保险保费收入，结合不同地区的农业风险、农作物种类和农业经济基础确定的差异化费率缴纳会费，按照保险费的不同比例（费率）收取上交，即农业保险公司应缴纳种植业巨灾保险基金会费如下：

$$P = \sum_{i=1}^{n} r_h \times P_i + \sum_{j=1}^{u} r_m \times P_j + \sum_{k=1}^{v} r_l \times P_k \qquad （6-4）$$

$$n \leqslant 8; \ u \leqslant 18; \ v \leqslant 5$$

其中，r_h、r_m、r_l 分别代表高费率地区、中费率地区、低费率地区的基金缴费费率水平，p_i、p_j、p_k 分别代表该公司在高费率地区、中费率地区、低费率地区分支机构开展种植业保险的保费收入水平，由此式可以得出全国范围经营农业保险的公司实际应承担的基金会费水平。

第七章 "政府主导，市场参与"合作筹资模式

"政府主导，市场参与"是以筹资方为主的合作筹资模式。除了传统的政府出资方式外，市场筹资越来越成为可行的政府基金筹资选择之一，即以市场化手段向保险行业或其他金融机构筹集资金，以债权、股权、期货交易市场为巨灾风险基金筹资场所。按照市场化基金的筹资原则和操作规律，兼顾农业巨灾风险基金的政府性和灾害救助特性，由市场投资者做出投资决策，配合政府共同完成基金筹资目标。政府与市场合作的创新筹资模式主要体现在政府参与设立各类投资基金，如中国保险投资基金、国家产业投资基金以及各地天使投资、产业投资引导基金层出不穷。由于农业巨灾风险基金的半公益性质，我们设计的基金市场化筹资是借助市场实现快速成立基金的目的，解决短期财政资金难以到位的现实困境，及早发挥保障和推动农业发展的目的。本章分析了基金市场化筹资的可行性以及具体的市场化筹资方式。

第一节 市场参与基金筹资的现实基础

资本市场是农业巨灾风险基金筹集资金的重要场所。作为一般经济主体获取资金来源的主要途径，包括政府在内的各类经济主体可以通过发行股权凭证获得长期资金来源。通过股权筹资得到的资本是发行人自有资本，尤其是资本市场上的股权投资，在农业巨灾风险基金筹集资本金时发挥重要作用。股权结构决定了组织控制权的归属。然而，资本市场的投资属性和农业巨灾风险基金的保障属性似乎背离，因此通过资本市场筹资前首先需讨论利用资本市场筹集农业巨灾风险基金的现实基础。

一、资本市场筹资与基金的保障属性

资本市场筹资是提高农业巨灾风险基金筹资效率的重要途径和有益补充。投资回报是市场投资人选择投资项目时首要考虑的选项。从巨灾风险补偿资金的客体看，农业巨灾补偿资金是保障性资金，不同于普通的项目筹资

或企业筹资，可以通过项目建设或企业经营带来未来现金流。农业巨灾补偿资金具有资金量大、巨灾发生概率低的特点，为资金管理机构提供市场投资空间，可以利用支付时间差和支付数量差为投资者创造相对稳定的投资回报。虽然市场投资人参与目的大多是投资回报，然而投资获利和基金保障功能并非天然背离。

首先，从资金运用角度看，保险公司是资本市场上重要的机构投资者，用于保险赔付的财产和人寿保险准备金可购买各类资本市场投资品来实现保险资金投资增值。农业巨灾风险基金的投资人包括保险公司、金融资本公司、投资银行等金融机构以及大型企业集团、跨国公司等非金融机构。从投资人行为心理看，开展农业保险业务的保险公司可以直接从中受益，农业巨灾风险补偿资金的成功筹集提高了农民损失补偿力度，改善农户满意度，有利于未来农业保险业务的顺利开展。巨灾风险融资产品的投资风险除了市场风险、设计风险外，还包含自然灾害属性，是中和系统性市场风险和金融风险良好的组合品种。其他认购农业巨灾补偿资金的投资人大多具有熟悉资本市场、金融业务复杂、多元化经营等特性，有能力识别并估算巨灾风险大小，能结合自身资产负债表和业务结构进行风险组合，起到降低风险实现自身收益最大化的目的。

其次，从资金筹资角度看，通过金融创新，可以把资本市场上的资金有效组织起来，为巨灾损失提供损失分摊和补偿。以巨灾债券为代表的系列金融创新已经成功地将风险转嫁功能和资本市场投资者结合在一起，在投资者获得投资收益的同时也承担了巨灾发生投资利息或本金损失的可能性，巨灾债券发行者也因此筹得可以弥补巨灾损失的补偿资金。通过金融产品创新和制度创新，还可以将个体的投资回报目的和稳定规模下的基金整体保障功能相结合，以持续稳定的投资收益吸引市场投资者，以庞大的投资人队伍保证基金规模的稳定性，发挥基金损失补偿作用。不仅如此，资本市场筹资还可以吸引有农业风险保障需求的投资者参与筹资，这些投资者在实体经济中是农业巨灾受害者，在资本市场上是农业巨灾风险基金的投资者，可以考虑为此类保障型投资者提供特殊的市场退出机制，将更加有利于扩大资本市场的筹资金额和基金的保障功能。

二、可持续的商业模式

资本市场为政府主导的保障性基金提供融资具有可持续的商业模式。农业巨灾风险基金是保障性基金，为了补偿农业保险公司再保险摊回后仍无法弥补的超额损失而设立的。作为消耗性的保障基金，人们很难把保障性基金与资本市场投资联系起来。然而并非如此。和项目投资中公私合作共建项目类似，私人资本进入 PPP 投资领域是以项目建成后使用者付费等方式形成的现金流作为后期还款保证一样，证券投资中的私人资本进入是以投资过程中的收益回报现金流为保证，市场投资者同样"有利可图"。当基金管理机构在资本市场上融资时，投资者的回报就来源于资本市场投资运作所带来的收益现金流，由于巨灾事件发生概率低，未出险的正常时期所形成的现金流可以为投资者提供满意的投资回报，从而使投资保障性资金成为可能。基金投资者可以股权投资或债权投资的方式进入市场。当以股权投资出现的时候，投资者以股东或资本所有人身份出现并参与基金的管理，以基金的投资运作管理作为投资回报，投资期满后可以选择退出或不退出来行使当初投资的资金所有权。投资者也可以债权投资人的身份向基金管理机构提供资金，并按照约定的投资收益率收取投资回报。无论农业巨灾风险基金以哪种形式在资本市场上融资，都存在吸引投资者的投资动机，并为投资者提供与其承担风险相对应的投资回报。

政府拨款和保险行业缴费形成自偿性的现金流，可以为后期赎回基金或退出投资提供资金保证。资本市场上的投资收益客观上存在不确定性，但是农业巨灾风险基金还存在稳定的基金来源，即上一章所分析的政府财政拨款和保险公司缴纳的保费积累。这些源源不断的稳定的资金流入为资本市场的融资提供保障，可以认为基金管理机构在资本市场上的股权融资或债权融资究其根本是向市场投资者做的一项长期借款安排，以债务融资的思路来安排融资适合农业巨灾风险基金的资金筹集。首先，风险基金的性质与产业投资基金不同，政府产业引导基金用于实体项目投资，企业新设或兼并所需资金更适合由逐利性的社会资本为主按照市场经济优胜劣汰规则来运作。而巨灾风险基金作为全社会必须的后备保障基金，性质上更接近于公共财政资本，理论上并不适合私人资本长期持有。其次，国际上类似灾害救助基金的筹集中大多出现政府债券发行的筹资方式，政府举债用于无法商业化的公益性基金筹措是政府不可回避的义务，也是国际通行惯例。最后，定向私募发行基金方式和简单的政府债券融资相比，还赋予基金投资人新的权限和使命，以有限合伙人身份参与基金的使用和部分决策，有利于提高基金使用效率。

值得注意的是，资本市场的资金充裕性可以保证基金筹资额的充足，但筹资成本及资金的偿还性是基金筹集者必须考虑的，基金管理机构必须按照资本市场筹资规则设计筹资方案，提供投资回报。资本市场投资者一旦获取基金投资机会后，将以市场理性出资人角色对基金投资计划进行可行性分析并决定出资与否。如何设计筹资方案中的投资回报率，以合理的筹资成本协调农业巨灾基金的保障性和资本市场投资产品的收益性之间的矛盾，是以市场方式参与农业巨灾风险基金筹资成功与否的关键技术细节。

三、充沛的市场资金

资本市场资金充沛，投资者众多。资本市场容量远远超过保险市场和再保险市场的容量。在国内外资本市场上，成千上万的投资者持有资金寻找投资机会。2016 年我国资本市场市值达到 8 万亿美元，而资本市场融资额已达到 1.5 万亿人民币[①]；美国证券市场 2018 年第一季度仅 IPO 募资一项就有 43 家公司募集资金 156 亿美元，资金量庞大。当农业巨灾风险基金管理机构设计的融资产品能符合市场投资者的收益预期时，资本市场融资是非常现实和必要的一个选择。

四、庞大的合格投资人队伍

农业经济的发展催生了众多农业领域内合格的市场投资者，他们成为可能投资农业巨灾风险基金的市场投资人。农业巨灾损失对我国新型农业经营主体的影响最大，农业巨灾风险基金也因此对新型农业经营主体的吸引力最大。随着农业现代化的加速发展，我国新型农业经营主体日渐增多，农业生产主体呈现出"小散户"与"新型农业经营主体"并存的二元结构。截至 2016 年底，我国新型农业经营主体达到 280 万个，其中家庭农场 87.7 万户，农民合作社 179.4 万家，各类农业产业化组织 38.6 万家。规模农业经营户和农业生产经营单位实际耕种面积占全国耕地面积比达到 28.6%，生猪和禽类存栏量分别占全国量的 62.9% 和 73.9%，新型农业经营主体已经成为我国农业现代化发展的引领力量[②]。新型农业经营主体的生产方式比散户从事农业生产更专业，规模更大，机械化和产业化程度更高，同等条件下遭受农业灾害损失的程度更高。另一方面，新型农业经营主体将农业收入作为主要收入来源，投入的生产成本更高，对巨灾损失的敏感程度更高，风险意识更强，对农业巨灾风险基金的依赖程度也就越高。当这一群体成为基金投资人甚至这一群体的代表性机构成为基金有限合伙人后，将更有动力监督基金的使用，更有

---

① 中国证监会副主席方星海在 2017 年达沃斯论坛"全球复苏，中国角色"圆桌讨论中的发言。
② 我国新型农业经营主体数量达 280 万个.中国农业新闻网—农民日报，2017-03-08.

助于基金保护受灾农户的实际利益，这与政府主导设立农业巨灾风险基金的初衷是一致的。

我国开展农业保险业务的保险公司已经达到 30 多家，保险公司是农业巨灾风险基金的直接受益者。有了农业巨灾风险基金的超额赔付分摊，有利于更好地开展农业保险，扩大农业保险受益面。作为专业从事风险管理的机构，保险公司认购基金和风险证券化产品，可以在巨灾条件规定以及触发机制设计等方面给予专业建议，有利于提高风险管理水平和管理效率。基金投资人队伍中还包括商业银行、投资银行等大型金融集团。金融机构从资产风险组合等要求出发，会考虑以股权或债权等形式持有基金部分比例。这些专业投资人的加入可大大提高基金在资本市场上的适应能力，提高基金投资技术和管理运作能力，确保基金有效运转。同时，以市场化方式组建农业巨灾风险基金需要寻找或设立专业基金管理机构负责基金的筹集和管理，如投资银行或基金管理公司等金融中介机构，专业金融机构负责基金筹集和运行对基金规模的稳定和基金使用效率更有把握，更有利于基金的长期持续性。

第二节　基金的市场化募集方式

虽然各国农业巨灾风险基金大多由政府出资设立，然而近年来利用资本市场引入社会资本共建政府主导型基金的研究却不断增多，结合社会资本共同组建政府主导基金等制度创新已经大量出现。理论探讨表明，巨灾风险基金完全由政府承担已不现实，将巨灾风险分散到资本市场是必然选择。资本市场投资参与农业巨灾风险基金的筹资有多种方式，既可以募集资本金直接充实基金规模，也可以利用风险证券化技术在资本市场分散风险获得风险融资，既可以用比较成熟的定向私募方式非公开募集资金，也出现了直接在资本市场公开发行基金份额的创新论证,如发行分级基金(田玲,李建华,2014)、公开发行半开放基金（潘席龙，2011）等。与传统的财政税收，专项课征等政府基金筹资来源不同，将定向募股、公开发行以及证券化手段引入政府主导基金是全新的融资制度创新，这些市场参与方式的讨论为我们借助资本市场融资农业巨灾风险基金提供了宝贵的思路和路径，也为我们的设计思考提供了研究空间。

一、资本市场定向筹资

政府基金向社会定向募集资本共同组建特定用途的基金形式，同时引进市场化基金管理机构进行基金管理，是典型的公私合作关系下的基金组建形式。这种方式既可以快速做大基金规模，实现特定的基金设立目标，又能够发挥社会资本的监督作用，提高资金使用效率，是近年来政府主导基金蓬勃出现的主要原因。

2014 年以来，为响应中央深化财税体制改革要求，创新财政资金分配方式，各地政府纷纷出资设立各类政府引导基金，政府投资基金进入井喷式发展阶段。截至 2018 年 11 月共有 2041 只政府引导基金，总募资规模达到 3.7 万亿元①，如中国农业产业发展基金、中国保险投资基金、中央企业贫困地区产业投资基金、丝路基金等基金纷纷成立。中国农业产业发展基金②成立于 2012 年，财政部出资 10 亿元，中国信达、中信集团和中国农业发展银行各出资 10 亿元共同发起设立，用于支持农业龙头企业发挥作用，提升农业产业化发展水平。中国保险投资基金③设立于 2015 年，首期募资 1000 亿元，基金投向棚户区改造、城市基础设施、重大水利工程、中西部交通设施等对接国家经济建设项目，实现保险资金运用市场化改革目标。中央企业贫困地区产业投资基金④由财政部参与发起，103 家中央企业参与出资，募集资金 314.05 亿元，主要投资于贫困地区资源开发利用、产业园区建设、新型城镇化发展等领域。丝路基金⑤2014 年底成立，国家外汇储备出资 65 亿元，中国投资公司、中国进出口银行以及国家开发银行分别出资 15 亿元、15 亿元和 5 亿元参与组建，提供国家"一带一路"倡议实施进程中的投融资服务。同期实体投资的 PPP 项目也快速增长，截至 2018 年 7 月底，全国 PPP 项目累计入库 7867 个，投资额 11.8 万亿元。其中已落地项目 3812 个、投资额 6.1 万亿元；已开工建设项目 1762 个、投资额 2.5 万亿元⑥。通过政府基金将公共产品向私人资本开放是投资领域一项重大的制度创新。私人资本认购政府基金的行为其本质属于股权投资，是投资人对政府基金的长期资本性投入。投资人的

---

① 钟源. 我国政府引导基金募资规模达 3.7 万亿[N]. 经济参考报，2018-11-12.

② 首只国家级农业产业基金成立[N]. 第一财经日报，2012-12-18.

③ 新华网. 保监会：中国保险投资基金首期募资 1000 亿元. 2015-06-26.

④ 中央企业贫困地区产业投资基金官方网站。

⑤ 丝路基金官方网站。

⑥ 新华社. 财政部：全国入库 PPP 项目投资额已超 11 万亿元. 2018-09-11.

回报来源于基金项目的投资收益，并通过市场化公司治理手段管理运营政府基金，提高基金项目的实施效率。有别于债务投资，股本投资的社会投资者有更大的经营管理权，在基金投资方向、项目选择、投资决策上都有更大的话语权和决策权，更有利于发挥公私合作的制度优势。

政府以 PPP 模式设立产业引导基金为我们同样的公私合作模式设立农业巨灾风险基金提供了借鉴思路。国家级农业巨灾风险基金可以由中央政府、地方政府以及各农业保险公司、农业企业等其他参与主体共同出资组建，形成合理的股本结构，根据出资比例承担相应的职责和义务。和投资性的产业引导基金不同，农业巨灾风险基金的筹资目标不在于促进产业提升，而是巨灾后的农业损失充分补偿，因此扩大基金规模为主要目标，保证基金合伙人资金及合伙人成员的稳定是农业巨灾风险基金设立的目的。定向私募农业巨灾风险基金是政府市场合作视角下的制度创新，构成基金股本金的资金来源应和农业巨灾损失直接相关的利益所有者。通过 PPP 模式进行公私合作组建的农业巨灾风险基金对各方参与者都具有吸引力和激励性。基金主导方政府部门可以避免额外负债、扩大基金规模和提高基金运行效率，对私人部门资本同样具有吸引力。作为农业巨灾风险防范手段之一，虽然项目载体不是常见的基础设施建设等实体项目，但依然有公共服务性质的农业巨灾风险管理项目这一具体承载基金运行的项目载体，项目有预期收益形式的项目现金流，有意愿投资项目的市场投资者。私人部门资本的介入将以战略投资者的身份出现，和政府部门共同参与农业巨灾风险管理项目治理，这对于私人部门而言既是承担社会责任的体现，最终也有利于各自企业的风险管控和持久发展，对私人部门资本同样具有募资吸引力，尤其是国有企业和金融机构，成熟的投资人对收益率和安全性之间的平衡考虑比较成熟，有利于募资成功。

二、资本市场公开募资

以公开发行的方式筹集政府主导基金近年来理论界有所探讨（潘席龙，2011；卓志，2018）。公开发行基金份额由市场投资者自行认购，一般用于市场化基金以及公司股票的发行，是市场化程度最高的一种募资方式，具有投资对象数量充足，筹资速度快的特点，但因为面向全体社会公众，为保护公众利益，公开发行基金的条件和程序比较复杂，发行费用较高。一般而言，政府主导基金的设立是为了履行贫困救济、学生教育、医疗服务、交通设施建设等政府特定职能，出于对上述"市场失灵"领域公共物品的现实需求，政府用基金的形式来提供相关服务，而这些服务的费用则采取强制性手段由全体公民（公共财政资金）和相应的受益人（行政事业性收费）来出资提供。政府性基金就是以此种方式筹资的政府主导基金。公开发行政府主导基金是一种全新的政府主导基金筹集方式，有别于上述政府性基金征收的无偿性，当用于改善民生提供风险保障的政府主导基金以市场化运作理念进行筹集时，必须首先论证基金发行的合理性和运行模式。

和普通基金类似，农业巨灾风险基金市场发行兼具证券投资基金和灾害救助基金的特点，是社会性和商业性并存的基金形式。基金投资人既可以从参与基金组建中获取认购回报，从而吸引投资人积极认购，也可以为有农业巨灾转移需求的投资人提供特定的补偿政策。以巨灾补偿基金为例[①]。国家巨灾补偿基金面向全体社会公众公开发行，由于地震、洪水等自然灾害威胁到每一个经济主体，因此企事业单位、法人、个人等都是巨灾补偿基金的意向投资人，都可以认购，可以最大限度保证基金的资金到位率，解决巨灾补偿基金长期缺位的问题。保持基金的可交易性，由于巨灾事件发生的不确定性，为保证灾害补偿金的及时提取，可将基金设定为半封闭式基金，正常情形下由基金管理机构投资运作，投资人不得赎回。当巨灾来临时，允许投资人在随后的指定开放日赎回基金份额，套现离场，这样顺畅的资金进出机制保证了投资人的选择自由，理论上不出现所有的投资人都受灾、都赎回就能保证基金规模的动态稳定。既在整个运作过程中分散了巨灾风险，对受灾人群发放偿付金，减轻了国家救灾负担，又作为资本市场上一个正常市场化经营赚取合理投资利润的经济个体，这样的商业化运行模式使巨灾补偿基金有了持续化发展的生命力，基金的筹集有了源源不断的市场资金来源。当投资人在指定开放日赎回基金份额时，又发挥了普通基金投资人的投资功能。资本市场上公开发行巨灾补偿基金的发行方式将巨灾发生概率的不确定性与资本市场投资收益的不稳定性有机结合在一起，将灾害受灾人数扩大到全体投资人群时，巨灾发生的小概率导致基金份额的赎回数量不会过大，正常运作的基金管理者可以顺利支付。并且，利益相关者群体的存在使巨灾补偿基金的发行认购有了相对稳定的群体，这一固定人群的存在更有助于在公开发行中吸引其他投资人加入，从而扩大资金来源的广泛性，这使得巨灾补偿基金要比普通证券投资基金更容易发行成功。

农业巨灾风险基金可以尝试在资本市场上以公开发行基金的方式筹集，结构性基金产品是可以考虑的基金设计方案之一，这一筹资方式下的农业巨

---

① 潘席龙. 巨灾补偿基金制度研究[M]. 成都：西南财经大学出版社，2011.

灾风险基金能有效解决基金不足的问题。结构性基金是指构造一个产品组合，通过对基金收益或净资产的分解，形成两级风险收益表现，有一定差异化基金份额的基金品种。认购 A 份额的投资者的风险和收益都比较低，风险可控且稳定，且优先享受收益分配。A 份额不进入流通只用于赔付。B 份额的投资者收益较高，风险也较大，且具有杠杆特性，可视为 B 份额投资者"借用"A 份额部分基金进行整体基金市场操作，A 份额投资者获得预定利息，B 份额投资者承担整体结构性基金的总体盈亏结果。B 份额可流通可转让可增发。各级政府、农业保险公司以及大型农业企业作为 A 份额（优先级）投资者，体现政策性和强制性，资本市场上的普通投资者作为 B 份额（进取级）投资者，向资本市场普通投资者开放可以保证农业巨灾风险基金整体规模稳定，有利于农业巨灾风险基金的筹集。基金建立后，除管理者提留风险准备金外，可以将基金合理投资于金融市场实现基金的保值增值，实现基金的增值和投资人队伍的稳定。在投资运用方面，国家应给予农业巨灾风险基金特殊的投资政策和投资领域倾斜，如将农业巨灾风险基金纳入国家主权基金框架，允许农业巨灾风险基金投资特定的有安全性保障的国家大型工程项目等，提高基金收益稳定性。当农业巨灾出现，农险公司发生超赔责任需要动用基金时，按照先行业筹集基金再市场筹集基金的顺序进行支付，减少的基金份额以未来行业缴纳保费、投资收益、定向发债等方式补足。

三、结构化基金的筹资设计

1. 农业巨灾保险分级基金的产品结构化

以分级基金形式设立农业巨灾风险基金是充分利用金融市场交易规则，由金融业内人士遵循金融市场筹资规则，发挥筹资者在资本市场上筹资的专业特长，以实现稳定的基金规模为目标，为农业巨灾超额赔付责任提供稳定的补偿资金来源。

从基金发行看，分级基金是由母基金、A 类份额子基金和 B 类份额子基金共同构成的基金系列。A 类子基金为优先份额子基金，固定回报线性收益，收益率通常高于银行定期存款，类似于债券投资，不受基金市场价格波动的影响，风险较小。申购 A 基金的投资人可确定为国内农业风险高发区的财政部门、农业保险公司和农业生产者等直接利益相关者。这些投资者更倾向于资金的安全和稳定，低风险偏好决定了 A 类基金往往不上市交易，以投资固定收益类金融产品方式到期收取利息。B 类子基金又称进取级基金，其收益来自母基金总价值扣除 A 类基金份额价值后的收益余额，即优先份额认购者优先获得收益分配，一般面向风险低发区的农业保险公司、政府部门以及市场普通投资人群体。进取份额者则获得因优先份额加入杠杆化操作后产生的超额收益。这一结构化设计既有利于保证高发地区巨灾风险赔付资金的安全性，又有利于吸引农业风险低发地区利益相关者加入基金筹集中来，有利于基金规模的扩大。

农业巨灾保险分级基金为半封闭基金，在基金开放期以及巨灾发生时期可以赎回资金。半封闭设计有利于基金规模的稳定，减少资金频繁进出带来的规模动荡。不仅如此，适度打开封闭期，可有效提高基金认购者的资金流动性，实现基金规模的动态稳定。当巨灾发生需要动用基金赔付时，以母基金份额形式支付，同时按一定比例在 A 类和 B 类子基金之间分摊，兼顾农业风险统筹和体现出险概率差异性的目的。建立信息披露机制，及时公告基金支付信息和基金净值波动信息，提高信息透明度获取认购者持有信心。半封闭式基金的农业巨灾风险基金存续期要求 3－5 年，为配合基金长期存在的需要，到期可考虑继续展期或适当条件下转化为开放式基金。

2. 农业巨灾保险分级基金的定价策略

受农业巨灾风险基金的运用目的的影响，为保证基金规模稳定，不仅对基金收益率提出稳定增长要求，而且对基金的投资品种也有所要求。一个较为适合的投资方向是债券类投资资产组合。A 类份额为债券产品形式，主要投资于固定收益类金融资产，B 类份额为高杠杆类期权产品形式，以优先份额收益结算为前提，是具备无限收益可能的看涨期权。当市场处于上升期时，母基金随着优先份额的加入发挥了杠杆效应使进取份额的浮动收益随之无限上涨，B 类份额收益为扣除优先份额固定分配后的浮动收益部分。反之，市场下跌期间内 B 类份额收益面临高额损失可能性。正是分级基金创新设计中的优先份额投资本金保护机制、收益分配优先机制等投资特点，保证了 A 类份额认购人多为低风险偏好且易发生赔付领取巨灾基金的农业保险人对资金安全的实际需要。母基金投资于基金管理人主动管理的债券类标的资产，体现出基金管理人个性化投资策略，激发基金管理人的工作热情和管理质量。

研究当前发行的分级基金定价策略发现，基金定价遵循的是金融市场定价原则。对于优先份额的基金估值，由于固定收益可参照债券定价模型原理，以未来到期收益一定折现率基础上的当前折现值作为份额现价进行估算。用于折现的收益率则由无风险利率和风险溢价两部分构成。目前我国金融市场上的分级基金在优先份额定价估算时一般采用国债利率作为无风险利率代表，风险溢价则可以通过建立与国债总指数的线性函数关系求得。进取份额定价通过期权产品定价的 B-S 模型和蒙特卡洛模拟方法来实现。类似于优先份额的未来值贴现，B-S 模型和蒙特卡洛模拟都是考虑优先份额类期权特性确定的期权价值获得方法，得到期权到期回报期望值后，计算其均值并用无风险利率进行贴现，最终得到期权价值，即进取份额资产估价。然而，上述定价原理仅为单纯证券投资类分级基金的定价思路，典型的分级基金产品作为纯市场化产品面临的仅为市场风险和政策风险，并不出现自然风险。巨灾风险的出现必然导致市场化筹资的农业巨灾风险基金产品定价技术比普通分级基金更加复杂，基金产品落地还需进一步研究开发细节。

第三节 证券化：基金的市场化补充方式

风险证券化作为一类创新型的风险转移工具，为提高农业巨灾风险管理能力提供了一条新路径，同时也为巨灾保险基金提供资金来源，减少农业巨灾风险基金的支付压力。2018 年全球共发行 65 个保险连接证券产品（ILS），总发行量为 139 亿美元，ILS 未到期资本存量 376 亿美元，创造新的历史发行纪录[①]。随着保险连接证券技术和资本市场的发展，资本市场已经出现众多较为成熟的证券化产品，可以将巨灾风险转嫁到资本市场，消除巨灾事件对基金管理者财务上的不利影响。巨灾债券和或有资本工具是两类典型的巨灾证券化产品。巨灾债券是典型的风险转移产品，通过协议规定事先将巨灾损失转嫁给市场投资者，从而提高风险偿付能力。和巨灾债券不同，或有资本工具是事后融资工具。作为应急资本的一种，在合约订立时并不实际存在，只有在触发事件发生后才会及时到账，产品到期需还本付息，直至或有资本工具到期赎回。或有资本工具的设计初衷并非将巨灾风险转嫁给资本市场投资者，而是从资本市场获得融资以应对巨灾风险带来的基金财务困境。通过发行巨灾债券、或有资本票据等证券化产品，巨灾保险基金管理机构可以补充基金规模不足风险，缓解巨灾损失分担压力。

一、风险转移型证券：农业巨灾债券

1. 巨灾债券市场概况

巨灾债券源于 1992 年美国的安德鲁（Andrew）飓风灾害，飓风灾害损

---

① Q4 2018 Catastrophe Bond & ILS Market Report. Artemis. www.artemis.com.

失带来保险损失 155 亿美元，重创了美国保险业并导致多家保险公司破产。为寻找传统再保险的替代资源，扩大承保能力，保险业将目光转向了资本市场，由此引发了一场传统再保险经营理念的变革，巨灾风险债券化产品应运而生。安德鲁飓风过后的 1992 年 12 月芝加哥交易所推出巨灾保险期货（Futures），继而推出巨灾保险期权交易（Option），随后于 1994 年汉诺威再保险首次发行金额为 8500 万美元的巨灾债券，1997 年 7 月美国 USAA 发行的住宅飓风风险巨灾债券成为早期最具代表性的巨灾债券产品之一。2007 年受金融危机影响，巨灾债券达到历史高峰值 83 亿美元，2014 年又创新高发行了 91 亿美元，2017 年因受加勒比海地区三大飓风和墨西哥地震的影响，巨灾债券发行达到新的峰值 126 亿美元。2018 年以巨灾债券为代表的保险连接证券发行额继续高速增长，全年新发行额为 139 亿美元，未到期资本存量为 376 亿美元①，如图 7-1 所示。

巨灾债券成为保险连接证券中最具生命力的创新手段，已得到资本市场投资者的基本认可。即使 2008 年世界金融危机造成资本市场交易萎缩，巨灾债券的发行仍每年出现且缓慢增长。巨灾债券市场累计额更是高达数百亿美元。2013 年全球巨灾债券余额规模达到 203 亿美元，2017 年累计发行巨灾债券约 600 次，巨灾债券未到期资本存量为 310 亿美元，其中未到期的巨灾债券保障责任按灾害种类和地区分布主要包括：美国飓风 64.2%、美国地震 15.3%、日本地震/台风 7.7%、欧洲风暴/地震 5.3%、其他 7.5%②。

2018 年，全球巨灾债券市场继续保持稳定的增长态势，即使 2017 年全球保险业出现一系列的保险损失事件导致资本市场对保险连接证券预期下降，抑制了相关的保险风险投资利息水平，也未影响资本市场对巨灾债券的认可和接受程度。近年来，巨灾债券和保险连接证券不仅被视为保险公司和再保险公司进行风险多元化处理的常用金融保障工具，而且已经进入对冲基金、专项巨灾基金以及私人股权基金等货币管理机构的投资目标范围，成为资本市场机构投资者分散投资组合、降低风险暴露、减少市场波动性的重要手段之一。

① Q4 2018 Catastrophe Bond & ILS Market Report. Artemis. www.artemis.com.
② 姚建中. 巨灾风险债券化——一种新型的农业巨灾风险转移工具[C]. 浙江保险，2018（9）.

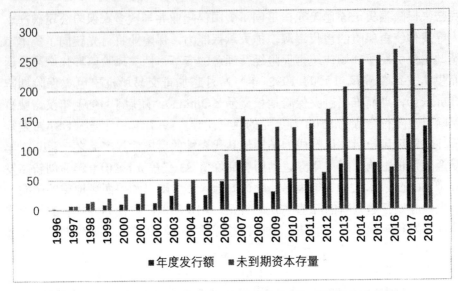

图 7-1　1996—2018 年全球巨灾债券发行额与未到期资本存量

资料来源：Artemis.

　　2018 年《巨灾债券及保险连接证券市场报告》显示，当年发行的巨灾债券产品灾害原因多样，主要包括美国、全球以及日本的多灾因巨灾债券、抵押保险风险、日本地震、加利福尼亚州大火灾害、智利及哥伦比亚地震、佛罗里达州飓风等。相比早期以火灾和洪水巨灾债券为主的单灾因巨灾债券，多灾因巨灾债券开始成为保险连接证券市场的重要组成部分，成为保险连接证券市场最大的产品种类。这表明巨灾债券定价技术已经和巨灾转移需求相匹配，市场份额因此快速增长①。此外，巨灾债券产品开发者对风险建立精确模型的能力越来越强，未来巨灾债券的价格将逐渐偏离传统再保险市场的价格，巨灾债券的成本（包括债券收益率和发行费用）有不断下降的趋势，巨灾债券市场发展具有非常大的增长空间。

　　2. 农业巨灾债券设计思考

　　从 2001 年世界银行报告到最新全球巨灾债券发展趋势表明，多风险巨灾债券的发行量和地区越来越频繁，这为农业巨灾债券的设计发行提供了可以借鉴的成功范例。农业巨灾风险具有的差异化特征曾经对农业巨灾债券发

---

① Q4 2018 Catastrophe Bond & ILS Market Report. Artemis. www.artemis.com.

行带来巨大挑战，同一灾因下的不同农作物差异会导致不同损失风险，不同灾因对同地区的同一农作物也会带来损失的差异，这使得农业巨灾风险债券的设计要比地震债券以及飓风债券显得特殊和复杂。然而现代多事件触发巨灾债券的成功发行以及以农作物单产数量与趋势产量偏差作为损失率计算基础的建模思路，为解决农作物差异和灾因差异带来的债券设计困难提供了可尝试的思路。选择单位产量变化测定损失率的方法也有利于控制巨灾债券赔付时的基差风险，这些都为农业巨灾债券设计中的巨灾因子控制提供了技术支持。此外，作为金融市场上的创新产品，债券定价技术已非常成熟，一般来说，债券价格是未来债券到期兑付金额在各期领取利息金额及期末兑付本金金额的预期贴现值之和，巨灾债券定价即在这一传统定价思路上融入巨灾因素带来的债券兑付变化结果，分别由市场因子和巨灾因子两部分来决定农业巨灾债券价格，这使得农业巨灾债券设计具有理论上的可行性和一定的现实基础。

即便如此，农业巨灾债券的设计发行仍因其复杂性而存在继续探索的必要。首先，巨灾影响因子和其他影响因子如何完美地融合到农业巨灾债券的设计和定价中仍没有成熟的模型可供选择，定价模型还处于不停地改进和完善中。其次，金融债券本身有零息债券和附息债券等不同种类，由于巨灾债券价格由各期现金流的贴现值汇总决定，债券种类的不同对定价模型选择以及农业巨灾债券设计也有影响，仍需要深入研究来确定最适合农业巨灾风险的债券类型。最后，由于农业巨灾风险的差异性带来多元化的损失率水平，农业巨灾债券更适合多风险触发机制设计，而多风险触发机制下的巨灾债券与单一风险触发机制债券相比，其复杂性和开发难度更大，不同触发机制下的损失指标存在的相关性会改变债券违约的可能性，提高债券风险程度，干扰债券定价的准确性，还有待更进一步的模型修正来完善。

3. 设计农业巨灾债券主要考虑因素

和普通巨灾债券一样，农业巨灾债券的设计要素也包括发起人、特殊目的机构（SPV）、本金偿还类型、发行金额、风险覆盖方式、赔偿触发机制、信用评级、息票率水平等，其中，赔偿触发机制、风险覆盖方式和息票率水平是农业巨灾债券设计的关键要素。从已有的巨灾债券产品看，大多数巨灾债券保障的风险是单一的地震、飓风、火灾、洪水等，灾因单一而清晰。与之相比，农业巨灾债券的设立要求比普通巨灾债券复杂得多。农业巨灾由于多由天气灾害造成，风险因素复杂多样，当干旱、低温、洪涝出现给农业生产带来大面积损失时，由于农业生产涉及的农作物种类不同、地理位置不同、灾害损失的严重性程度不同，给灾害定损带来极大的困难，使农业巨灾债券设计比一般的巨灾债券如地震债券等更为复杂。我国农业保险提供的是多灾因一揽子保险保障，损失原因包括洪涝、干旱、台风、病虫害、低温等各种自然灾害，这些天气因素所造成的农业损失都在农业保险承保范围内，因此也有可能成为启动农业巨灾债券赔偿的原因，这对巨灾债券的规模以及农业巨灾债券条款的设计都带来不小的挑战。不同的种植农作物、养殖的牲畜和水产品以及林木品种在同样的灾害原因下承保标的物的损失程度不尽相同，使得标的损失率、基金费率计算也困难重重。此外，农业巨灾损失源自农作物的经济损失和牲畜死亡，这些有生命期的承保对象其价值会随着受灾时所处的生命阶段而有所不同，收割期的种植物和可出栏的牲畜受灾的损失远远超过播种期和幼畜期的损失价值，损失统计也比普通巨灾基金中的楼房倒塌、家庭财产损毁更复杂。

第一，灾害损失认定是选择实际损失型农业巨灾债券需要考虑的因素之一。和地震债券不同，农业巨灾债券的实际损失受多种因素的影响，包括灾因因素、农作物因素、地区因素等。从灾因因素上看，洪水是对我国农业生产影响较大且较为频繁的自然灾害之一，洪水发生的规律以及损失的程度都不太容易预测，且洪涝对农业生产影响重大，政府投入的洪水救灾救济及恢复重建费用占财政支出比例也较大，是设计农业巨灾债券首要的灾因。反之，内陆地区降水量不足造成的干旱同样是农业损失重要灾因之一。从农作物因素来看，同一种灾因对不同农作物造成的损失严重性程度是不一样的。以水稻和玉米为例，水稻的习性是好暖喜湿，季风气候的雨热同期的特点最适合其生长，干旱或洪涝都对其生长不利。玉米在生长过程中，对热量、光照、水分等方面都有比较高的要求，对温度敏感，出苗后对水分的需求量很大，因此造成玉米产量和质量下降的气象灾害包括霜冻和干旱等。当一次干旱灾害造成当地水稻和玉米都受灾时，由于灾害发生时不同农作物对水分的要求不一样，从而造成损失后果也不一样。从地区因素来看，受种植的土壤、气候、光照等因素影响，我国农作物种植分布具有明显的地域性。以主要粮食作物水稻和小麦为例，水稻分南方稻谷和北方稻谷两类，其中南方稻谷的种植面积占全国水稻种植面积的95%，主要分布在秦岭—淮河以南，青藏高原以东的广大地区，北方稻谷的种植面积占5%，种植面积比较分散。小麦也分为春小麦和冬小麦两类，春小麦占全国小麦总产量的10%以上，主要分布于长城以北，岷山、大雪山以西等气候寒冷、无霜期短的地区，春天播种，当年收割，是一年一熟制作物。其中黑龙江、内蒙古、甘肃和新疆为主要产区；

北方冬小麦主要分布在秦岭—淮河以北的山东、河南、河北、山西、陕西等省，该区小麦的播种面积和产量均占全国的 2/3 以上，是我国最大的小麦生产区和消费区；南方冬麦区分布在秦岭—淮河以南、横断山以东地区。综上可知，农业巨灾损失的影响因素众多，地域、农作物、灾害种类等不同因素都对实际损失有直接影响，这给农业巨灾损失概率计算乃至农业巨灾债券价格确定带来一定的困难。

第二，基差风险是选择指数型农业巨灾债券所要考虑的重要因素之一。农业巨灾损失中的基差风险也相当明显。农业气象指数设计必须以长期、稳定、准确的气象数据为基础，数据的选取对保险费率和风险触发值的设定具有重要影响，如果气象数据跨度过大，气象站的密度达不到理想状态，基差风险就会产生，农业巨灾债券的指数型触发机制就会失效。如果气象数据采集站点分布过于分散，则容易造成实际赔付偏离实际损失的结果，定价不准导致农业巨灾债券设计失败。

第三，触发机制的选择。巨灾风险债券的有效运行有赖于合适的触发机制选择，触发机制除了类型差异以外，还涉及触发条件是单一事件触发还是跨期多事件触发的问题。单一事件触发债券以具体单一巨灾事件为风险单位设计触发条件，跨期多事件触发巨灾债券是在一定时期（一年）内将若干次巨灾事件造成的损失汇总作为一个风险单位进行保障。多事件触发机制分为两种，一种是同一风险因素下要求两个或两个以上的触发条件同时满足才能启动巨灾债券的兑付，如设定巨灾实际损失和灾害损失面积两个指标，这一触发条件实现的概率更低，较单一事件债券的触发风险小，收益率比普通债券收益率稍高，对偏好低风险债券的投资者更有吸引力。另一种是针对不同风险使用不同触发机制，又称为多重危险巨灾债券，农业巨灾中可以将干旱、洪涝、霜冻等我国常见的天气灾害都设定为触发条件之一，对不同风险可采用不同触发机制。多重危险巨灾债券更受巨灾债券发行人的青睐。历史上这两种巨灾债券都出现过。前者如 2006 年 ACE 发起的针对美国飓风的巨灾债券，该债券设计了两个触发机制，一是整个行业的损失金额，另一个是根据 ACE 的市场份额来推算的自身的损失金额。当损失发生时，需要两个机制均达到触发要求，方可启动债券。2018 年 11 月 USAA 发行两个多风险巨灾债券，发行额分别为 5000 万美元和 1.5 亿美元。2019 年第二季度，全球累计多重风险巨灾债券发行额达到 12 亿美元①。2001 年世界银行报告中介绍了多重

---

① Q2 2019 Catastrophe Bond & ILS Market Report. Artemis. www.artemis.com.

风险巨灾债券的设计，对农业巨灾债券发行有较好的借鉴意义。图 7-2 是该报告提到的天气指数触发的多重危险巨灾债券（Multi-peril Catastrophe Bond）的产品说明书①。说明书中多重危险巨灾债券的交易要素计算附后。

票据金额：发行 10 亿美元	
票据期限：3 年	
息票利率（未发生巨灾事件）：LIBOR+4.99	①
息票利率的期望值（损失概率调整后）：LIBOR+4.93	②
息票利率（事件发生后）：LIBOR-2.4	③
期望损失值：债券面值×0.79%（损失概率调整后）	④
息票利息调整后的收益期望值：LIBOR+4.68%	⑤

本金/息票支付的触发指数：

地震：里氏 7 级以上（指定所在地或城市，第一级事件触发条件）

飓风：每小时风速 120 英里以上（指定沿海地区，二级以上事件触发条件）

洪水：累计降水量 40 厘米以上（指定地区，二级以上事件触发条件）

干旱：（规定时期内）累计降水量 2 厘米以下（指定地区，第一级事件触发条件）

息票支付	息票支付	息票支付	息票支付
地震风险	风暴（飓风）风险	洪水（降雨）风险	干旱（降雨）风险
（无巨灾）	（无巨灾）	（无巨灾）	（无巨灾）
LIBOR+5.5	LIBOR+5.0	LIBOR+4.6	LIBOR+4.9
有巨灾	有巨灾	有巨灾	有巨灾
LIBOR-3	LIBOR-2	LIBOR-2.5	LIBOR-2
概率：0.4%	概率：1.2%	概率：1.1%	概率：0.3%
权重：25%	权重：25%	权重：30%	权重：20%

图 7-2　使用天气指数触发机制的多重危险巨灾债券产品结构说明

资料来源：Pollner，John D. 2001. Managing catastrophic disaster risks using alternative risk financing and pooled insurance structures. World Bank Technical Paper，No. 495. Washington，D.C.: World Bank, pp68.

这一假设的巨灾债券结构及其发行条件表明，多重危险已经合为一体进

---

① 邱波. 金融化趋势下的中国再保险产品发展研究[M]. 北京：经济科学出版社，2010.

入债券的风险组合中。再保险公司首先必须掌握各种自然灾害在保障区域内的损失发生及分布情况，计算出保障区域内针对风险的出险概率和权重分配，并根据自然灾害发生的频率和损失情况统计得出巨灾债券在各种风险状态下的收益率水平。计算如下：

无本金损失债券的息票利率（无灾害事件发生）：

$0.25 \times 5.5 + 0.25 \times 5.0 + 0.30 \times 4.6 + 0.20 \times 4.9 = 4.99\%$

期望值：考虑到事件发生概率后的 LIBOR 以上息票利率：

地震风险：$[0.004 \times (-3.0) + (1-0.004) \times (5.5)] \times 0.25 = 1.37$

飓风风险：$[0.012 \times (-2.0) + (1-0.012) \times (5.0)] \times 0.25 = 1.23$

洪水风险：$[0.011 \times (-2.5) + (1-0.011) \times (4.6)] \times 0.30 = 1.36$

干旱风险：$[0.003 \times (-2.0) + (1-0.003) \times (4.9)] \times 0.20 = 0.98$

债券的总利率为：　　　　　　　　　　　　　　　　4.93%

本金损失债券的 LIBOR 以下息票利率，事件发生后：

$0.25 \times (-3) + 0.25 \times (-2) + 0.30 \times (-2.5) + 0.20 \times (-2) = -2.40\%$

期望本金的损失折扣，考虑到 3 年内事件发生的概率（单位：百万美元）：

地震风险：$100 \times (0.004) \times 0.25 = 0.10$

飓风风险：$100 \times (0.012) \times 0.25 = 0.30$

洪水风险：$100 \times (0.011) \times 0.30 = 0.33$

干旱风险：$100 \times (0.003) \times 0.20 = 0.06$

总计：　　　　　　　　　0.79

票据期望收益，考虑到事件发生后利息或本金损失的可能性：

（注：每一次巨灾事件的发生都是随机的，但在债券偿还期内可以达到平均数，假设为年息。单位：百万美元）

年份：	1	2	3	4
现金流：	-100	4.93	4.93	4.93
				99.21
总计：	-100	4.93	4.93	104.14

债券年均收益率为：$(-100+4.93+4.93+104.14)/3 = 4.68\%$

通过上例可知，巨灾债券投资者在特定风险没有发生时，可得较高的年收益率 LIBOR+4.99%；当发生满足触发条件的四类巨灾损失时，投资者的综合收益回报为 LIBOR-2.40%，投资收益下降；结合巨灾发生概率值，投资者将损失本金的 0.79%，即便如此也能得出三年内年均期望收益率为 LIBOR+4.68%。可见，该债券是固定收益且回报率较高的证券品种。

4. 农业巨灾债券设计中的定价问题

这是市场投资者选择农业巨灾债券的关键因素。需要开发更多标准量化模型，使债券附带的风险及报酬形式更加透明清晰，培养投资者信心以及增强巨灾模型可靠性才能实现合理定价。巨灾债券的主要投资风险是巨灾触发风险而不是利率风险，触发巨灾概率构成巨灾债券价格的主体。

（1）预期损失率

预期损失率是确定农业巨灾债券息票率的基础构成。农业巨灾债券与普通巨灾债券的设计不同主要在于产品要素的确定，尤其是巨灾事件对农作物成长带来的损失率计算难以认定。农业巨灾损失率主要有两种计算思路，一是以灾害面积占比表示农业巨灾对农业生产造成的损失程度，针对单一风险导致某一地区所有农作物的损失来构建农业灾害损失模型。以我国现有灾害统计口径中的受灾面积、成灾面积和绝收面积为基础数据，综合灾害面积占总播种面积的比例和平均减产系数值得出损失率水平。由于现有灾害统计口径没有按照农作物种类统计的灾害面积，这一思路下的损失率包含"某地区因特定的自然灾害导致不同农作物的损失概率相同"这一研究假设。这一思路相对客观，但需要建立在详细的农业损失统计数据的基础上，损失数据的统计质量直接决定了损失率的准确度以及农业巨灾债券的精准定价。二是采用农作物实际单产数量与趋势产量的偏差值作为损失数据，通过采用分段回归技术得出某地区某作物的趋势产量，以农作物在灾害事件下的实际产量与该趋势产量的比值作为损失率。这种设计方法实质上是以多种风险因素下的单一作物为研究对象，不区分风险因素带来的各自影响，虽然容易获得数据，能够有效避免同种农业巨灾风险债券面对不同作物时产生的基差风险，但是以实际产量与趋势产量的偏差值代表巨灾损失含有潜在的人为风险因素，面临较大的道德风险。

（2）债券息票率

巨灾债券的息票率由两部分构成，信托基金投资无风险高评级金融资产的收益率和承接巨灾风险转嫁的风险差价率，即巨灾风险价格。风险差价率由预期损失率加上预期风险盈利率构成。根据上述步骤得到损失率水平后，筛选确定拟合分布效果最好的理论分布函数，然后应用该概率分布函数对损失率进行多次蒙特卡洛模拟，得到新的长时间跨度的损失率时间序列样本空间。随后选取阈值，确定分布函数的参数，最终确定巨灾债券的巨灾风险价格（见公式）。为获得更高的收益，巨灾债券下的信托基金还可通过利率互换合约寻找交换方，换取市场浮动利率（LIBOR）的收益水平。

巨灾债券息票率 ＝ 无风险投资收益率+风险差价率

　　　　　　　　＝ 无风险投资收益率+（预期损失率+预期风险盈利率）

二、风险融资型证券：或有资本工具

或有资本工具是晚于巨灾债券出现的保险证券化产品之一。由于或有资本工具是在巨灾事件发生后才发行，这一"损失后融资"的设计不仅减少了基金融资成本，还有助于农业巨灾风险基金在临时资金不足时可以采取有效的市场应急处理，是基金筹资体系中值得考虑的筹资方式。作为特定条件下的融资选择权，或有资本最大的优势在于可以优化公司的资本状况，平衡公司资产负债表，保证公司经营不因为巨灾等突发事件的出现而陷入混乱。或有资本工具更多地集中在或有盈余票据和损失权益卖权两类产品上，或有盈余票据是或有资本合约中较早应用的一种金融资产形式，或有资本票据对农业巨灾风险管理者具有借鉴意义，也具有市场前景。

1. 或有资本市场概况

或有资本工具作为保险连接证券的一种，有其独特的市场价值。首先，市场成本较低，或有资本安排的协议成本因其发生概率较低且协议安排期限长，成本要低于保险市场价格和巨灾债券的发行成本。其次，资本稀释风险小，由于巨灾事件发生的概率较低，协议期内实际发行或有票据的可能性不高，因此公司资本被稀释的风险也不高，对或有资本协议的发起人有吸引力。或有资本工具的市场规模虽不能与巨灾债券相提并论，但因其独特作用近年来越来越得到市场的重视和关注，应用不断扩大。除了保险公司和再保险公司外，一些国家政府和国际金融机构也开始参与其中，世界银行已将提供或有资本安排作为常规的巨灾管理方式之一。

或有资本工具的应用虽不如巨灾债券广泛，但在整合型风险管理策略中占有重要的一席之地。早在1994年汉诺威再保险公司通过花旗银行发行8500万美元的或有资本票据，成为世界上首例或有资本票据协议。1995年全美互惠保险公司（Nationwide）发行的或有资本票据协议实际发生执行，这是为了应付安德鲁飓风肆虐后美国不断提高的再保险费，而以或有资本票据交易的方式事先为非预期巨灾时间做的另一种融资安排①。

不仅再保险公司重视或有资本工具，国际金融机构和一些国家政府也活跃在或有资本协议市场中。世界银行自2008年以来批准的16笔灾害风险管

---

① 谢世清. 巨灾保险连接证券[M]. 北京：经济科学出版社，2011.

理相关发展政策贷款中，8 笔包含了巨灾延迟提款选项，目的在于提升政府管理自然灾害影响的能力。哥伦比亚、哥斯达黎加、萨尔瓦多、危地马拉和菲律宾按照延迟提款选项均从贷款账户中提取了款项，金额分别为 1.5 亿美元、2400 万美元、5000 万美元、8500 万美元和 5 亿美元，用于立即开展灾后恢复和重建工作①。2017 年，世界银行与多米尼加共和国签署 1.5 亿美元的巨灾延迟提款选择方案（Catastrophe Deferred Drawdown Option，CAT DDO），这是加勒比海地区第一次采用或有资本工具安排巨灾救援资金。该协议期限 19 年，其中宽限期 12 年，当多米尼加共和国遭受地震、飓风等巨灾事件时，可以及时向世界银行借取 1.5 亿美元的救援资金，加强了政府在灾害风险管理中的巨灾适应能力以及金融复原能力。

2. 或有盈余票据交易过程

或有盈余票据的整个交易过程分为合约签订期、合约执行期和合约终止期三个阶段。

（1）合约签订期

首先，有巨灾融资需求的一方与金融机构签订一份或有资本协议，合约规定，当特定巨灾发生且达到规定的触发条件时，资金需求方有权发行或有盈余票据向合约对方（特殊目的公司，Special Purpose Vehicle，以下简称 SPV）融入资金，并缴纳权利金以获取未来发行或不发行或有盈余票据的选择权。与期权合约不同的是，或有资本合约的买方按期缴纳权利金直到巨灾事件的发生。其次，SPV 机构根据或有资本协议上确定的融资金额设立或有盈余票据信托基金，发行信托票据在资本市场上招募投资者认购，完成认购后即可投资国库券等高信用评级、低风险的金融投资品，获取的无风险利息报酬定期向投资者支付。在整个合约有效期内，市场投资者将获得超过普通市场同期金融产品的投资收益率。

（2）合约执行期

在或有资本合约有效期内，如果发生巨灾且损失重大，资金需求方可以即刻发行或有盈余票据并由 SPV 机构认购，并停止缴纳权利金。SPV 机构将起初设立的信托基金抛出套现，回笼现金用来认购或有盈余票据，即以或有盈余票据代替国库券的投资。或有盈余票据发行方（即巨灾资金需求方）向 SPV 机构偿还各期利息，期末归还本金。或有盈余票据是一种将单纯保险原

---

① 管理灾害风险，实现可应对风险的发展. 世界银行网站. https://www.shihang.org/zh/results/2013/04/12/managing-disaster-risks-resilient-development.

理与金融财务理论较好结合的新型巨灾风险管理工具，主要体现在双触发条件的设计上。当合约执行时，不仅要求巨灾管理方损失达到设定条件，而且还必须满足指定的不确定的巨灾事件发生，双触发条件设计使或有资本工具保持了巨灾融资的特性而非普通的公司融资工具，借助资本市场资金补偿巨灾损失更具有针对性。

（3）合约终止期

或有资本合约到期后，SPV 机构向市场投资者发行的信托票据也到期。一方面，SPV 机构向或有票据发行方提示票据，获得融资金额的返还；另一方面，SPV 机构将收到的或有资本本息额支付给资本市场投资者，收回期初向投资者发行的信托票据，或有资本合约终止。

或有盈余票据的交易机制如图 7-3 所示。

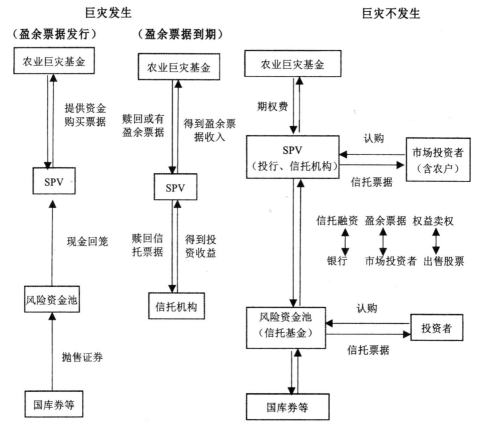

图 7-3 或有盈余票据交易机制

3. 农业巨灾与或有盈余票据

或有盈余票据作为向资本市场信贷融资的形式，可以用于农业巨灾风险基金的资金补充。和其他领域的或有盈余票据不同的是，农业巨灾风险基金与 SPV 签订的或有资本合约在触发机制和定价机制上有其自身独特的设计。

（1）触发机制

或有盈余票据采用双触发机制，第一个触发条件是合同规定的不可预测的巨灾事件发生；第二个触发条件是巨灾损失达到事先规定的水平，如超额损失水平或行业损失指数等。这样融入的资金在特定的监管会计制度下可视为发行机构的盈余，可增加发行机构的资产总额。

（2）定价机制

或有盈余票据属于美式期权，允许发行机构在到期前的任意时刻执行合约规定的票据发行权利。一个合理的权利金价格是合约签订时约定的未来发行人向特殊目的机构融资的价格，也是发行资本票据的成本，以年利率形式体现。

（3）支付安排

期限内当巨灾事件没有发生或触发条件没有满足时，基金机构每年支付权利金，保持未来发行资本票据的权利；当满足触发条件基金机构启动票据发行后，每年向投资者支付固定利息直至资本票据到期。

由于投资者除了获得国债利息外，还可以获得权利金，其收益高于市场水平，且收益稳定安全。不管巨灾发生与否，投资者都能够按期收到本金和利息，安全系数高。或有盈余票据较受市场投资人的欢迎，但由于存在各种替代性的、低成本的其他融资工具，或有盈余票据的发行规模并不太大。从风险融资功能考虑，不仅灾害之前有各种融资安排，灾害之后也有丰富的融资渠道使得保险人能够迅速筹集所需要的资金。对发行人而言，仅仅停留在资本市场上向投资者融资的功能还不够，融资性证券只是将保险人承担的风险损失赔偿责任展延和推迟，保险资本市场更大的意义在于风险转嫁，将承保的灾害风险再分散到市场投资者身上，发挥风险再分散的功能更有意义。巨灾债券就是这一创新思想的成果。

第八章　我国农业巨灾风险基金合作筹资机制设计

农业巨灾风险基金合作筹资是建立农业巨灾风险基金，促进农业保险扩面、增品、提标取得成效的重要手段。通过各方利益相关者的共同参与，可以改变只能由保险公司和政府出资分担农业巨灾损失的固有思维，政府和金融市场合作共同筹集巨灾风险基金有了新的视角。本章在前两章单独分析合作筹资模式的基础上，从我国实际情况出发，首先测算我国农业巨灾风险基金的适度规模，随后考察我国合作筹集农业巨灾风险基金的具体应用，明确适宜我国采取的基金合作筹资模式，在讨论政府联合保险行业以及金融市场的公私合作筹资模式下可选择的组织形式、筹资结构及合作筹资要素后，提出可供参考的我国农业巨灾风险基金合作筹资框架。

第一节　我国农业巨灾风险基金筹资规模测算

一、测算目标及基本假设

农业巨灾风险基金的资金规模应该遵循充足与适度原则。所谓充足，是指农业巨灾风险基金的资金规模应保证农业保险公司足以承担农业巨灾后的损失补偿义务，减少因准备金不足导致无法补偿农户损失的可能性。所谓适度，是指基金的积累资金与潜在的赔偿需求规模应保持一致。如果资金积累不足，就会发生难以满足灾后超赔需要的情况，如果资金积累过多，又会造成资金的闲置和浪费，无法达到资源的优化配置。财政不应承担巨灾损失补偿的无限责任，庹国柱等（2013）明确指出基金的建立和管理应当遵循有限补偿的原则，即基金的规模必须是有限的，超过基金补偿限额的部分就要由参与单位另外寻求融资渠道。建立农业巨灾风险基金的直接目的就是实现对农业巨灾损失的充分补偿，这就对农业巨灾风险基金规模提出了要求——基金必须有足够的损失赔付能力，即其资金实力至少要与农业巨灾损失总额相匹配，能够按照保险合同规定的赔付金额实现对投保农户的足额赔偿，否则将使基金的风险分散作用大打折扣。而不佳的基金运行效果又会打击农业生产者对农业巨灾风险基金的信心，不利于农业保险乃至农业巨灾保险的推广。这又会波及基金的筹资，进一步削弱基金的风险分散能力，由此形成的恶性循环，最后将影响整个农业巨灾风险基金的持续经营。可见，对农业巨灾风险基金规模进行测算是基金建立的重要环节，对于协调基金的筹资结构以及保障基金的持久运营都具有不可忽视的意义。

农业巨灾风险基金规模测算的目的在于：我国究竟需要建立多大规模的农业巨灾风险基金才能抵御 20 年、50 年甚至百年一遇的巨灾带来的超额经济损失。在测算巨灾风险基金规模之前，基本假设如下：（1）全国的农作物承保面积等于全国农作物播种面积，即所有的播种面积都在承保范围内；（2）忽略不同农作物和不同地区的保险金额与保险费率、产量等方面的差异；（3）对全国农作物保险采用单位保险金额每亩1000元和6%的保险费率进行测算。

二、数据来源及处理思路

由于农业灾害发生时农业保险实际理赔数的统计资料并不完整，因此在对我国的巨灾基金规模进行测算时，我们利用 1983 年到 2016 年的全国农作物总播种面积，农作物成灾、受灾和绝收面积计算每年的因灾损失率，再将损失率进行拟合，利用 VaR 方法测算政府承担不同比例的赔付责任时所需要的农业巨灾风险基金金额。数据来自历年《中国统计年鉴》和《中国农村统计年鉴》。以种植险保险为例，为简化测算过程，我们忽略不同农作物、不同地区承保面积差异的影响，以全国农作物播种面积代替承保面积来进行测算。具体的处理思路是：

1. 构建巨灾损失模型，利用各省（自治区、直辖市）的历史数据形成全国农作物的因灾损失序列即因灾损失率。由于各种农林水产品的经济价值、风险水平大不相同，给农业受灾经济损失的统计带来了困扰——各省统计的巨灾损失实际上是经过处理的平均值，会在一定程度上发生产品间的风险抵消，导致实际损失被低估，因此我们选用农作物成灾、受灾和绝收面积以及农作物总播种面积数据来间接反映农业受灾情况。

2. 选取不同类型的参数分布对因灾损失率的概率密度分布进行拟合，检验并确认符合且最优的分布类型，得到概率分布函数。选用常见的 K－S 检验、AD 检验和卡方检验等三种方式对参数分布模型进行检验。

3. 由于我国农业灾情数据的统计历史较短，为了减少随机性，利用蒙特卡洛模拟法生成一组因灾损失率的模拟值，得出在不同的置信水平下特定的一段时间内预期发生的最大可能损失，以此推测巨灾发生时我国农业巨灾风险基金所需规模。

三、测算过程及结论

1. 农作物因灾损失率计算

因数据可得性，选择灾情数据计算我国农业的损失程度。表 8-1 是 1983－2016 年全国农作物播种面积和农作物受灾、成灾和绝收面积数据。

表 8-1　1983－2016 年我国农作物总播种面积和农作物成灾、受灾、绝收面积

（单位：千公顷）

年份	总播种面积	受灾面积	成灾面积	绝收面积
2016	166649.55	26221	13670	2902.2
2015	166373.81	21770	12380	2232.7
2014	165446.25	24891	12678	3090.3
2013	164626.93	31350	14303	3844.4
2012	163415.67	24962	11475	1826
2011	162283.22	32471	12441	2892
2010	160674.81	37426	18538	4863
2009	158613.55	47214	21234	4918
2008	156265.7	39990	22284	4826
2007	153463.93	48992	25064	5747
2006	152149	41091	24632	5409
2005	155487.73	38818	19966	4597
2004	153552.55	37106	16297	4360
2003	152414.96	54506	32516	8546
2002	154635.51	46946	27160	6559
2001	155707.86	52215	31793	8217
2000	156299.85	54688	34374	10148
1999	156372.81	49981	26731	6797
1998	155705.7	50145	25181	7614
1997	153969.2	53427	30307	6429
1996	152380.6	46989	21234	5358
1995	149879.3	45824	22268	5618
1994	148240.6	55046	31382	6533
1993	147740.7	48827	23134	5463

年份	总播种面积	受灾面积	成灾面积	绝收面积
1992	149007.1	51332	25893	4399
1991	149585.8	55472	27814	5658.7
1990	148362.27	38474	17819	3406
1989	146553.93	46991	24449	6562
1988	144868.93	50874	24503	7358
1987	144956.53	42086	20393	5503
1986	144204	47135	23656	10011
1985	143625.87	44365	22705	7844
1984	144221.33	31887	15607	5591
1983	143993.47	34713	16209	6358

数据来源：《中国统计年鉴》（1984—2017），《中国农村统计年鉴》（1984—2017）。

通过计算得出全国因灾损失率以反映当年农业的损失程度。设我国每年农作物因灾损失量的计算公式为：

$$L_i = a \times y_i \times (AS_i - AC_i) + b \times y_i \times (AC_i - AJ_i) + c \times y_i \times AJ_i \qquad (8-1)$$

其中，L_i 为农作物第 i 年的因灾损失量，a、b、c 分别为当年农业受灾、成灾、绝收面积损失均值（假设 a=0.2，b=0.55，c=0.9），y_i 为第 i 年的农作物单位面积产量，AS_i、AC_i、AJ_i 分别为第 i 年的受灾、成灾和绝收面积，以农作物的因灾损失率代表当年农作物的损失程度，则：

$$LR_i = \frac{L_i}{TA_i \times y_i} \qquad (8-2)$$

其中，TA_i 为全国第 i 年的农作物总播种面积，通过公式（8-1）和（8-2）计算得出各年的全国因灾损失率，表 8-2 为 1983 年到 2016 年合计 34 年的全国农作物损失率水平。

以表 8-2 为基础得出 1983 年到 2016 年全国因灾损失率的折线图走势如图 8-1。由图 8-1 可知，在 1983 年到 2009 年间的全国农作物因灾损失率大部分在 10% 以上，一些极端天气以及病虫害、地震等自然灾害严重地影响了我国的农业生产。我国在 2000 年遭遇了 20 年以来最为严重的旱灾，当年损失率达到峰值，高达 16.97%，全国农作物受灾面积 5469 千公顷，其中成灾 3437 千公顷，绝收 1015 千公顷，分别比上年增长 9%、28.5%、49.2%，远远超过平均水平。2003 年起我国农业灾害情况出现好转，虽然仍存在局部灾害严重的情况，但由于各项灾害程度都有所减轻，全国农作物因灾损失率也出现了下滑，在 2004 年到达低谷。当年全国农作物受灾面积比上年下降 31.8%，其中绝收面积比上年下降 49%。在 2007 年我国粮食主产区由于出现了多灾并发、点多面广的大规模自然灾害，当年的农作物因灾损失率又出现了峰值，全国农作物受灾面积达到 48992.5 千公顷，出现绝收面积 5746.8 千公顷。2008 年之后我国农业巨灾发生率逐年下降，在 2015 年出现了新低，并在之后的几年中在 7%左右上下波动，这也与我国在农业风险的预防上加大力度有关[①]。

表 8-2　1983－2016 年全国农作物损失率水平

年份	损失率
2016	0.066273626
2015	0.05691067
2014	0.063447222
2013	0.076667833
2012	0.059038096
2011	0.073086731
2010	0.097560719
2009	0.117240929
2008	0.111902356
2007	0.134117835
2006	0.123119771
2005	0.105221486
2004	0.095414567
2003	0.1658164
2002	0.137037411
2001	0.15700235
2000	0.169675787
1999	0.138969172
1998	0.13812757
1997	0.152907205
1996	0.122751846
1995	0.126267603
1994	0.163784078

① 数据来源：由民政部历年《社会服务发展统计公报》整理所得。

续表

年份	损失率
1993	0.133844973
1992	0.140051045
1991	0.1524867
1990	0.101936631
1989	0.138188379
1988	0.147209964
1987	0.120593394
1986	0.147086419
1985	0.136223022
1984	0.095663381
1983	0.103067521

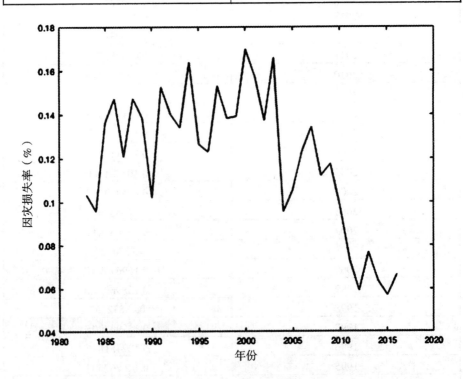

图 8-1　1983－2016 年全国农作物因灾损失率走势图

2. 最优概率密度分布选取

一组数据的概率密度函数能够很好地反映随机变量落在某个区间的概

率。我们在研究损失率可能发生的概率时选择最优的概率密度分布十分重要，为了能更好地拟合受灾损失率的概率密度分布，我们选用 8 个概率分布模型，即 Burr、Weibull、Log-logistic、Normal、Lognormal、Beta、Gamma、Logistic 模型，对以全国因灾损失率为基础运用蒙特卡洛模拟法生成的因灾损失率模拟值进行拟合，将各概率分布模型的拟合结果采取 AD 检验、K−S 检验和卡方检验来验证模型的拟合优度（见表 8-3），通过越多的检验法，该模型的拟合度就越好，若检验法之间有较大的差别，则以 AD 检验法为主。

表 8-3 我国农业因灾损失率的概率分布拟合检验结果表

分布	K−S	AD	卡方
Burr（4P）	0.1304	0.52629	3.6967
Weibull（3P）	0.10344	0.31329	3.2317
Log-logistic（3P）	0.12413	0.56354	3.5751
Normal	0.14042	0.59947	3.5824
Lognormal（3P）	0.14398	0.67395	2.6904
Beta	0.15091	4.5251	
Gamma（3P）	0.15118	0.75638	2.6866
Logistic	0.15993	0.75209	3.6132

在 8 个概率密度分布模型中 Burr（4P）模型对损失率模拟值有更好的拟合优度，其检验值显示均能通过检验，即 Burr（4P）模型为全国因灾损失率模拟值的最优概率分布。所选取的 Burr（4P）概率密度分布的概率密度函数（PDF）为：

$$\text{PDF：} \quad F(x)=\left[\alpha k\left(\frac{x-r}{\beta}\right)^{\alpha-1}\right]\Bigg/\left\{\beta\left[1+\left(\frac{x-r}{\beta}\right)^{\alpha}\right]^{k+1}\right\} \tag{8-3}$$

选定最优拟合模型后，我们采取极大似然估计法来对所选取的模型的参数进行估计，假设 θ 为具有 4 个分量的未知向量，表示为 $\theta=[k,\alpha,\beta,\gamma]^{T}$，记其梯度算子为 $\nabla_{\theta}=\left[\dfrac{\partial}{\partial k},\dfrac{\partial}{\partial \alpha},\dfrac{\partial}{\partial \beta},\dfrac{\partial}{\partial \gamma}\right]^{T}$，通过方程 $\nabla_{\theta}H(\theta)=\nabla_{\theta}\ln l(\theta)=\sum\limits_{i=1}^{N}\nabla_{\theta}\ln P(x_{i}|\theta)=0$ 可得到概率密度分布的各个参数值，即 Burr（4P）模型下全国因灾损失率模拟值的概率密度分布的参数如表 8-4 所示。

表 8-4　我国因灾损失率在 Burr（4P）概率分布下的参数值

参数	k	α	β	γ
参数值	125.37	385.64	10.191	−9.9296

3. VaR 方法下的基金规模

在选取最优拟合模型估算出相应的模型参数并得到概率分布后，利用蒙特卡洛模拟法测算 VaR 值。VaR 从统计的意义上讲，是指面临"正常"的市场波动时"处于风险状态的价值"，即在给定的置信水平和一定的持有期限内预期的最大损失量。我们把金融市场上 VaR 方法运用到农业巨灾风险中，也可以从巨灾风险的概率分布函数中求出一定置信区间下的上分位点（VaR值），即最大的潜在损失率，利用 MATLAB 软件计算 VaR 在 95%、98%和 99% 3 个不同置信水平下全国受灾损失率的模拟数据的最大潜在损失值（参见表 8-5）以及不同使用条件下的基金规模水平（参见表 8-6），并针对所得出的不同置信区间下因灾损失率的VaR值，测算相应的巨灾风险基金规模大小。

表 8-5　我国农业巨灾风险在不同置信区间下的最大潜在损失

置信水平	0.95	0.98	0.99
最大潜在损失率（%）	0.16357	0.17066	0.175

表 8-6　我国农业巨灾风险基金适度规模测算结果

基金规模（亿元）	20 年一遇	50 年一遇	100 年一遇
无保险	4088.8	4266.1	4374.6
100%以上赔付责任	2589.0	2766.2	2874.7
200%以上赔付责任	726.1	1266.4	1374.9

由表 8-6 测算结果已知，当农业巨灾风险基金承担 100%以上赔付责任，遇到 20 年一遇的农业巨灾时，巨灾风险基金规模为 2589.0 亿元，遇到 50 年一遇的农业巨灾时，基金规模为 2766.2 亿元，遇到百年一遇的农业巨灾时，基金规模为 2874.7 亿元；如果由农业巨灾风险基金承担 200%以上赔付责任，遇到 20 年一遇的农业巨灾时，则基金规模为 726.1 亿元，当遭遇 50 年一遇的农业巨灾时，基金规模为 1266.4 亿元，当遭遇百年一遇的农业巨灾时，基

金规模为 1374.9 亿元。

根据庹国柱等（2013）研究成果，我国中央农业巨灾风险基金规模在 1197－1440 亿元。其中，在 20 年一遇的灾损水平下，承担各省当年 200% 以上的赔付率超赔责任时，基金规模需要 1197 亿元，而在 50 年一遇的灾损水平下，承担 200% 以上赔付率超赔责任时，需要动用的基金规模约为 1440 亿元。与庹国柱（2013）测算值相比，我们测算的基金规模有所变化。分析原因有以下几点：（1）假设中将承保面积设定为全国耕种面积，因此近年来农业保险覆盖率上升因素导致的基金规模变化被忽略；（2）测算时间跨度相近且较短，模拟损失率差异较小，可能会与实际基金规模水平存在差距；（3）随着农业保险条款的不断完善以及农户保障程度不断提高，可能会对基金规模提出更高要求，但在农业保险发展期间，保险公司在减少灾害损失风险防范上做了一些必要的工作，一定程度上降低了出险概率带来的损失程度。因为巨灾的不可预测性和带来损失的不可确定性，可能巨灾在某年频繁发生，导致某年的损失率处于较高值，针对这种情况，未来还需要进一步讨论在此基础上扩大农业巨灾风险基金规模的可能性。

第二节　我国农业巨灾风险基金合作筹资模式

一、两种合作筹资模式

筹资模式解决的是筹资主体以某种方式通过某种筹资渠道或渠道组合获取资金的问题。筹资模式的确立与筹资主体和筹资渠道联系紧密。近年来公私合作下的筹资模式在我国的地铁公交、教育领域、公共卫生以及大病医疗保险制度等方面都已出现试点个案，成效逐步显现。以公私合作模式筹集农业巨灾风险基金是近年来我国政府职能转变引进民间资本管理公共事业的一种尝试和创新。在这一模式下，政府和市场机构作为基金共同筹资主体，成立基金管理机构，通过各自在财政出资和市场筹资中的优势获取资金，共同负责基金后续的理赔和保值增值。农业巨灾风险基金的合作筹资模式可归结为以下两种：

1. "政府主导，行业参与"筹资模式

大多数国家的巨灾基金筹资模式是"政府主导，行业参与"模式，资金主要来源于基金参与者缴纳的会费或再保险费以及政府拨款，无论是自然灾

害基金还是农业巨灾风险基金中都有使用。"政府主导，行业参与"筹资模式建立起来的农业巨灾基金类似于再保险合同安排，行业参与者出资部分相当于参与主体向政府主导的基金签订了再保险协议，巨灾基金承诺对参与成员提供超额部分的损失补偿。但这一模式下的巨灾基金又有别于商业再保险形式，一是参与会费因为政府出资以及税收减免而低于再保险费；二是政府主导下的基金往往提供信用担保和紧急贷款，对保险行业以及受灾农户的损失保障能力更强。

"政府主导，行业参与"筹资模式下建立的农业巨灾风险基金大多由政府或农业保险公司负责管理运营。由于出资方都是与农业损失补偿有切身利益关系的直接利益相关者，这一由运营方主导的基金管理模式，筹资各方的目标利益是一致的，无论是政府部门还是农业保险机构都为了实现巨灾风险基金的规模适度最大化，维持稳定的巨灾风险补偿能力。相对于基金的投资收益状况，保险公司或政府部门会更加关注基金再保险费费率的准确性，超额损失的补偿率以及农业再生产的恢复程度等，这与农业现代化发展以及农业保险经营的持续稳定也高度一致。

2. "政府主导，市场参与"筹资模式

自 20 世纪末开始，金融市场逐渐进入巨灾风险融资者的视野。保险理论表明，人类抵御自然风险侵袭的进程可分为三个阶段：第一阶段，当大数法则和中心极限定理得到应用的时候，我们开始用保险技术管理生产生活中偶发的不确定的风险，而共保和分保技术又将保险业的承保能力从单一保险公司和单一城市扩展到分布于世界各地的保险全行业。第二阶段，当全球保险界的承保能力都无法抵御巨灾风险，或者世界再保险的价格超过保险需求方的承受能力时，政府这一特殊的参与主体会因为特殊的投保标的而参与其中，成为保险合同的提供者。第三阶段，金融市场开始成为巨灾风险的承担者，成为除了保险市场和政府以外的第三个吸纳巨灾风险的良好场所。巨灾风险融资的核心问题是实现多元主体的广泛参与，并对参与主体进行管理层次和组织结构上的整合，进而实现各主体在巨灾风险融资职能上的优势互补与配合。"政府主导，市场参与"筹资模式因此成为农业巨灾风险基金一种可行的筹资模式。

吸纳巨灾风险的金融市场多为一年期以上的资本市场，债券市场和衍生品市场是当前发行巨灾风险融资产品的主要场所。因为巨灾风险融资产品的资金兑现取决于非金融市场所有的自然风险的发生，对市场投资者而言可以抵消市场上系统性价格风险，降低市场投资组合的整体风险，金融市场投资者比较接受和认可成熟的巨灾债券等巨灾风险融资产品,这为农业巨灾风险基金的融资提供了新的渠道。不仅如此,近年来金融市场上产品创新和制度创新层出不穷,定向或公开发行基金份额等筹资方式创新也值得研究和期待。当基金筹资主体从保险市场扩展到金融市场,市场投资者参与到基金筹资主体队伍以后,巨灾基金的管理运营会产生一些新的特点,基金的管理和经营决策将更多由融资方主导。主要基于以下考虑:首先,资本市场投资者众多且投资资金宽裕,一旦公开发行基金份额,则筹到的资金总额规模庞大,投资者对基金的影响力会增强。其次,筹资方主导基金筹集以维持基金总体规模稳定为目标,发挥基金管理人的专业优势,通过社会分工实现基金筹集高效率;最后,融资方主导巨灾基金的经营目标与政府和保险公司不一致,作为投资者代表管理基金的目标是实现投资受益的最大化,给市场投资者更高的投资回报,即使受巨灾风险基金的初衷限制,仍不免在日常决策中显露出来。因此,融资方主导的"政府主导,市场参与"的筹资模式需要良好的机制设计,即可以约束融资方的投资冲动,又能够尽享多元主体参与筹资所带来的巨灾基金规模充足的益处。

二、合作筹资模式的特征比较

运营方主导的"政府+行业"筹资模式和筹资方主导的"政府+市场"筹资模式特征如图 8-2 所示,比较汇总如下:

1. 利弊分析

运营方主导的"政府+行业"筹资模式的优势是政府资金和农业保险公司缴费资金都相当稳定,且巨灾保险基金具有自偿性,稳定的现金流也有利于基金的积累;不足在于基金积累速度较慢,相对于基金适度规模要求,农业保险公司年交费用较低,基金积累速度过于缓慢。部分地方政府的出资意愿较弱,在建立国家农业巨灾风险基金的过程中,农业不发达或灾害损失不严重的地方政府缴费积极性不高,地方财政困难的地区也难以正常出资,财政资金对基金筹集的约束较大。

筹资方主导的"政府+市场"筹资模式以发行市场基金的方式来筹集,资本市场充裕的资金数量有利于基金筹集及时到位,同时众多的金融创新产品方便筹集应急资金,使筹资方案灵活充满弹性;不足在于市场筹资模式面临法律法规的制约,我国现有市场基金均为契约式的证券投资基金,以投资基金发行方式筹集灾害基金尚未进入实践操作的环节。

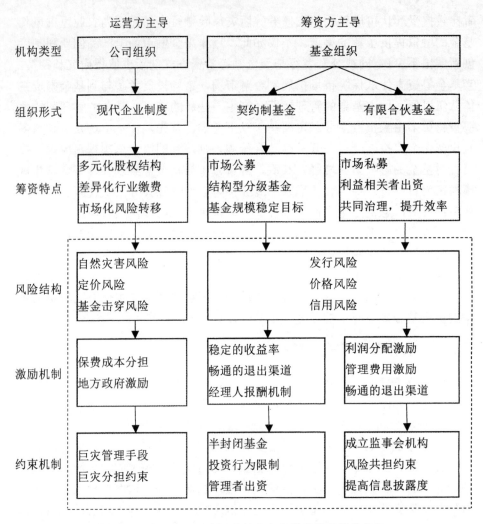

图 8-2　我国农业巨灾风险基金合作筹资模式及其特征

2. 风险分析

运营方主导的"政府+行业"筹资模式在筹资过程中面临的主要风险包括自然灾害风险、定价风险、信用风险等。在此模式下，基金管理者的优势在于农业生产中的自然灾害风险控制，并对农业保险公司业务经营及风险防范提供技术指导。自然灾害风险是巨灾保险基金首要风险，灾害风险越大，巨灾保险基金面临的资金压力就越大。定价风险体现在保险公司缴费率的测算以及动用基金的损失率确定上，即巨灾保险基金与保险公司自担损失的分担比例上。缴费率和分担比例确定不准确，巨灾保险基金积累和使用就会失衡，导致基金无法发挥应有的灾害损失补偿功能。最后，由于运营方主导的筹资模式无法保证基金积累速度和适度规模，导致基金容量被击穿的可能性增加，出现巨灾保险基金无法兑现超赔责任分摊的承诺，从而出现信用风险。由于基金管理者的专业优势，灾害风险和定价风险可以得到有效控制，而信用风险则因为行业筹资的先天约束难以有效避免，成为这种筹资模式下最大的风险隐患。

筹资方主导的"政府+市场"筹资模式恰好相反。由金融机构主导的基金筹集借助资本市场庞大的资金群，可以克服筹资速度缓慢带来的信用风险，但也有自身的风险存在，主要表现为法律风险、发行风险和价格风险。无论是公募还是私募，保障性的灾害基金尚未出现在基金发行记录中，目前市场筹集资金多以证券投资基金形式出现，市场筹集巨灾保险基金受当前法律条文约束较大，容易产生法律风险。法律准许前提下，由于市场基金面临众多其他金融产品共同融资的竞争局面，基金建立后的发行风险也值得关注，容易产生发行过程中各种不确定性因素给基金发行人带来损失的可能性。另外，市场价格波动对基金规模的稳定也会带来影响，一旦市场走低恰逢基金打开赎回期或基金存续期满，就会发生投资者撤资导致基金破产的风险。法律风险是当前筹资方主导的"政府+市场"筹资模式最主要的风险。

3. 激励机制

传统的"政府+行业"合作筹资模式下对基金出资主体的出资激励主要是指对地方政府和保险公司的出资激励。

从地方政府角度出发，地方政府事权和支出责任的不相适应由来已久，分税制又造成地方政府可支配使用的财税收入减少，按一定比例收取的巨灾风险基金用于全国农业风险统筹而非用于本地灾害补偿，很大程度上不利于激发地方政府的缴费积极性，尤其对非农业大省和经济不发达省份而言，更是增加了地方政府财政负担。因此，制定对地方政府缴费的激励政策现实且必要。借鉴江苏省农业保险试点政府农业巨灾风险准备金管理办法（2008）中的操作，建立由中央政府牵头建立多级财政共同筹资的国家农业巨灾风险基金体系，各级财政出资部分由本级财政负责管理，而省政府筹集的基金份额中以规定比例（如20%）上解中央级基金，用于全国范围内的巨灾统筹。同时，当辖区内发生重大自然灾害，只有在动用全部本级政府巨灾准备金后仍出现超赔前提下，才可以向上一级基金管理机构申请动用巨灾保险统筹金，调剂用于超赔地区的赔付。这一安排既可以增加巨灾保险基金整体规模，又可以调动各级政府缴费积极性，在财政预算中安排资金积累农业巨灾风险基金。

从保险公司角度出发，虽然开展农业保险业务的保险公司有充分的理由共同出资建立巨灾保险基金，基金缴费率的差异化仍是激励保险公司积极参与的重要基础之一。我国农业保险保费费率和财政补贴比率已考虑农产品种类差异，但并未将地区差异和经济发展水平差异考虑在内。国家农业巨灾风险基金制度成功的关键在于实现全国范围内的区域统筹，农业风险特征的地区差异极大，差异化费率可以体现出高风险地区多缴费、低风险地区少缴费的科学理念，对市场化经营的保险公司来说更合理。同时正视各地区的经济基础差异，制定包括赔付时适度倾斜等激励政策，鼓励经济发达地区的省份多缴费，体现"有能力者多缴，多缴者多得"的筹资原则，加快基金积累速度。

"政府+市场"筹资模式下的激励机制是对市场出资人（即投资者）的出资激励和基金管理人（即经理人）的管理激励。无论是公募筹集还是私募筹集，保持投资人合理获利以及投资资金畅通的退出渠道对投资人都具有明显的出资激励作用。利益分配激励和管理费用激励则对基金管理人有正向的管理激励作用。

4. 约束机制

运营方主导的基金管理模式下以公司制形式开展基金业务。现代公司制度具有清晰的内部治理结构，是较为完善的企业组织形式之一。政府和农业保险公司等股东单位之间的约束机制以风险分担和巨灾分担机制来实现，共同维持基金的有效运行。保险公司承担灾害风险管理和缴费费率定价风险，政府承担基金规模不足产生的支付信用风险，以紧急贷款、特别国债等方式筹集补充资金实现超额赔付责任的补偿。此外，合理确定巨灾保险基金的起赔标准是划分政府和保险公司赔偿责任的重要前提，合理的起赔线设置明确了政府和保险公司承担的责任，有利于巨灾保险基金的有效运行和制度的稳定。

筹资方主导的基金管理模式下风险约束机制分投资人风险约束和基金管理人风险约束两类，公募基金和私募基金的风险约束方式也有所不同。为防止发行风险，资本市场上面向全体投资者的基金筹资应有合理收益率以及畅通的退出渠道以吸引投资人购买，而管理人出资可以一定程度上减少基金操作风险的出现。基金私募时政府、保险公司等各方利益相关者以 PPP 方式组成基金组织，法律风险和信用风险由政府承担，市场价格风险由基金管理机构承担，建立各方参与者的风险共担机制，同时较高的信息披露程度和负责任的监事机构也有助于缓解外部融资约束，提高基金筹资成功率。

三、我国农业巨灾风险基金筹资模式选择

从巨灾风险融资理论的演变可知，金融市场进入巨灾融资领域是必然的选择，"政府+市场"的合作筹资模式是随着金融市场发展以及金融创新的涌现由"政府+行业"筹资模式自然演化的结果。结合农业巨灾风险基金筹资这一特殊领域，两种筹资模式各有利弊。

"政府+行业"是比较成熟和常见的筹资模式，采用这一模式为农业巨灾风险基金筹资具有操作性强、运营管理有利于基金补偿作用的发挥等特点。由于参与筹资的各方仅限于政府部门和保险公司，涉及面比较小，各方对农业巨灾基金的重要性容易达成共识，前期也有地方巨灾准备金以及公司大灾准备金制度的应用试点，相对容易设立和推广。基金设立后，基金管理部门的经营目标也与基金设立初衷一致，政府和行业合作基础比较牢固，是较为理想的农业巨灾风险基金筹资模式备选方案；不足在于筹资途径过于单一，速度慢，需要花费较长时间才能积累适度的资金规模，而在此期间一旦发生农业巨灾则可能会导致基金制度被击穿而前功尽弃。

"政府+市场"筹资模式可以很好地解决筹资速度慢导致的基金积累期过长的问题，金融市场上充裕的资金可以成为巨灾损失可能的资金来源。连接保险市场上不确定的巨灾损失支出与金融市场投资者要求的投资回报这两者间的桥梁是巨灾事件的发生概率。如果巨灾事件概率足够小，巨灾融资产品就成为金融市场上可投资的一类或然资产，因投资者承担了不确定的资金损失而要求高于一般金融产品收益率成为可能，理性投资者就会考虑选择投资巨灾风险。不仅如此，巨灾事件的小概率还可以使巨灾融资产品可以有相对较长时间进行正常投资，以时间换空间的方式为巨灾风险在金融市场上的筹资提供了一条新的思路。"政府+市场"筹资模式的不足在于客观环境还不够成熟，巨灾风险进入金融市场还需要破除法律、会计以及金融市场发展等外部障碍，同时还要考虑融资方主导的基金运行可能会出现经营目标与基金设立初衷相矛盾的可能性，需要在制度设计中加以约束，避免出现一味追求投资收益而加大基金风险的结果。

综上所述，我国建立农业巨灾风险基金可充分发挥政府、行业、金融市场筹资的优势，建立"政府+行业+市场"的筹资模式。政府联合保险公司以及资本市场共同出资可以最大限度获取农业巨灾风险基金的积累，尽快建立基金制度，降低农业巨灾对农业保险政策持续发展的根本性不利影响。在政

府主导下，通过财政预算拨款以及政府贷款方式注资，同时设立行业合理的缴费率，在行业内组织资金设立农业巨灾风险基金。与此同时，积极推进法律法规建设和资本市场发展，逐步培育利用金融市场筹资的外部条件，适度引入金融市场投资者加入筹资参与者队伍，将有助于我国农业巨灾风险基金的正式建成。

第三节 我国农业巨灾风险基金组织形式

农业巨灾风险基金的筹资设立与组织形式密切相关，不同组织形式决定了基金不同的筹资方式和筹资结构。当与农业巨灾风险基金的各方利益相关者共同参与基金筹资时，筹资主体之间的利益诉求需要组织制度加以确保，比较不同组织形式之间的激励约束、风险分担以及费用成本差异，有利于我们选择合适的基金组织形式完成基金的筹集和设立。

一、几种主要的基金组织形式

1. 契约制基金

契约制也称信托制，是传统的基金组织形式。它的运作方式是国家成立基金管理机构，对筹集到位的农业巨灾风险基金按照管理协议实施严格的专业管理运行。在资金运行过程中，设立基金监事会对管理机构的工作进行监督。由于契约制基金本身并不是一个独立的实体，没有相应的组织体系，因此基金管理相对简单。

2. 公司制基金

公司制通常设有股东大会，将其作为最高的权力机关，由所有的股东共同组成，同时设有董事会和监事会。董事会主要为执行机关，监事会主要负责监督。公司制遵循股东大会、董事会和监事会三者权力制衡的原则，进行分工合作，最大程度满足各个股东的需求。该种组织形式下，基金的合伙人成为公司股东的方式是通过购买基金份额，从而享有一般意义上股东的权利，也负有义务。其中，股东的权利一般包括对公司的管理权、对公司事务的决策表决权和资产收益的分配权。公司制基金可以将社会上闲散资金汇聚起来进行规模化运作，有利于提高农业巨灾风险基金筹资速度，同时也有完善的公司治理体系，有利于各方筹资主体明确责权利，保护筹资主体的参与积极性。

3. 有限合伙制基金

有限合伙制建立在高度市场信用基础上，尤其是普通合伙人的信用等级以及投资人之间的了解信任默契程度，体现出强烈的"人合"特征。西方一直是私募股权基金的主流形态。可以考虑政府作为普通合伙人，招募与农业生产以及农业风险管理相关的合格机构投资者作为有限合伙人，共同出资设立农业巨灾风险基金。基金募集成功后在留足补偿及风险准备金之外，其余部分合理投资于金融市场实现基金的保值增值。有限合伙制是近几年盛行的基金新的组织形式。它是由基金投资人和基金管理人共同出资形成。在有限合伙制中，基金管理人即普通合伙人，是具有一定方法、对企业承担无限连带责任的专业机构，享有全面管理权。相较管理人来说，投资人作为有限合伙人出资比例较高，并以其出资比例对该基金负有限责任，有限合伙人一般不能享受基金管理权。同时，基金管理人相较投资人来说投资较少的钱，作为该基金的普通合伙人，对该基金承担无限责任。在有限合伙制中，强调的是"资合"和"人合"。因为基金投资人是资金的主要提供者，基金管理者则是运用自己的专业知识和相关的经验来进行管理，两者缺一不可。一个有资金却没有专业知识的投资者或者只有经验却没有资金的投资者都不可能成功设立一个基金。有限合伙制并不对企业征收所得税，只对基金的投资人收取个人所得税。

二、基金组织形式比较

由于契约制基金不是经济实体，在此对公司制和有限合伙制两种组织形式在基金参与者之间的成本及利益分配进行比较。

1. 激励相容

公司制基金对股东的激励依据《公司法》有明确的规定，以股息红利方式发放。公司高管的报酬是公司章程明文规定的，不会发生较大的变化，红利的奖赏也是需要股东大会的投票表决才能实施。公司制管理的农业巨灾风险基金投资方向以安全性高的无风险或低风险资产为主，基金投资以安全性为首要目标，因此物质激励效果一般。从市场激励看，公司制公司中设有股东大会、董事会和监事会，都是按照规章制度行使各自权利。包括基金管理人员都是由董事会负责聘用的，董事会又需要对股东大会负责，所以基金管理人几乎没有实权，激励效果不明显。

有限合伙制下基金有限合伙人（基金投资人）只需要出资来获取收益，公司的经营管理都交给普通合伙人，因此普通合伙人有很大的灵活性来决策各项事务。而要保证农业巨灾风险基金安全稳健发展，给予普通合伙人和有限合伙人必要的物质激励是必不可少的，获取超额收益是有限合伙人选择投资的主要原因之一。而对普通合伙人（基金管理者）而言，农业巨灾风险基金可以提供固定管理费和基金业绩分红。除了维持开支外，业绩分红设计使管理者利益与基金持有人一致，无论出现收益还是亏损均由双方共同分担。管理者还可以从年终基金分红中按比例提取收益，这有利于激励管理者改进投资运作。有限合伙基金收益包括分红、股权转让、管理费、业绩报酬、咨询费等。虽然这种预期因投资人和投资领域而异，但一般不低于其他近似无风险的投资的收益率。该无风险投资收益率称为优先收益（Preferred Return）或门槛收益率（Hurdle Rate），在有限合伙私募基金条款中直接约定其固定收益水平。当基金投资项目期满退出并实现资本溢价，合伙人可以获得超额收益的分配。举例如下：

农业巨灾风险基金由政府 A、公司 B 和公司 C 三家出资组成，首期发行规模 10 亿元，合伙人 A、B、C 分别出资 1 亿元、5 亿元、4 亿元，股本占比 10%、50% 和 40%。基金成立后由专业基金管理团队投资运作，分投两个项目，投资本金各为 5 亿元，其中项目 A 收益 6000 万元，收益率 12%，项目 B 收益 4000 万元，收益率 8%。如 1 年后基金撤出项目 A，通过股权转让收回现金 8 亿元，我们以公司 B 为例计算其收益额。我们假设基金管理费用率为 2%，优先收益率（门槛收益率）为 8%，优先收益对应的管理分红比例为 25%，剩余收益的分配比例为 2：6：2。按照先支付管理费用、然后返还本金、支付管理分红、扣除优先收益、最后分配剩余收益的顺序，B 的收益分配情况是（单位：百万元）：

项目 A 中公司 B 的可分配收入：$800 \times 50\% = 400$

项目 A 中公司 B 的基金管理费用：$500 \times 50\% \times 2\% = 5$

项目 A 中公司 B 的出资本金：$500 \times 50\% = 250$

项目 A 中公司 B 的优先收益：$500 \times 50\% \times 8\% = 20$

项目 A 中公司 B 优先收益对应的管理分红：$500 \times 50\% \times 8\% \times 25\% = 5$

项目 A 中公司 B 的实际分配收益：$(400-5-250-20-5) \times 60\% = 72$

即农业巨灾风险基金撤出项目 A 后，公司 B 可获得的物质激励是 7200 万元。

2. 风险承担

在代理风险方面，公司制基金管理人以自己的出资额对公司负有有限责任，若是没有出资额，则不涉及资金的责任。在公司制中，资金的所有权和使用权并不是统一的，所以其中存在代理成本。在有限合伙制中，有限合伙人和普通合伙人相互制约，尽管普通合伙人的出资较少，但他自身的利益也与基金的运营情况有关，且需要承担无限责任，若是基金损失较多，他的损失一定也会惨重，因此普通合伙人会更谨慎地经营，减少了代理风险。

融资风险在两种组织形式下也有不同形式的表现。公司管理下的农业巨灾风险基金可能会因为以行业缴费为主的基金积累速度慢而导致巨灾基金被击穿，制度设计失败。合伙制下的巨灾基金则可能面临投资人先期资金到位风险和后期撤资风险，这取决于投资人与政府部门合作信任程度以及投资收益率是否达到投资人的心理预期，基金管理人的信用风险和市场操作风险可能随之产生。无论哪种组织形式，市场价格风险都是农业巨灾风险基金不可忽视的重要风险构成。

3. 费用成本

在日常费用方面，一般公司管理人员的报酬和公司经营状况不相关，基金管理者不会为了得到更多的报酬而特意减少日常开支，所以公司制日常费用很高。有限合伙制中，有限合伙人和普通合伙人会事先约定好基金的日常费用。在约定的范围内，基金管理人可以自行使用，但如果超出约定的范围，有限合伙人不会提供额外的资金，基金管理人会物尽其用，费用率得到控制。公司和合伙制基金在纳税成本方面的差别较大。公司制企业中，公司必须缴纳企业所得税，而股东也需要在获得分红时缴纳个人所得税，属于双重赋税，加大了赋税负担。有限合伙制企业因并不具备法人地位，所以该制度下的基金本身并不是纳税主体，不需要缴纳企业所得税，合伙人只需要缴纳自身企业所得税或个人所得税即可，对于投资基金的合伙人而言有税收减免上的激励效果。基于表 8-7 可知，从基金管理的激励角度出发，有限合伙制比公司制基金更有竞争力。

表 8-7　公司制基金和有限合伙制基金激励比较

	物质激励	非物质激励	纳税成本	日常费用	代理风险	设立基础
公司制	低	低	高	高	高	好
有限合伙制	高	高	低	低	低	一般

三、我国农业巨灾风险基金组织形式选择

农业巨灾风险基金管理机构可以由政府设立专门机构或者参照市场化管理公司规定来设立。我国《证券投资基金法》第 12 条规定，"基金管理人由

依法设立的基金管理公司或者合伙企业担任。公开募集基金的基金管理人，由基金管理公司或者经国务院证券监督管理机构按照规定核准的其他机构担任。"国家农业保险公司或者国家农业巨灾风险基金管理公司以及传统的基金管理委员会，将可能成为我国农业巨灾风险基金管理实体的组织形式之一。

1. 基金管理委员会

以基金管理委员会形式来管理巨灾风险基金是国际常见的政府基金管理形式，常用于管理契约制基金。启动资金由中央财政预算拨款、国有资本划转、基金投资收益和国务院批准的其他方式筹集的资金构成，随后各级政府和开展农业保险业务的保险公司逐年增拨和积累基金，直至基金规模达到适度充足水平。政府财政资金为巨灾基金筹集提供资金和信心支持，部分解决了农业巨灾风险市场失灵现象，保险公司缴费汇聚巨灾基金不仅体现巨灾风险分散功能，而且体现出市场管理巨灾风险的优势，提高资金管理效率和使用效率，有利于农业巨灾风险基金的落实。可仿照全国社保基金组织管理方式，成立基金理事会统一管理全国基金。既能减少管理成本和税费负担，又能保证巨灾保险基金补偿功能的发挥。

契约式基金也是国际上常见的巨灾保险基金和公益基金的组织形式，如加勒比巨灾风险保险基金等。政府、保险行业以及金融市场共同作为基金筹资的重点，各方出资者在基金出资中都具有一定的发言权。随着农业巨灾风险基金筹资范围的扩大以及社会资本的进入，巨灾保险基金的组织管理形式将由政府财政部门管理转向市场化专业团队管理基金。这些基金项目大多为政府主持下的商业运作项目，政府牵头筹集设立农业巨灾风险基金后引入市场机制，成立基金管理机构，与资金管理机构签订基金管理契约，按照契约规定由专业金融机构负责风险基金的管理和运营增值。基金管理人和基金委托人各负其责，各自在契约约束下行使职责，基金管理人由政策性金融机构担任并进行资金管理和信息披露。

2. 国家农业再保险公司

成立公司管理多方合作筹资的农业巨灾风险基金有利于权责利的分离，有利于引进高水平管理团队，也有利于政府根据《公司法》对基金筹集和使用等管理活动实施有效监管。中央财政出资成立国家农业再保险公司，同时吸收大型国有农业集团公司、农业保险公司等企业资本共同加入，集中统筹基金使用，及时补足各地保险公司农业巨灾损失的超额责任，由公司设立专门部门管理运作，为国内各家保险公司农业保险业务提供巨灾风险保障和转嫁服务。与出口信用保险公司的组织形式类似，农业再保险公司可定位于保障我国农业保险制度稳定，扶持现代化农业发展。具有独立法人地位的国有政策性保险公司，通过提供农业再保险和向国际保险市场分保服务，管理和运用国家农业巨灾风险基金来健全我国农业巨灾风险分散机制，提高农业保险整体抗风险能力。一方面，再保险公司代表政府筹集和管理农业巨灾风险基金，降低巨灾损失对农业保险公司偿付能力的影响；另一方面，还可以开展市场化农业再保险业务，建立健全结构性农业风险保障体系下的保险产品体系。业务范围可以包括：政策性农业保险业务、农业再保险业务、农业巨灾风险基金的投资业务、农业巨灾债券等创新产品的市场发行业务，以及农业巨灾风险基金的筹集和管理工作，以多样化手段解决保险公司面临的农业巨灾超额赔付责任问题。

公司形式管理下的农业巨灾风险基金体现出运营方主导筹资模式特征。国家农业再保险公司筹集和管理农业巨灾风险基金，保障农业保险业务稳定经营，以专业的农业灾害管理者身份提供巨灾再保险服务。再保险公司的经营结合农业保险实际经营状况，发挥保险行业风险控制优势，合理使用巨灾风险基金，提高基金使用效率。综合国际经验，有三种可选择的设立路径，即国家出资建立全资农业再保险公司；国家部分出资，与社会资本合作建立农业再保险公司；向国际再保险公司完全放开，鼓励其在华设立农业再保险机构。为了提高资本金规模以及农业巨灾风险管理效率，国家农业再保险公司可采取股权开放的公私合作注资模式。公私合作成立农业再保险公司的好处是，私人部门提供新的资金来源，可减少政府债务压力，提高政府举债能力。私人部门专业知识和技能的运用还可以有效降低基金运营成本，可以将风险管理中的创新行为有意识地带入公共服务领域，有利于巨灾保险基金使用效率的提高。

3. 国家农业巨灾风险基金管理公司

有限合伙形式设立农业巨灾风险基金是有别于成立农业再保险公司的另一种基金管理方式，基金的组织形式为金融机构性质的基金管理公司。市场参与下的巨灾风险基金是一种既能脱离保险行业限制又能在现行金融市场条件下有效运行的方式，兼具证券投资和项目投资的特点。合伙制农业巨灾风险基金的治理结构可以激发有限合伙人的参与热情，有助于基金筹集资金的到位。我国可探索设立农业巨灾风险基金并成立专门的管理机构，除了财政资金外，向保险公司、农业企业、社会资本等各类直接或间接基金的利益相关者招募资金。中央政府作为有限合伙人承担出资责任，提供一定比例的首期资金，基金设立后政府组建或选拔基金管理公司承担基金管理人角色，也可以挂靠国家主权基金负责投资运营。组建基金理事会处理私募基金的所有交易活动及日常管理。通过私募加入的社会资本作为有限合伙人则承担以投资额为限的法律责任。

独立的农业巨灾风险基金是以基金出资方为主导的基金组织形式。有限合伙制是创业投资基金的主流组织形式，借鉴有限合伙制设立的农业巨灾风险基金应建立合适的激励机制和投资运作机制来满足有限合伙人的出资需求，现代投资组合理论证明资本市场上金融产品长期投资的整体收益率是稳定可期的。以市场方式管理运作基金，并以收益率吸引社会资本参与并保证基金规模的相对稳定使社会资本加入基金筹资变得可能。这一组织形式下的农业巨灾风险基金管理目标是确保基金规模稳定的同时兼顾收益率目标，基金管理人中市场操作团队将拥有较大发言权，将以投资方利益为主来安排基金结构。基金发行对象锁定在有与农业巨灾损失密切相关的农业生产者，也有直接管理农业风险的农业保险公司，还有市场化经营的专业基金管理机构，各方投资人的利益将得到充分尊重，投资主体的多元化可以让基金的投资与管理更加专业，基金使用的效率更高。

在这一模式下，除了政府财政资金依然发挥政府支持和资金主体功能外，农业巨灾风险基金的筹集重点转向资本市场，通过发行巨灾债券等市场化产品以及私募等方式，从资本市场筹得所需资金。对资金的管理则采取市场化基金组织形式，由政府充当基金运营者和管理者，政府作为基金发起人联合部分直接利益相关者成立基金管理机构。有限合伙制是比较可行的巨灾基金组织形式，政府组建基金公司作为普通合伙人，联合市场上其他出资者作为有限合伙人共同组建基金并建立基金管理机构，负责基金的筹集和后期的投资运作。与传统筹资方式不同，这一模式下的农业巨灾风险基金将由融资方主导，受经验所限，政府和保险行业对农业巨灾风险基金的控制较弱，基金管理机构有较大的发言权。保持基金规模的稳定是这一合作筹资模式的根本目标。

4. 结论

农业巨灾风险基金的筹资组建与组织形式密切相关，不同组织形式决定了基金不同的筹资方式和筹资结构。政府行政管理部门作为基金管理者时，如农业农村部、财政部或基金管理委员会，组织形式比较统一，基金的筹资渠道还局限在财政拨款、征收附加税等财政资金主渠道以及保险行业缴费补充资金来源，农业巨灾管理尚未向社会资本开放，体现出国家对农业基础性行业的重视和谨慎态度，也代表着传统国家巨灾风险管理的一贯思路。随着制度创新和风险转移技术的不断升级，国内外结合资本市场进行股权和债权融资的现实案例越来越多，当把社会资本有控制地引入农业风险管理领域时，社会资本参与农业巨灾风险基金融资的可行性增加，强化了基金筹资和运行中的市场因素，国家农业巨灾风险基金的组织形式就有了新的可能和市场基础。

"政府+行业+市场"筹资模式是在政府和市场相结合背景下农业巨灾风险基金合作筹资的基本思路，设立国家农业再保险公司是较为合适的组织形式。在这一组织形式下建立的农业巨灾风险基金，政府作为再保险人为农业保险经营机构提供巨灾风险保障服务。首先，农业再保险公司与现有农业保险体系衔接紧密，恰好填补我国农业保险制度中巨灾风险管理人缺位的制度空白。其次，可以确立现代企业法人治理结构，股东与董事会之间以及董事会与经理人之间的双重委托代理关系将各方的权利和义务划分明确，可以充分发挥代理方的专业管理优势，同时委托方负有对代理方的约束责任，可以有效控制委托代理关系中的道德风险。最后，国家农业再保险公司是独立法人，法律上具有完整的行为和权利能力，是目前对投资人和基金管理人管理规定及制度保护最全面的组织制度，可以独立行使经济事务的权利和义务并受法律保护。政府出资设立农业再保险公司的法律基础和市场条件比较清晰明确，根据《公司法》的相关规定，参照中国出口信用保险公司体制，可以直接组建政策性的国家农业再保险公司，代表国家管理农业巨灾风险，通过承接超过保险公司承保责任的超额损失保障农业生产者利益，推动农业现代化和产业化的发展。不仅如此，以农业再保险公司为基金管理人，基金在资本市场实施债券发行等巨灾风险融资行为有了可能，基金市场化筹资有了合格的债券发行主体资格。开放的公司股权结构不仅提高了基金筹资效率，而且还有助于完善基金治理结构，增加保险公司等市场机构在基金管理中的影响力，改进基金使用效率，发挥最大的基金补偿功能。与设立农业再保险公司相比，私募组建农业巨灾风险基金还面临法律及监管的约束。目前出现的各类政府与社会资本合作基金几乎都是投资类基金，包括产业引导基金、创业投资基金等，国际上已有的巨灾类基金也基本以政府注资或成员国财政出资配合国际组织捐赠的方式设立。《证券法》和《保险法》都没有对设立合伙制巨灾基金做出明确规定，法律上还处于空白，短期内设立公私合作基金管理公司条件还不成熟。

第四节　我国农业巨灾风险基金合作筹资框架

一、基金合作筹资原则

农业巨灾风险基金是应对暴雪、洪水、台风等自然灾害损失的特殊的专项基金，用于弥补超额保险赔付，不同于一般保险公司积累的保险准备金。以合作筹资方式设立的农业巨灾风险基金具有商业属性，保障农业产业稳定发展的同时体现商业投资的价值。

国家农业巨灾风险基金的筹集需遵循"优势互补、风险共担、边界清晰、激励约束"的原则。优势互补原则是指农险公司开展专业技术要求高的工作，政府基金负责信息网络建设、统一标准制定，保证信息安全。风险共担原则则是对农业巨灾基金各个不同筹资方而言。为了建立有效的风险共担机制，首先需进行组织结构的创新，合理确定风险分担比例，以合理的利益协调分配机制作为建立前提，筹资各方以及基金整体运行中的利益相关者之间要建立互信合作关系，并辅之以一定的法律条文加以规范，避免逆选择的发生和道德风险的出现。确定合理的成本分摊方案，政府公共部门和私人保险部门一起承担农业巨灾赔偿但不承担最终兜底责任，双方各自行事，合力扩大全社会巨灾承受能力。边界清晰原则是对风险共担的进一步量化，根据各筹资方的出资比例明确其权利，规定其在基金中的责任承担，规定社会资本进入的层次等。激励约束原则是合作筹资的核心内容。各级财政以及保险机构的激励相容是制度能够顺利运行的关键。激励各级农业保险经办机构积极参与基金筹资。鼓励农业保险公司改进农业保险产品费率厘定，改善业务盈利状况，提高管理水平，调动农险从业人员和基层机构推动农业保险业务的积极性。激励地方政府参与中央农业巨灾风险基金筹集。

二、农业巨灾风险基金筹资结构

1. 启动资金

基金建立初期的原始资本非常重要，是未来基金发展走向的奠基石。启动资金一般由政府提供全部或部分，其余部分则通过外部市场资金来获得。为了赢得市场资金的信任和依赖，启动资金额不能过低，且保持独立，不依赖再保险或巨灾债券的赔偿。毫无疑问，农业巨灾风险基金的原始资本主体是政府拨款，然而从提高政府资金使用效率出发，引入社会资本共建 PPP 基础上的国家农业巨灾风险基金更有利于基金的健康发展。可考虑设立之初以一定的组织形式定向募集社会资本投资，共同组建国家农业巨灾风险基金。定向募集私募基金的方式范围小，认购人实力雄厚，和基金管理机构关系良好，有助于形成稳定的决策者团队。

农业巨灾风险基金定向募资有别于政府产业引导基金和创业投资基金的社会募资，社会资本对两类基金的意义并非完全相同。产业引导基金和创业投资基金属于市场投资型基金，政府扮演天使投资者，基金运行一段时间进入稳定发展期后政府一般退出而由市场投资人自主运行管理基金，因此这类基金非常关注社会资本是否进行项目投资的真实性，尤其关注项目培育的成功率，需要防范明股实债的市场风险，借助政府公信力放大信贷却投不出项目或项目投资失败，致使政府债务负担加重。通过政府引导基金的运作增强实体经济生命力并随之退出该项目投资是政府的真实意图。农业巨灾风险基金则不同，作为保障性消费性基金和准公共物品的提供者，政府将一直在基金中扮演主导角色，政府的参与和财政资金的实质投入是基金存续的重要保证。基金筹建初期社会资本的介入可助政府快速建立基金，并在后期的基金存续期内发挥监督和提升效率的作用。

2. 主体资金

基金的主体资本由政府财政和农业保险公司缴纳的再保险费构成，尤其在制度早期，包括救灾专用资金在内的中央政府的财政拨款对制度的建立和资金的稳定起非常关键的作用。不仅构成农业巨灾风险基金重要支撑，而且对保险公司等其他筹资者产生巨大的信心支持。政府资金始终是农业巨灾风险基金的主体部分，各级财政在基金达到适度规模前应定期为基金注资，根据国民收入总值的提高而逐年提高拨款预算，加强农业巨灾风险基金分级管理，加强基金统筹部分的上拨和调剂管理，通过基金统筹调拨发挥基金运用效率，减少巨灾损失及对后续农业生产的影响。农业保险公司缴费是农业巨灾风险基金另一部分主体资金的来源。作为为农业保险行业发展提供保障的基础性制度，保险公司缴费是基金制度长期持续的资金来源，不受基金建设期限所限，当基金规模达到适度充分的筹资规模后，可以根据实际情况调整缴费比例和缴费标准。此外，国际社会及国内个人与社会团体对农业巨灾损失的捐赠资金也是基金主体部分的必要补充。与政府资金、保险公司缴费一样，捐款资金也是无成本的专项资金来源，是基金主体资金良好的来源途径之一。

3. 二线资金

市场化筹资是农业巨灾风险基金筹集的重要组成部分，通过股权投资、会费和外部股权投资者筹资，将农业巨灾风险基金直接和间接利益相关者都纳入基金筹资体系，使之成为巨灾风险基金重要参与者，这是市场化筹资的基本思路。随着制度的持续推进，农业生产者的风险意识会逐渐加强，金融市场制度建设也逐步推进，适当时候可考虑公开发行基金份额筹集基金，由于市场发行份额净值低，认购人群广泛，可以快速充实基金。借鉴金融市场发行和管理基金的经验，基于基金认购人寻求保障和投资获利的认购心理，将基金个体的投资功能和基金整体的保障功能有机结合，从而达到基金筹集到位的目的。市场化运作机制的设计思路如下：基金向全体资本市场投资人开放认购，包括农业经营和农业风险管理的利益相关者和普通市场投资人，法人、社团组织、个人均可认购。投资人群体中的农业生产企业、农产品经销商、农业保险公司以及农业经营户等是对农业巨灾损失有切实保障的需求，有参与筹资的积极性。投资人群体中的普通投资人则可以在指定开放日赎回份额，套现离场，满足普通市场投资获利的交易需求。基金种类选择半封闭式基金，农业巨灾风险基金设立后，不能随时认购赎回，只有在发生农业巨灾时，持有人才能要求赎回基金份额并兑现本金及收益。

4. 应急资金

巨灾证券化发行形成农业巨灾风险基金的应急资金来源。时至今日风险证券化已经成为资本市场比较常见的投资品种，尤其巨灾债券在国际资本市场已非常成熟。农业巨灾风险基金设立后，可以逐步试点在国内外资本市场上发行农业巨灾债券，以我国常见的干旱、洪涝、台风、低温为触发条件之一，发行单灾因或多重危险债券，触发条件可以相应提高，以减少农业巨灾风险基金支出可能性。

农业巨灾风险是破坏性极大的系统性风险，往往导致一个地区甚至几个省份的农业经济都遭受破坏。显然，这样的流域性风险需要政府提供巨灾救助的公共服务。即使政府将筹资方向部分转向政府外领域，考虑引入市场投资人，巨灾资金的筹集者和发起人仍应由政府掌管或由政府主导。市场投资人可以通过参与政府公共服务项目建设获得资金回报，通过股权筹资获取股息或投资债券获得投资收入，或者投资人通过授权获得一定时期内的巨灾补偿资金的经营管理权，但最终仍应由政府承担农业巨灾风险保障公共服务的职责，对投资人进行必要的监督和约束。

农业巨灾风险基金合作筹资结构示意表如表 8-8 所示。

表 8-8 国家农业巨灾风险基金筹资结构示意表

	基金层次	基金账户	筹资来源	筹资对象	拨付（交易）结构	资金投向	存续期	退出机制
农业巨灾风险基金	启动资金		中央财政	中央政府、债券市场	财政预算、发行专项债券等	留存再保费、补偿及风险准备金后投资金融市场	无	无
	主体资金	政府（行业）账户	中央及地方各级财政	中央及地方各级政府	从农林水事务支出、农业生产救灾资金、粮食风险基金、灾害救助资金等项目中逐年拨付		无	无
			保险行业	农险公司	差异化费率收取的种植业再保费			
					差异化费率收取的养殖业再保费			
					差异化费率收取的林业再保费			
			社会捐赠、投资收益等	国际组织、社会团体、资本市场回报	单向资金捐赠、投资回报			
	二线资金	市场账户	资本市场	（契约制基金）优先级：保险机构等直接利益相关者；进取级：投资人等间接利益相关者	半封闭基金，设定定期开放时间，有收益率要求	国债、银行同业拆借市场、地方债，股指交易等，未来国际巨灾期权、互换等衍生工具	有	开放期间内赎回
				（合伙制基金）金融机构等合格投资法人	合伙制基金有限合伙人对超额收益率有分成要求		有	期满可赎回
	应急资金	补充账户	资本市场	（巨灾债券为例）金融市场投资人	设立特殊目的公司向补偿基金管理人收取再保险费，用作投资人利息支付。触动触发条件后，按照合同规定向基金管理人摊回赔款。	市场投资品种	有	未出险，到期兑现退出；出险，投资者损失

三、农业巨灾风险基金账户设置

虽然我们强调市场化方式筹资的重要性，但要看到，资本市场筹资有其自身市场化经营规律，市场风险较大，市场资金的属性也与政府资金不同，市场资金的短期性、信用低造成的不稳定会对农业巨灾风险基金的赔付支出带来不利影响，因此我们需要对农业巨灾风险基金的两类不同属性的资金来源分开管理，设立政府（行业）账户和市场账户独立记账的双账户制。政府（行业）账户下的资金来源于政府拨款和行业缴费，具有无偿性和强制性，资金比较稳定，不仅是市场筹集资金的信心来源，也是巨灾赔付的根本保证。定向募集的资金因相对稳定的资本性质也可进入到政府（行业）账户内，政府（行业）账户下的资金是农业巨灾风险基金的核心资金。市场账户下的资金是有偿筹集且进出自由，主要记录公开发行方式下的基金投资额。投资者需要的投资回报既提高了筹资成本也带来资金来源不稳定的风险。以单独设立市场账户的方式可以有效隔离开政府（行业）资金与市场资金之间的相互影响，而且市场账户下的基金进出变动大，不仅带来市场账户资金余额的变化，更会导致投资者名单的频繁波动，分开独立记账便于基金管理机构的管理和监控。此外，政府（行业）账户可以在捐赠资金的基础上划拨部分资金到补充账户。该账户除了处理基金日常运营成本开支外，还负责巨灾风险证券化操作过程中所产生的资金收支。

综上，我国农业巨灾风险基金的筹资及运行机制如图8-3所示。在基金设立的政府（行业）账户、市场账户和补充账户三大账户中，补充账户是政府（行业）账户的子账户，市场账户对政府（行业）账户起重要支撑作用，政府（行业）账户处于核心支配地位。完成公开发行后筹集的市场资金投资中所获得的投资收益应定期以一定比例返回政府（行业）账户，以充实和做大稳定的基金规模，同时换取政府（行业）账户对市场投资者支付超额偿付金的承诺。当规定的农业巨灾发生时，市场账户仅负责支付投资者投资本金，基金发行协议中规定的超额偿付责任则由政府（行业）账户承担。例如农业巨灾风险基金发行协议中规定，出现指定农业巨灾时，基金将按一定比例向遭受灾害损失的基金投资者提供偿付金，那么市场账户将支出本金部分，政府（行业）账户将支出扣除本金后的巨灾偿付金，兑现基金协议，保障投资者的利益。最终三个账户内的资金余额都汇入储备基金池，由管理团队统一在资本市场上投资运作，获取投资收益，所得收益也汇入政府（行业）账户内，不断做大做实稳定的农业巨灾风险基金规模。

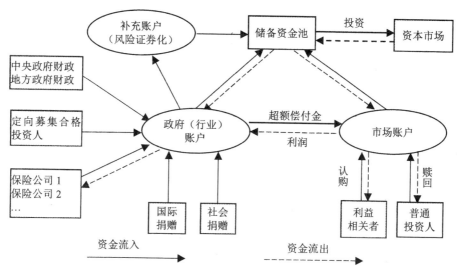

图 8-3　我国农业巨灾风险基金筹资及运行机制图

第九章　基金合作筹资的政府行为与保障措施

政府的一切行为，都要有完整稳定的法律作为依据，同时明确的法律框架又能对个人的行为加以规范，确保行动顺利进行（哈耶克，1997）。政府是农业巨灾风险基金建立的主导力量。在当前农业保险市场并不发达的情况下，基金的筹资运行需要政府力量介入以确保基金顺利设立。农业巨灾风险基金是农业保险稳健运行的制度保障，组织形式多样、运作方式灵活、社会普遍认同的农业巨灾风险基金对农业保险经办机构的偿付能力有着巨大的支撑作用。农业巨灾风险基金的设立以顶层设计、中央统筹为上，统筹层次越高，越有利于基金的筹集与赔款安排。本章主要论述在基金合作筹资过程中，政府可采取的行为以及必不可少的政策保障体系。

第一节　行业筹资中的政府行为

行业筹资是农业巨灾风险基金筹资构成中重要的资金来源，各家保险公司根据开展农业保险的业务收入以及差异性的地域缴费率按期缴费，征缴费率综合当地农民人均纯收入、农业保险覆盖率以及灾害发生率等因素合理确定。为了顺利实现行业内筹资，政府可通过出资引导、提供信用担保等方式为保险公司筹集基金提供支持。

一、明确政府出资责任

政府出资是成功设立农业巨灾风险基金的重要保障，设立政府农业巨灾风险基金的首要一步是政府明确自身的出资责任。国家农业巨灾风险基金的设立目的是为保险业提供农业巨灾超额赔偿责任，是因农业巨灾的高风险和系统性特征而由政府出资补充保险公司的偿付能力。基金应对的是农业巨灾带来的农业保险经营风险，基金直接受益人是开展农业保险业务的保险公司。即便如此，政府仍应基于保护农业产业和促进现代农业发展的角度承担相应的农业巨灾风险基金出资责任。作为政府层面的国家农业巨灾风险基金，中央政府应承担相当比例的基金份额，积极筹措资金，开辟出资渠道，整合涉农资金、农业专项资金、民政救灾资金等资金来源，出资设立基金并定期或不定期为基金注资直至达到适度的基金规模。

政府干预市场的时机选择可能会直接影响干预的效果。从理论上说，农业巨灾风险基金制度比较适合我国农业保险发展的现实状况。由于我国市场化的农业巨灾保险尚未普及，商业性的再保险因为我国农业巨灾风险高发而供给萎缩，农业保险公司的巨灾转嫁需求又很强烈，建立政府主导的国家农业巨灾风险基金制度来转嫁农业巨灾风险不失为一种符合我国国情的正确选择。经过十几年的政策性农业保险实践，我国农业保险市场已经成为世界第二大市场，农业巨灾风险基金制度的建立基础已经具备，可以在灾害较轻的年份适时筹集首期资金建立制度，随后依据循序渐进原则逐年积累和扩充农业巨灾风险基金。国家农业巨灾风险基金原则上由中央政府出资设立，地方政府则在能力范围内进行补贴，针对特别巨大的补贴缺口可以综合各方力量共同出资设立。财政多级投入一方面能支持基金的发展，另一方面也能调动其他主体的积极性，从而带动市场投入热情，提高农险巨灾风险基金的筹资速度和市场化水平。

二、政府推动行业筹资的措施

保险公司缴纳基金份额以及定期缴纳基金会费（再保费）是充实农业巨灾风险基金的重要资金来源。政府在设计国家农业巨灾风险基金制度时应采取以下政策措施来促进基金的行业内筹资：

1. 以强制或半强制方式向各农业保险公司征缴农业巨灾风险基金

第一，政府统一确定农业巨灾风险基金使用标准，以直接损失或相对损失比例方式统一规定动用基金的起付线。第二，适度要求保险公司强制加入农业巨灾风险基金制度，分灾因、分险种、分区域确定区域缴费费率。不同于农业保险投保的自愿原则，农业保险公司中进行强制或半强制积累巨灾保险基金有现实基础，保险公司更愿意接受。强制缴费是推广农业巨灾风险基金制度的重要手段。一方面，通过强制投保，才能在足够大的领域内分摊风险，避免逆向选择行为，降低基金缴费率；另一方面，通过适度地强制，能够提高农业保险公司参保率，以保障其在自然灾害赔付中的赔偿压力大大减少，对高额巨灾损失及时在资本市场发行巨灾债券分散风险。第三，提高统筹层次和地方政府共同管理相结合，国家基金管理机构有权统筹调剂使用地方基金中的一定比例，地方基金管理机构负责本地区的基金筹集和投资管理，增加基金规模的同时可激励地方相关利益主体的筹资积极性。第四，改进农业保险保费补贴结构，提高巨灾基金缴费能力。

2. 引导制定我国农业保险县级风险区划图

建立国家农业巨灾风险基金，实现农业巨灾风险全国统筹解决，一个关键的问题是地域风险的差异性。类似于国家社会保障基金制度，我国地域经济差异、地形地貌差异以及农业风险差异极大，同质农业风险基本固定在特定地区，例如中西部地区的农业生产风险多为干旱，东部地区农业损失则多由台风引起，因此，测定我国精准的风险区划、计算科学的基金缴费率是顺利推进基金行业筹资的基础工作之一。由于受限于统计资料的缺失，我国大多数区域还没有进行相应的农业保险风险分区，已有的部分省级风险区划研究一定程度上低估了各区域的生产风险和损失率。由政府应牵头组织对我国农业生产领域进行县级层面的风险区划，以风险区划为基础厘定农业保险费率和基金缴费率，切实保障农户和保险公司的利益，如精确计算出各地费率后，再结合经济发展水平就能够正确评价和提供各地保险公司应承担的费率水平。

3. 制定法律法规规范和保障基金的筹资

包括强制性农业巨灾风险基金制度，对所有开展农业保险业务的公司提出强制性要求等。政府还可以对基金采取税收优惠、财政补贴等政策并监督基金的运行管理，提高行业筹资效率，保证基金顺利设立。我国地域辽阔，各区域的经济发展水平具有较大的差异性。在幅员辽阔的农村，既有东部发达地区的特殊需求，也有中西部欠发达地区的特殊需求，既有已脱贫走向小康的新一代农民，也有需要关心救助的贫困弱势群体，具有明显的梯度效应。为此，要采取分区域指导的方法开展各地的农业保险业务，避免"一刀切"。要稳定农业保险的发展，各地区可依据自身的风险特点、农业经济发展状况以及地方财政能力区别对待，监督执行各地差异化的基金缴费比率。

4. 推动新型农业经营主体建设，夯实农业保险制度基础

农业巨灾风险基金和农业保险制度相辅相成，相互促进。新型农业经营主体的出现，提高了农业生产者的劳动收入，带来现代农业规模化、机械化、产业化生产方式的转变。这一变化将导致农业生产者更关注农业风险带来的危害，农业风险意识的增强无论对农业保险的投保还是参与农业巨灾风险基金的筹资都具有积极的意义。农业收入的增加以及农业保险参与度的提高会使新型农业经营主体更加警惕农业巨灾风险造成的损失，提高参与农业巨灾风险基金筹资的热情。

第二节 市场筹资中的政府行为

一、我国资本市场发展现状

我国资本市场起步较晚，但发展十分迅速。市场由原先仅有的股票债券，发展到如今拥有基金、期货、期权、票据等多种金融工具。现已上市的金融商品多达 400 多种，其交易量仍在增长。市场业务不断细分，各种金融交易所和金融中介经营着各式金融业务。证券市场迅速崛起的无纸化、电子化交易方式，给投资者带来极大的方便。这些都降低了农业巨灾债券的交易成本，为其交易提供了物质基础。资产证券化市场 2005 年开始试点。2012 年重启试点以来，一系列监管政策的放开为资产证券化市场的蓬勃发展提供了契机，目前已形成了分别由央行与银保监会、证监会和交易商协会监管的四类资产证券化产品——信贷 ABS、企业 ABS、资产支持票据（ABN）和项目资产支持计划。作为亚洲最大的资产证券化市场，截至 2017 年 2 月，中国资产证券化产品发行总额达 2.09 万亿元，现有存量余额突破万亿元，占债券市场余额比重为 2.34%，为巨灾债券发行提供了实践经验。

然而，我国在债券市场的基础设施、制度建设等诸方面还亟待取得进展：各类机构投资者数量不足合格性需要提升；监管架构需要调整，应颁行合理且与国际接轨的会计、税收与法律构架，建立便捷的信息网络和区域性的评级体系和担保机制；完善清算系统和清算标准等，这些已经构成了债券市场发展的实际障碍。我国金融衍生市场主体相对缺乏，各项运作机制有待建立，衍生金融工具和资本市场产品相当有限，监管制度和信息披露规则等基础建设还不够完善，市场风险较高，很大程度上阻碍巨灾债券和应急资本工具等创新产品的应用和发展。市场中介服务机构建设有待加强。资本市场创新产品应用过程中，一些中介服务机构发挥着重要作用，如信用评级机构、独立会计审计事务所、损失统计评估机构、信托机构以及信息服务咨询公司等都很重要，保证了巨灾债券、应急资本工具等产品应用中信息的全面、公正，减少由于信息不对称带来的风险，并提供专业的技术服务。由于保险公司的经营状况与其资金偿还能力密切相关，公正、客观、独立的信用评级机构出具的评级报告更有利于投资者的投资决策；而应急资本工具是事后发行资本票据获取资金的金融创新产品，因而只有保险公司达到一定的信用水平，才会有金融中介机构愿与其签订协议。应急资本工具等或有资本票据发行对信用评级机构的依赖性更强；现有中介服务机构建设相对落后，独立评级机构、专业损失评估机构等尚未形成足够的行业影响力，现有的会计审计事务所运作也有待规范。

随着我国保险市场与国际市场的日益融合，在国外保险公司参与国内保险市场竞争的背景下，要想在国际化的激烈竞争中占有一席之地，就需要跟上国际市场最前沿的发展，充分利用已有的经验和条件发挥出市场后发优势。风险证券化产品系列包括巨灾债券、巨灾期货、巨灾期权、巨灾互换等传统工具以及或有资本票据、行业损失担保、"侧挂车"等新型工具。各种证券化产品的运行机制不同，但大体可分为两类，一类以巨灾债券为代表，发行方将巨灾风险直接分散到资本市场，由投资者承担损失补偿的结果。另一类以应急资本工具等或有资本票据为代表，保险或再保险公司发行或有资本票据募集资金支付巨灾赔款。或有资本工具的意义在于提供灾后融资渠道，避免暂时性资金短缺，确保公司有充足资金维持经营。或有资本仍处于发展初期阶段，虽然部分国家的监管机构和银行机构进行了探索实践，但关于或有资本的政策目标、触发机制等关键环节仍未能达成一致，或有资本发展仍存在较多制约因素，尤其是此类工具市场风险和收益的合理匹配问题。目前我国没有专门用于规范或有资本等新兴金融产品的法律、法规，还不能将保险市场与资本市场的特性结合起来，需要对两个市场现有的法规进行协调；缺乏明确的专门针对或有资本的会计和税务规定等等。同时或有资本是一项技术性非常强，非常复杂的风险管理技术。它涉及管理学、保险学、金融学、经济学、数理统计、系统工程、物理学、地质学等多个学科，顺利开展或有资本工具的设计、定价、风险评估等还需要奠定前期基础性工作。如：发行或有资本票据的保险公司需具有雄厚的财务规模、足够的风险承担能力、优良的信用评级、确实的损失统计资料等内部条件，同时需要客观的信用评级机构、独立的损失统计机构、法定信托基金、成熟的资本市场以及相关法规等外部条件的配合。由此可见，基金市场化筹资还面临明显的法律法规和市场环境的制约，急需在资本市场基础性制度环境建设中取得突破以获取市场发行的机会。

二、风险证券化融资的主要障碍

采用风险证券化方式解决巨灾融资问题，在我国仍然存在巨大的法律障碍。由于风险证券化业务创新横跨保险与资本市场两大独立市场，法律适用的困难广泛存在。巨灾债券产品是国际上比较成熟的市场化风险转嫁产品，可以成为基金成立后转嫁巨灾风险的常用市场手段。巨灾债券是传统再保险产品的有力补充，对发行者（再保险公司）而言，巨灾债券是风险转移产品，农业巨灾风险直接由资本市场投资人吸收消化，发行者没有事后还款压力。对投资者而言，巨灾债券将大自然的天气风险和金融市场上的价格风险中和在一起，风险组合降低了投资整体风险，有利于投资方案的设计和投资策略的改进。然而将巨灾风险转移到资本市场所要求的约束条件过高，不仅需要成熟的资本市场，强大的买方市场和卖方市场的同时存在，还要求具备完善的法律、金融监管体系。证券化融资创新的主要约束集中在法律制度、会计制度和税收制度等方面，尤其是资本市场相关制度规定对证券化产品创新产生直接而深远的影响。在缺乏 SPV 机构相关法律法规的前提下，巨灾债券等证券化产品相关法律问题会涉及《公司法》《保险法》《证券法》《信托法》《破产法》以及税法和会计准则等多个法律制度或法律部门，只有通过上述法律规定寻找和改善产品发行的现实条件，才能顺利实现农业巨灾风险基金在资本市场上的筹资。

1. 制度法规

SPV（特殊目的再保险机构）是巨灾债券运行机制重要的一环，其本质是把巨灾风险从保险市场向资本市场转移。SPV 机构本身并没有多少实质性业务经营，只是起到关键的风险隔离作用，因此该再保险机构与普通保险机构设立需求并不完全一致，需要制定专门的法律法规进行引导，涉及 SPV 的设立与性质、农业巨灾债券的性质、投资行为性质的法律界定等关键问题，尤其需要法律加以明确。

（1）SPV 机构设立障碍

根据我国《保险法》规定，申请设立保险机构的筹建时间不少于一年（批准筹建最长 6 个月，完成筹建需要一年），耗时较长，不能直接用于巨灾债券等创新产品的发行；同时规定了最低注册资本金、实缴资本、股东和组织机构等强制要求，而 SPV 并不实质从事业务经营，保险法这一规定并不完全符合 SPV 只是用于风险隔离的设立初衷。又如《信托法》未承认受托人对受托资产的法定所有权，而且明确规定信托财产可作为委托人的破产财产，这难以实现 SPV 与发起人之间的破产隔离，从而背离了设立 SPV 的根本目的。再如《信托法》对负债类信托缺乏规定，《保险法》规定保险公司的资金不得用于设立证券经营机构，不得用于设立保险业以外的企业等等，这些法律都对 SPV 的设立运作及农业巨灾债券的发行相悖，SPV 机构设立上存在障碍。

（2）SPV 机构发行巨灾债券障碍

发行主体看，SPV 机构必须满足《公司法》《证券法》对发行债券公司的严格条件，包括净资产额度、近三年平均可分配利润、组织机构健全等，这对特殊的 SPV 机构而言很难达到；发行客体看，农业巨灾债券属于负债证券化的一种形式，与资产证券化性质截然不同，农业巨灾债券具有的特殊交易结构，在信息披露和道德风险等方面具有特殊性，并不能适用资产证券化的有关规定。银监会、证监会、保监会虽然制定了众多信贷资产证券化、企业资产证券化以及保险资产管理公司资产证券化的部门规章，均不适用巨灾债券的发行规范。且巨灾债券的发行又不同于普通的公司债券发行，也不适用《企业债券管理条例》。

（3）SPV 机构设立的改进方案

在立法模式上，应以专项立法的形式专门确立发行巨灾债券的内容涉及与规范要求。包括法律形式、分保规定、发行制度、会计和税收制度等。包括：SPV 机构的法律形式可以选择"信托型"。国际上发行巨灾债券的 SPV 一般可以采用信托制和公司制两种形式。由于信托财产具有独立的法律地位和破产隔离效应，因此信托被视为一种能够"充分保护投资人利益"的财产管理制度。随着银保监会的成立，混业经营的趋势逐渐显现，可以设计一套确保市场风险不向巨灾债券发起人蔓延的风险隔离机制，最大限度地节约发行成本；立法允许 SPV 机构接受特殊风险再保险业务，同时 SPV 主体可以免除偿付能力的限制。目前各离岸注册地都根据当地的立法对 SPV 豁免偿付能力，这正是 SPV 的优势所在；立法允许 SPV 机构发行巨灾债券的权利，投资者购买巨灾债券的行为在法律性质上属于债券交易而不是保险交易，保证巨灾债券的发行等等。

在借鉴国外立法经验的基础上，遵循特别法优先于普通法的原则，可通过制定专门的法律对农业巨灾债券加以规制。该专项立法应对 SPV 机构的组织形式、治理结构、法律地位、最低资本要求、经营范围、资本充足性、偿付能力、破产隔离、会计核算、税收优惠、监管主体及职责等问题，以及巨灾债券的产品设计、发行审批、信息披露、信用评级、信用增级、风险监控等进行规范，并明确规定投资者投资农业巨灾债券不构成保险业务交易。

2. 会计和税收规定

发行农业巨灾债券还会涉及一系列具体的会计和税收问题，直接关系到农业巨灾债券的合法性、盈利性和流动性，需要妥善处理。鉴于我国目前没有适用于农业巨灾债券交易的会计准则，建立起一套新的会计准则以推动巨灾债券发展是当务之急。例如，农业巨灾债券是作为权益处理还是作为负债处理，缺乏明确规定。若界定为负债处理，我国财政部 2006 年颁布的《会计准则第 23 号—金融资产转移》则不能适用，因为农业巨灾风险的转移属于债务的转移而非资产转移。美国法定会计准则规定，经监管机构允许发行的或有盈余票据，可被视为保险公司的权益资本，允许保险公司在资产负债表上将其列为保单持有人的盈余。因此，一些保险公司即可将其作为提高资本金的工具。在这个准则框架内，盈余票据虽然具有债务的特征，但却不会出现在保险公司资产负债表中的负债一栏，而是以保单持有人盈余的形式出现在保险公司资本项下。又如，被证券化的农业巨灾风险及相关债务是否应该被分离出发起人的资产负债表，需要先行明确才能进行会计核算。财政部《会计准则第 33 号–合并财务报表》规定：合并财务报表的合并范围以"控制"为基础加以确定，而巨灾债券发起人与发起设立的 SPV 机构之间属于母子公司关系，两者存在利益关系。按照我国会计准则要求，在编制发起人的会计报表时，很可能将二者合并核算，这又违背了 SPV 机构发挥破产风险隔离的设立初衷。如果分开核算，则又与现行准则相冲突。农业巨灾债券的定价、发行等的会计处理也需要有明确的规定。此外，还涉及各个主要参与者的纳税问题，涉及发起人、SPV 机构和资本市场投资者的所得税、印花税、营业税等纳税问题需明确规定。从税收法律看，发行巨灾债券的过程中可能涉及重复征税，从而对发起人、SPV 和投资人都带来过高的税收成本，阻碍巨灾债券顺利发行。

在会计准则上，应立法明确规定 SPV 公司和发起人之间因破产隔离的特殊需要，不适用合并财务报表的相关规定；税收制度上，应考虑到 SPV 公司的过渡性和非实际经营性，对巨灾债券发行实行抵税、甚至免税的政策。

3. 行业监管

发行农业巨灾债券至少涉及保险业和证券业，使其成为一个多头监管的对象。在我国目前金融分业经营和分业监管的格局下，监管主体不明确很可能导致无法对农业巨灾债券进行有效监管，继续混合监管架构的出现。农业巨灾债券的发行需要强化对综合经营和新产品、新业务的监管协作。由于农业巨灾债券的发行、交易的主体及其行为与保险业之间联系最为密切，且其中最为核心的 SPV 一般被认定为再保险机构，故我国对农业巨灾债券的监管应该以中国银保监会为主，中国证监会、农业农村部、财政部、国家税务总局、国家外汇管理局等其他金融监管机关和政府部门协调配合。2005 年欧洲保险监管机构颁布再保险法案，将保险风险证券化纳入传统再保险市场的监管范畴，对于欧洲保险证券化与再保险市场发展产生了重要影响。我国银保监会也可借鉴这一做法，将巨灾债券置于传统再保险监管框架下，这有利于两者的协调发展，避免或减少出现监管套利。

4. 金融技术条件

高质量的数据来源是证券化产品开发的基本要求。我国农业灾害数据库开发和数据积累必不可少。巨灾债券各项条款设计都依赖于损失频率及损失程度的数据分析，数据质量高低对预测概率的准确性及设计条款的科学性影响深远。建立完善的农业自然灾害损失数据库不仅是准确确定农业灾害损失率的基础，而且还有利于丰富农业巨灾风险债券设计的多样性。气象灾害数据缺失是应用巨灾模型设计巨灾债券产品结构最主要的障碍之一，只有建立完整的损失记录库以评估风险敞口，才能有针对性地设计触发条件。现有的气象数据统计系统还不能完全达到产品开发的理想状态。主要问题包括：第一，历史数据缺失。在一些待研究的地区，已有的数据时间跨度较短或存在数据断层，无法达到研究所需要的最短时间跨度，这为研究造成了障碍。第二，已有的数据范围过大，没有对气象数据进行详细的空间划分。根据国际上的经验，需要保证每 $20km^2$ 就有一个气象观测站，而我国现有的气象站密度与理想状态还相差甚远。第三，无法搜集到一些地形复杂的、偏远农村的气象数据，这为气象指数保险的设计带来了困难。第四，已有的数据无法反映农民的灾害自救行为。当干旱、低温、洪涝等灾害发生时，农民会利用自身的能力和知识进行自救，由于农民科学知识的逐渐普及和排涝技术、温室大棚技术的提高等原因，农民的自救能力逐渐增强，而以往的数据并不能体现出农民通过自救降低的损失。这些现象严重制约了巨灾债券的开发应用，即使通过海外发行市场可以避免法律缺陷，数据的缺乏也会造成海外投资者的顾虑进而导致发行困难。建立完善的农业自然灾害损失数据库非常重要，农业巨灾债券的合理定价需要准确、细致的农业灾害损失数据支持。建立完善的农业自然灾害损失数据库对于农业保险与再保险公司保险费率的厘定、农业巨灾风险准备金的提取、巨灾风险连接产品的定价以及相关产品的多样化发展等均具有重要的意义。建立独立的农业灾害损失统计机构以及完善的损失统计体系是必须和迫切的。

三、政府促进市场筹资的措施

1. 政府牵头协调，推进风险证券化创新实践

农业巨灾风险基金能否在资本市场上融资，很大程度上有赖于金融市场

监管、法律、会计、税收等配套措施的完善和健全。而证券化的发起、核准和投资等环节，也涉及保险、证券、银行、基金等多个金融门类，需要各监管部门协调共同推进以实现整个金融市场的互联互通。比如会计处理方式上首先需要确认 SPV 机构的身份和特殊的再保险作用，消除财务报表合并对 SPV 机构风险隔离的作用的影响。

与农业再保险相比，农业巨灾基金是在政府指导下建立的一种防范农业巨灾风险的准公共产品设计和制度安排。政府与市场合作的筹资制度创新主要体现在政府投资型基金市场。随着我国一些地方乃至中央部委纷纷出台办法设立政府投资基金、产业引导基金等政府政策性基金，基金筹资方式逐渐发生变化，不再局限财政出资一种渠道。社会化非政府资本来源可分为两类，一种是包括政策性开发性金融机构在内的金融类社会资本，政策性银行、政府融资背景的投资公司、国际金融机构、跨国企业等市场主体管理待投资的大规模社会资金，另一种是活跃在金融市场寻找投资机会的市场资金。创新农业巨灾风险基金筹资结构，引进资本市场私人资本股权投资，规定清晰的投入机制和退出机制，结合巨灾风险证券化等操作，将大大有利于改善农业巨灾基金的筹资效率。这一基金创新筹资机制离不开政府各方协调，牵头推进农业巨灾债券等证券化产品创新试点。

2. 加快法律建设，规范资本市场产品创新

基金法律体系是由一系列与产业投资基金有关的法律和法规组成的，从逻辑上分析，市场化基金立法存在三种模式：一是作为《公司法》的一个部分；二是作为《信托法》的一个部分；三是基金单独立法。由于中国目前发展的产业投资基金的投资对象和运作方式具有很大的独特性，是具有重大突破性的制度创新，产业投资基金运作必然会与许多现行的法律法规产生冲突，如果逐一去修订《公司法》《企业法》《信托法》《证券法》《保险法》《商业银行法》等所有与产业投资基金有冲突而产生抵触的法律，其成本将是非常高昂的，所需要的时间也是漫长的。因此，产业投资基金宜选择单独立法的模式。即对产业投资基金的设立、运行和监管进行集中、专门的规范。产业投资基金管理暂行办法或基金监管法律中应突出保护投资者权益，坚持所有权、经营权与保管监督权的"三权分立"。实际上，这种立法模式已经广泛被许多国家采用，如美国的《投资公司法》、日本的《证券投资信托法》、韩国的《证券投资信托法》、中国台湾的《证券投资信托基金管理办法》、中国香港的《单位信托与互惠基金守则》等，尽管法律名称不尽相同，但都是单独基金立法的范例。再看中国现有的其他金融机构立法，商业银行和保险公司都立了自己相应的专门法，并不因为有了《公司法》就不再设立各自专门的法律。同样道理，单独为农业巨灾风险基金设立法律法规将有助于基金的顺利落地。

3. 选择合适时机和地点，启动资本市场基金筹资行为

合适的基金筹资时机与国民经济发展周期有关。当经济处于稳步或高速发展时期时，货币政策和财税政策相对宽松，市场利率下调，金融市场流动性相对宽松，融资处于较为便利的阶段。我国 2015-2017 年间政府投资基金规模的迅速扩大与合适的筹资时机密切相关。根据中国债券信息网数据，2014年年初，我国国债总指数平均市值法到期收益率为 4.74%；到 2016 年年底，该数值下滑到 2.5%。相对宽松的货币供应和便利的融资条件客观上促进了政府投资基金的融资和设立。2017 年年底，我国国债总指数平均市值法到期收益率快速上行到 4.1%，反映了金融市场融资成本的提升和融资难度的加大。金融监管的加强、货币供应量的收紧，引发了包括政府投资基金在内的各类金融市场参与主体的融资难局面的出现。农业巨灾风险基金初期可考虑选择海外成熟的资本市场发行筹资。目前很多巨灾债券都是在开曼岛和百慕大的离岸市场上发行，当地有专业且较灵活的证券化法律以及丰富且活跃的市场参与者，选择境外拥有完善市场环境和法律制度的金融市场发行农业巨灾风险基金应更容易获得成功。

第三节　合作筹资的政府行动路线

一、基金启动期：成立全国农业风险管理机构

选择合适的组织形式管理国家农业巨灾风险基金是政府启动农业巨灾风险基金制度建设的首要任务。中央政府可以采取全资设立或委托商业机构办理或适度开放股权等形式成立公司管理农业巨灾风险基金。可以参考中国出口信用保险公司形式提供政策性的农业巨灾风险基金补偿，或者借鉴国际经验单独设立农业保险管理局。农业巨灾风险基金启动初期的资金应由中央政府财政出资构成。可以考虑从每年的财政预算中提取一部分设立启动基金。包括：从与农业相关资金中安排提取，如国家粮食风险基金、各类财政支农资金等；从灾害救助资金中提取一部分作为农业巨灾风险基金；借鉴同为保障性基金的全国社会保障基金补充方式，划转国有资本建立农业巨灾风险基金等。除此之外，中央政府还可负责接收包括国际机构在内的国内外社会资

本的援助和捐赠资金，补充充实到国家农业巨灾风险基金池中。

可以考虑政府联合社会资本共同成立基金管理机构，直接在资本市场上定向募集金融机构资金以及农业企业等社会资本组建农业巨灾风险基金，以基金管理公司名义承担基金管理职责。社会资本的加入可以提高基金筹资效率，监督基金管理应用，对加强基金内部治理有积极意义。

二、基金奠基期：搭建农业巨灾风险基金框架

建立政府（行业）账户接收政府拨款和行业缴费。财政拨款和保险行业缴费是农业巨灾风险基金最主要的资金来源，基金制度建立后，首先应确保政府（行业）账户资金的到位情况。中央和省级政府在基金筹集期（如 3 年）内应保持持续注资，实现基金积累的一定规模和必要的筹资速度。省级政府根据当地实际需要对其面临的农业巨灾风险状况进行评估，按照比例每年从财政预算及支农资金和救灾款中划拨部分资金。借鉴农业保险保费财政补贴资金分配安排的利弊结果，农业巨灾风险基金的出资应充分重视地区差异化因素，在实施地区差异化缴费的基础上有意识地降低粮食主产区和经济落后地区的缴费负担。各省级政府及下级政府也可依此设立本级农业巨灾风险基金的政府（行业）账户筹集资金，为提高统筹层次和基金使用效率，下级政府的基金账户内资金一定比例内可由上级政府调剂调拨使用。调拨使用下级政府基金账户内资金的前提条件是，使用统筹基金的受灾地区当地本级农业巨灾风险基金已经全部耗尽方可申请资金调剂。政府注资时限视基金积累速度以及当地政府财政实力决定。当基金达到适度规模后，地方政府可以视财政实力暂停注资，保险公司可以调整缴费费率减缓基金累积速度，保险公司缴费义务应持续承担。

接收国内外捐赠充实政府（行业）账户资金额。国际组织以及国内外社会团体是农业巨灾风险基金重要的外部援助资金来源，此项资金也列入政府（行业）账户中。社会援助资金和政府拨款、保险行业缴费资金一样，是专门用于补偿农业保险超额赔付的资金，资金用途明确且没有筹资成本，是农业巨灾风险基金主体部分的理想资金来源。

三、基金拓展期：试点发行农业巨灾创新产品

建立补充账户用于发行巨灾债券所筹得的农业巨灾保险补偿资金。我国农业巨灾风险基金政府（行业）账户资金逐渐稳定后，基金主体部分基本形成，同期寻找合适时机试点发行农业巨灾创新产品，首选应为比较成熟的巨

灾债券较为合适。由于巨灾债券所筹资金有成本，其发行成本和市场费用较高，有别于政府、行业及社会捐赠等无成本资金来源，因此将其单独计入补充账户便于基金管理和绩效考核。

我国初期发行的农业巨灾债券可针对农业保险公司承保的特定地区单一标的水稻或小麦损失来设计。国外一般采取先发行单一风险巨灾债券，待积累经验后再发行多种风险巨灾债券的路径。借鉴墨西哥经验，我国初期可选择发行特定地区单一自然灾害风险的农业巨灾债券，待积累一定经验后，再考虑推出多种风险农业巨灾债券。关于农业巨灾债券发行市场的选择，可优先考虑国际市场。从发行成本及监管角度出发，已成功发行巨灾债券国家（地区）的发起人大多选择在百慕大、开曼群岛、维尔京群岛等成本低廉、监管宽松的地区注册离岸 SPV，并在境外发行巨灾债券。现阶段，在境外设立SPV，发行农业巨灾债券没有政策与法律障碍。待积累一定经验，且国内的政策和法律环境改善后，再在国内设立 SPV，并在国内证券市场上发行农业巨灾债券。

四、基金成熟期：形成充足有弹性的基金后备

考虑发行特别国债等金融手段筹集农业巨灾风险基金。农业生产和经营在国民经济结构中的基础地位决定了发债筹集农业巨灾风险基金的现实必要性。特别国债的发行可以解决基金制度建立初期的资金数量的要求，国家农业巨灾风险基金规模的稳定性和保险行业持续的缴费流动性决定了一定时期后基金具有部分自偿性，行业与政府可共同承担特别国债的偿还责任。

试行或有资本票据等其他证券化融资方式，充实基金补充账户。这种后备资金安排所筹资金并入补充账户，与主体基金分开管理。以或有资本票据为代表的保险证券化融资产品的设计安排，可以提供充足有弹性的基金后备资金，为农业大灾带来的巨额赔付提供了保险行业财务缓冲的空间地带，也使政府在农业大灾面前减轻财政救灾资金的压力，是农业巨灾风险基金制度必要的筹资安排。

建立基金市场账户，公开发行基金份额。农业巨灾风险基金筹资充足的终极手段是在资本市场上公开发行基金份额，所得资金单独计入农业巨灾风险基金市场账户，实行单独运行，单独管理。投资人购买基金份额，按基金市场表现获得投资回报或在规定期间退出市场。公开发行所得的资金成立或委托专门基金管理机构实施管理，管理人负责基金发行及投资策略，以基金规模稳定为管理目标，兼顾基金净值的长期稳定。市场账户内资金是农业巨

灾风险基金的后备资金池，当最终动用到市场账户内资金时，视为主体资金账户向市场账户资金的借款，事后需要由政府和保险行业后续缴费形成的政府（行业）账户内资金予以弥补。

第四节　合作筹资的政策保障体系

一、产业扶持政策

农业巨灾风险基金的构建离不开农业保险市场的培育，这是农业巨灾风险基金发展的基础。通过农业补贴、维护农产品价格稳定与耕地保护等农业扶持政策提高农业收入。例如，政府可以通过兴建助农水利工程等促进农业生产，通过粮食补贴鼓励粮食作物种植，维护农产品市场价格来提高农业收入，稳定农业生产，保障农业经济的持续稳定发展。实施提高农民素质与风险管理知识的政策。在农业经济得到持续稳定发展与农户风险管理意识提高后，农民的投保积极性增加，可以使得农业保险的保费收入增加。通过实施支农惠农政策可以在促进我国农业经济发展的同时增加农业巨灾风险基金的筹资稳定性。

二、财政金融政策

政府财政补贴是农业巨灾风险基金得以建立、发展壮大的支撑。多渠道筹措农业巨灾风险基金的来源，将财政补贴农业保险保费的资金和财政拨款用于农业巨灾风险基金的资金区别对待。除了保费补贴资金中划出一块用于农业巨灾风险基金的积累外，基金累积初期中央政府还应每年划出一定的预算资金用于注资国家农业巨灾风险基金；此外，还可以从其他专项基金中提取转入，例如民政部用于临时应急积累的民政救灾专项基金，水利部用于农村基础设施专项基金的相关补贴基金等与农业巨灾息息相关的资金来源。划拨资金用于特大灾害的损失补偿，面向所有投保农业保险的受灾群众发放，实行滚动积累，专款专用。普惠性的农业巨灾风险基金使用既体现政府对农业灾害补偿的重视，又有利于减少部分农业经营者以及农业保险经营机构套取农业保险保费补贴的道德风险，以清晰明确的指导政策保证财政补贴资金的顺畅高效使用。

三、会计税务政策

农业巨灾风险基金制度是一个复杂的系统工程，要实现良好运转和较高的经营效率需要多方共同配合，政府统筹显得尤为重要。在设立初期，政府需要建立健全扶持政策和配套措施，诸如税收优惠政策、财政补贴政策等，鼓励保险公司更多参与农业巨灾风险基金筹资，为社会提供更多的农业巨灾风险保障。允许保险公司将巨灾风险准备金列入成本，缴纳巨灾保费可在税前列支，对巨灾保险经营减免营业税。对参与农业巨灾债券交易的发起人、SPV 及投资者实行税收优惠，减征甚至免征农业巨灾债券交易中的各项税收，明确税前抵扣项目，降低 SPV 的权益资本要求，减少发行农业巨灾债券的成本，鼓励投资者参与农业巨灾债券交易，提高风险证券化的效率，体现国家的政策导向。政府也需要做好信息披露和宣传教育工作，需将面临的现实风险和可能面临的潜在风险详细予以披露并提出切实可行的应对措施。通过对保险公司的宣传教育，使保险公司认识到自己在巨灾风险管理中的重要性，进而提高其参与巨灾风险的积极性。政府的协调管理也能使整个制度运行得更加顺畅。制度成熟后，政府也可将大灾风险转移到全球保险市场上，可有效地减少财政压力，促进农业巨灾风险基金的高效运营。

四、市场监管政策

根据农业巨灾基金的监管目标，建立健全农业巨灾基金监管体系，对保险公司的市场行为与偿付能力进行监管，保障巨灾基金的资金筹集。在偿付能力监管方面，建立农业巨灾风险的资金监管系统，对其规模与使用情况定期进行检查，严格监管基金的资金安排，及时处理偿付能力不足的保险公司，保障农业巨灾风险基金的持续运营，避免过高保险费率对保险公司造成负担及资金的闲置浪费。在市场行为监管方面，保险公司需要进行信息披露。基金托管、基金投资都必须在政府指定范围内实施，存入指定银行，购买政府指定的证券品种进行投资等，明确界定经营管理成本范畴，为基金提供高效服务以降低其运行成本，来引导社会资金的投入。保险公司应把巨灾风险管理作为经营管理的重要内容，对相应的风险管理进行要求的制定，完善信息披露工作。农业巨灾风险基金监管机构要对保险公司所需公开的信息与内容进行制定，以求实现巨灾基金合理使用的监管目标。同时，巨灾基金监管的信息化水平也需要提升，加强巨灾基金监管及与其相关监管机构的信息互通与共享，使得披露的预警性、时效性和常态性得到保障，促进农业巨灾风险基金的健康发展。只有在保险公司对市场行为与偿付能力进行规范的情况下，农业巨灾风险基金才能更好地筹集资金。

参考文献

[1] 保罗·萨缪尔森，威廉·诺德豪斯. 经济学：第 17 版[M]. 萧琛，等译. 北京：华夏出版社，2002.

[2] 贾康，冯俏彬. 从替代走向合作：论公共产品提供中政府、市场、志愿部门之间的新型关系[J]. 财贸经济，2012（08）：28－35.

[3] 王灏，高朋，宋自强，等. 城市轨道交通 PPP 投融资模式[M]. 北京：中国科学技术出版社，2007：12－23.

[4] 王瀚洋. PPP 巨灾保险典型模式[N].中国保险报，2018-05-25（004）.

[5] 张艳，李云仙. 政策性农业保险巨灾风险评估及其准备金测算:基于云南 1949—2008 年的农业损失数据[C]// 阎学煌. 2012 中国保险与风险管理国际年会论文集.北京：清华大学出版社，2012：489－499.

[6] 王涛. 国外农业巨灾风险基金制度比较及对我国的启示及建议[C]// 陕西省保险学会优秀论文集（2013－2014），2014：343－349.

[7] 朱柏铭. 厘定"政府性基金"的性质[J]. 行政事业资产与财务，2012（03）：7－13.

[8] 熊伟. 专款专用的政府性基金及其预算特质[J]. 交大法学，2012（01）：62－73.

[9] 罗添元，陈妍，王静. 论我国巨灾保险基金的构建[C]// 中国灾害防御协会风险分析专业委员会会议论文集.贵阳: Atlantis Press, 2013(12):226－232.

[10] 邱波，朱一鸿，郑龙龙. 我国农业巨灾风险基金的功能、逻辑及政策选择[J]. 农村经济，2014（10）：82－85.

[11] 邱波. 农业巨灾风险基金筹资研究[J]. 金融理论与实践，2016(4)：102－106.

[12] 孔锋，吕丽莉，方建. 农业巨灾风险评估理论和方法研究综述和展望[J]. 保险研究，2016（9）：103－116.

[13] 刘婧. 我国农业保险风险分散现状及对策建议[J]. 中国农业信息，2013（1）：30－31.

[14] 刘志.PPP 模式在公共服务领域中的应用与分析[J].建筑经济，2005（7）：13－18.

[15] 贾康. 地方融资与政策性融资中的风险共担和风险规避机制[J].中国金融，2010（07）：41－42.

[16] 张庆洪，葛良骥. 巨灾风险转移机制的经济学分析——保险、资本市场创新和私人市场失灵[J]. 同济大学学报，2008（2）：101－107.

[17] 郭燕芬. 公私合作伙伴关系（PPP）事前评估——基于中国和澳大利亚的对比分析[J].当代经济管理，2017（12）：53－61.

[18] 郑军，张航. 美国农业保险的利益相关者分析与成功经验[J].华中农业大学学报（社会科学版），2018（02）：88－96+159.

[19] 谢世清. 巨灾压力下的公共财政：国际经验与启示[J].当代财经，2009（2）：36－40.

[20] 黄华波. 基本医疗保险政府与社会合作的 PPP 模式思考——基于城乡居民大病保险理性与实践的考察[J].中国社会保障，2015（07）：20－21.

[21] 邓冰.PPP 资产证券化风险思考[J].中国财政，2017（11）：51－53.

[22] 毕夫.PPP 项目的资产证券化正款款走来[J].中关村，2017（04）：39－41.

[23] 刘燕. 公共选择、政府规制与公私合作：文献综述[J]. 浙江社会科学，2010（06）：108－114+129.

[24] 陈军. 公私合作理论基础研究[J]. 延边大学学报（社会科学版），2009（04）：28－32.

[25] 于玲.PPP 模式下提供公共服务的财政路径——以四川省为例[J]. 财会研究，2015（1）：5－8.

[26] 王灏.PPP 的定义和分类研究[J]. 都市快轨交通，2004（05）：23－27.

[27] 俞建璋. 中国地方政府债务可持续性[J]. 福建金融，2018（12）：31－38.

[28] 鲁玉秀. 债券化融资下的地方政府债务问题[J]. 宏观经济管理，2016（6）：56－59.

[29] 欧阳兮. 基于案例的中国 PPP 项目的主要风险因素分析[J]. 现代商业，2018（30）：188－189.

[30] 邱波，朱一鸿. 政府干预与市场边界：澳大利亚农业保险制度实践及其启示[J]. 金融理论与实践，2019（3）：79－85.

[31] 韩司南. 政策性农业保险调研报告——以黑龙江省为例[J]. 安徽农业科学，2008（06）：2578－2579+2586.

[32] 胡浪多，官华平. 广东省政策性农业保险巨灾基金测算及管理模式分析

[J]. 南方农村，2013（06）：25－29.

[33] 王野田，李琼，单言，等. 印度农业再保险体系运行模式及其启示[J]. 保险研究，2019（01）：45－57.

[34] 方伶俐，徐锦晋. 国际农业保险巨灾风险分散的有效方式及启示[J]. 山东农业工程学院学报，2018（09）：1－6.

[35] 邱波. 我国沿海地区农业巨灾风险保障需求研究——来自浙江省 308 户农民的调查数据[J]. 农业经济问题，2017（11）：100－108.

[36] 曲鹏飞. 国外巨灾保险体制对中国的启示[J]. 沈阳工业大学学报（社会科学版），2014（05）：412－416.

[37] 施红. 美国农业保险财政补贴机制研究回顾——兼对中国政策性农业保险补贴的评析[J]. 保险研究，2008（04）：91－94.

[38] 谷景志. 美国、日本、菲律宾 3 国农业巨灾保险法律制度比较[J]. 世界农业，2013（12）：81－85.

[39] 张峭，李越，张晶，等. 美国农业风险管理政策体系及其演变（上）[N]. 中国保险报，2017-07-05（004）.

[40] 张峭，李越，张晶，等. 美国农业风险管理政策体系及其演变（下）[N]. 中国保险报，2017-07-07（006）.

[41] 朱浩然. 土耳其地震保险制度及其启示[J]. 中国保险，2011（07）：56－59.

[42] 陈明文，王林萍. 美国、日本、法国农业保险比较及其借鉴[J]. 台湾农业探索，2007（01）：75－77+62.

[43] 郭永利. 法国农业保险制度及经验[J]. 中国保险，2010（02）：58－59.

[44] 范丽萍. 西班牙农业巨灾风险管理制度研究[J]. 世界农业，2014（04）：152－157.

[45] 李晰越，林晶. 加勒比巨灾保险赔付机制对我国财政应急机制的启示——由海地灾后赔付引发的思考[J]. 财政监督，2011（13）：68－69.

[46] 吕晓英，李先德. 美国农业保险产品和保费补贴方式分析及其对中国的启示[J]. 世界农业，2013（06）：66－70.

[47] 夏益国. 美国联邦农作物保险：制度演进与运行机制[J]. 农业经济问题，2013（06）：104－109.

[48] 张锋. 美国、欧盟农业补贴政策的演进与发展趋势[J]. 山东省农业管理干部学院学报，2010（04）：54－56.

[49] 胡双红，邱波. 澳大利亚国家生物安全体系筹资优化研究[J]. 金融教育

研究，2019（3）：15－22.

[50] 张琳，程育琦，谢亚凤. 基于 COPULA 的农业巨灾累积风险分析——以湖南省种植险为例[J]. 保险研究，2018（02）：65－71.

[51] 陈建梅. 日本、印度农业补贴政策的经验与启示[J]. 农业经济问题，2008（03）：42－43.

[52] 王岩，张馨月. 法国农业互助保险研究及借鉴[N]. 中国保险报，2018-02-02（006）.

[53] 杨佩国，李霞. 亚洲巨灾综合风险评估技术及应用研究——国家科技支撑计划成果展示[J]. 科技成果管理与研究，2012（12）：72－75.

[54] 吴祥佑，徐玫. 多层次可持续巨灾保险体系的构建[J]. 经济体制改革，2008（05）：26－30.

[55] 柴化敏. 国外巨灾保险体系及其对我国的启示[J]. 金融教学与研究，2008（03）：76－78.

[56] 许均. 国外巨灾保险制度及其对我国的启示[J]. 海南金融，2009（01）：66－70.

[57] 林光彬. 建立有中国特色的巨灾保险制度初步研究[J]. 中央财经大学学报，2010（08）：80－84.

[58] 魏华林，张胜. 巨灾保险经营模式中政府干预市场的"困局"及突破途径[J]. 保险研究，2012（01）：21－29.

[59] 王身余. 从"影响""参与"到"共同治理"——利益相关者理论发展的历史跨越及其启示[J]. 湘潭大学学报（哲学社会科学版），2008（06）：28－35.

[60] 陈华，赵俊燕. 巨灾保险体系构建研究：一个国际比较的视角[J]. 金融理论与实践，2008（09）：76－81.

[61] 赵晋. 巨灾保险需求不足：理论分析与政策建议[J]. 保险职业学院学报，2011（05）：41－46.

[62] 叶月明，陆建明，苏鲲. 对我国农业灾害损失补偿机制的再认识[J]. 经济评论，1997（04）：82－86.

[63] 邓义，陶建平. 基于契约执行机制视角的农业保险监管研究[J]. 农业经济问题，2013（04）：49－54+111.

[64] 胡秋明. 论我国农业保险发展的制度创新[J]. 财经科学，2004（05）：112－116.

[65] 伍江. 美国的农业保险制度[J]. 金融信息参考，2004（01）：58.

[66] 吴春甫. 美国农作物保险制度及其借鉴意义[J]. 保险研究，1995（06）：
    52－54+21.

[67] 周县华. 民以食为天：关于农业保险研究的一个文献综述[J]. 保险研究，
    2010（05）：119－127.

[68] 周县华. 农业保险、巨灾准备金与税前扣除[J]. 财政研究，2011（06）：
    32－34.

[69] 张祖荣. 农业保险的保费分解与政府财政补贴方式选择[J]. 财经科学，
    2013（05）：18－25.

[70] 李琴英，郭金龙. 农业保险发展中的财政补贴问题及建议[J]. 中国农村
    金融，2012（08）：13－15.

[71] 费友海. 我国农业保险发展困境的深层根源——基于福利经济学角度的
    分析[J]. 金融研究，2005（03）：133－144.

[72] 黄英君，林文俊，陈丽红. 我国农业保险发展滞后的根源分析——以云南
    省的实地调研为例[J]. 云南师范大学学报（哲学社会科学版），2009（03）：
    91－100.

[73] 姚海明. 我国农业保险制度建立与完善机制研究——以苏州市为例[J].
    农业经济问题，2012（11）：49－54.

[74] 邱波，许婷婷. 我国农业巨灾风险基金筹资标准区域差异研究——基于
    省级层面的种植业损失数据[J]. 宁波大学学报，2015（3）：74－78.

[75] 段文军，袁辉. 政策性农业保险的财政补贴调节效应分析——以湖北省
    为例[J]. 农业经济问题，2013（01）：39－42.

[76] 杨晓娟，刘布春，刘园. 中国农业保险近 10 年来的实践与研究进展[J].
    中国农业科技导报，2012（02）：22－30.

[77] 冯文丽，苏晓鹏. 构建我国多元化农业巨灾风险承担体系[J]. 保险研究，
    2014（05）：31－37.

[78] 陈利，杨珂. 国际农业巨灾保险运行机制的比较与借鉴[J]. 农村经济，
    2013（04）：126－129.

[79] 朱俊生. 国外不同农业保险模式下巨灾风险分散制度及其比较[J]. 世界
    农业，2013（10）：6－10.

[80] 张喜玲. 国外农业巨灾保险管理及借鉴[J]. 新疆财经大学学报，2010
    （01）：33－35.

[81] 范丽萍. 加拿大农业巨灾风险管理政策研究[J]. 世界农业，2014（03）：
    80－83.

[82] 周振. 美国农业巨灾保险发展评析与思考[J]. 农村金融研究，2010（07）：74－78.

[83] 范丽萍，张朋. 美国农业巨灾风险管理政策研究[J]. 世界农业，2016（06）：97－103+223.

[84] 吕跃金. 农业保险大灾风险准备金管理新变化对保险公司财务管理的影响及对策[J]. 中国保险，2014（04）：42－45.

[85] 张琳，白夺林. 农业保险巨灾风险准备金计提和使用问题研究—以湖南省水稻种植保险为例[J]. 保险研究，2016（03）：45－56.

[86] 周振，谢家智. 农业巨灾风险、农民行为与意愿：一个调查分析[J]. 农村金融研究，2010（06）：23－28.

[87] 张长利. 农业巨灾风险管理中的国家责任[J]. 保险研究，2014（03）：101－107+115.

[88] 沈蕾. 农业巨灾风险损失补偿机制研究—浙江案例[J]. 海南金融，2012（08）：80－84.

[89] 周振，谢家智. 农业巨灾与农民风险态度：行为经济学分析与调查佐证[J]. 保险研究，2010（09）：40－46.

[90] 李洪，全小庆. 我国农业保险对构建巨灾保险制度的启示[J]. 保险职业学院学报，2011（02）：11－16.

[91] 庹国柱，王德宝. 我国农业巨灾风险损失补偿机制研究[J]. 农村金融研究，2010（06）：13－18.

[92] 庹国柱，王克，张峭，张众. 中国农业保险大灾风险分散制度及大灾风险基金规模研究[J]. 保险研究，2013（06）：3－15.

[93] 上海设农业保险风险基金[J]. 经济体制改革，1992（03）：59.

[94] 严寒冰，左臣伟. 我国农业巨灾风险基金发展问题研究[J]. 江西金融职工大学学报，2008（06）：24－26.

[95] 晏飞. 农业保险市场失灵的系统性风险因素分析[J]. 企业家天地，2010（09）：111－112.

[96] 潘席龙，陈东. 设立我国巨灾补偿基金研究[J]. 西南金融，2009（01）：24－26.

[97] 谢世清. 佛罗里达飓风巨灾基金的运作与启示[J]. 中央财经大学学报，2010（12）：39－43.

[98] 沙治慧，马振林. 重大自然灾害保险基金的国际经验及其借鉴[J]. 中央财经大学学报，2012（02）：105－108.

[99] 张长利. 设立中央农业巨灾风险基金的思考与建议[J]. 金融与经济，2013（02）：37－40.

[100] 张长利. 农业巨灾风险基金制度比较研究[J]. 农村经济，2013（04）：122－125.

[101] 许闲，王丹阳. 东亚救灾合作机制与跨国自然灾害基金构建[J]. 保险研究，2014（08）：17－27.

[102] 刘蔚. 地震保险基金的国际比较——基于筹资与风险分担视角[J]. 中国保险，2014（07）：58－63.

[103] 冯文丽，王梅欣. 我国建立农业巨灾风险基金的对策[J]. 河北金融，2011（04）：6－7+14.

[104] 谢世清. 加勒比巨灾风险保险基金的运作及其借鉴[J]. 财经科学，2010（01）：32－39.

[105] 于博洋. 农业巨灾风险基金浅析[J]. 安徽农业科学，2007（09）：2781－2782.

[106] 米云飞，尹成远. 论我国建立巨灾保险基金的模式选择[J]. 河北金融，2010（04）：46－48.

[107] 谢世清. 建立我国巨灾保险基金的思考[J]. 上海金融，2009（04）：27－29+13.

[108] 胡浪多，官华平. 广东省政策性农业保险巨灾基金测算及管理模式分析[J]. 南方农村，2013（06）：25－29.

[109] 赵昕，冯锐. 基于因子分析法的巨灾基金筹集方法实证研究——以风暴潮灾害为例[J]. 渔业经济研究，2009（01）：34－39.

[110] 田玲，李建华. 金融市场、政府行为与农业巨灾风险基金建设——基于"结构型基金"理论的分析[J]. 保险研究，2014（04）：16－22.

[111] 邱波. 金融化趋势下的中国再保险产品发展研究[M].北京：经济科学出版社，2010.

[112] 王海瑞. 浅论或有资本在农业巨灾损失融资中的运用[J]. 保险职业学院学报，2013（01）：87－91.

[113] 吕晓英，刘伯霞，蒲应龚. 农业保险大灾风险分散方式的模拟研究[J]. 保险研究，2014（12）：41－50.

[114] 巴曙松，矫静. 亚洲债券基金的兴起及其发展：金融市场框架与研究综述[J]. 金融与经济，2006（01）：7－14.

[115] 潘席龙. 中国巨灾补偿基金运行机制研究[M]. 成都：西南财经大学出

版社，2016.

[116] 米勒·怀特，戴敏. 关于建立东盟巨灾重建融资体系和东盟再保险公司的探讨[J]. 上海保险，2015（05）：52－55.

[117] 孙亚超，孙淑芹，龚云华. 分级基金的优化运作模式及合理折算位探讨[J]. 证券市场导报，2014（08）：71－73+78.

[118] 张领伟，梁建刚. 完善保险保障基金筹集机制[J]. 中国金融，2013（06）：66－67.

[119] 刘喜华，王双成. 保险风险分配的随机合作博弈模型[J]. 运筹与管理，2007（04）：69－73.

[120] 孔帅. 我国保险公司应用应急资本工具可行性分析及建议[J]. 中国保险，2014（06）：18－21.

[121] 许友传，苏峻. 应急资本工具在限制银行风险承担中的作用[J]. 金融研究，2015（06）：128－143.

[122] 张燕，鲁玉祥，赵伟. 应急资本机制改革及对我国的启示[J]. 金融纵横，2012（04）：15－18+39.

[123] 展凯，林石楷，黄伟群. 农业巨灾风险债券化——基于 POT 模型的实证分析[J]. 南方金融，2016（05）：85－94.

[124] 李永，谭明珠，吴丹. 中国农业巨灾债券定价模型与实证研究——基于安徽省棉花产量数据[J]. 管理评论，2012（09）：57－63.

[125] 李永，胡帅，范蓓. 随机利率下跨期多事件触发巨灾债券定价研究[J]. 中国管理科学，2013（05）：8－14.

[126] 肖宇. 股权投资基金治理机制研究——以有限合伙制基金为中心[J]. 社会科学研究，2010（3）：86－91.

[127] 郑风田，程郁. 从农业产业化到农业产业区——竞争型农业产业化发展的可行性分析[J]. 管理世界，2015（07）：64－73+93.

[128] 刘辉. 管治、无政府与合作：治理理论的三种图式[J]. 上海行政学院学报，2012（03）：52－58.

[129] 郭蕾. 和谐社会中社会均衡与利益表达的有效机制——以多元利益集团的构建为视角[J]. 求实，2010（09）：45－48.

[130] 肖万春，等. 如何处理好政府与市场、中央与地方的关系，建立完善新形势下的财政支农政策体系研究[R]. 湖南省经济学会、湖南省财政学会 2013 年年度课题.

[131] 王欣欣. 服务型政府：政府职能的新定位——从新公共管理理论看当代

中国服务型政府建设[J]. 理论学刊, 2008（10）：95-97.

[132] 高楷. 公债抑或税收——公债筹资的效率边界[J]. 福建金融管理干部学院学报, 2004（06）：27-31.

[133] 陈耘. 宁波政府产业基金投资中存在的问题及建议[J]. 宁波经济（三江论坛）, 2019（02）：25-27.

[134] 周赛阳, 胡海滨. 市场化进程中的农业保险机制设计[J]. 中国保险管理干部学院学报, 1998（06）：10-13.

[135] 范柏乃, 张电电. 推进经济社会协调发展：公共政策协调机制构建[J]. 贵州社会科学, 2014（01）：47-51.

[136] 王锡锌, 章永乐. 我国行政决策模式之转型——从管理主义模式到参与式治理模式[J]. 法商研究, 2010（05）：3-12.

[137] 钱颖一. 重新定位政府与市场边界[J]. 今日国土, 2009（03）：31+16.

[138] 唐兴霖, 尹文嘉. 从新公共管理到后新公共管理——20世纪70年代以来西方公共管理前沿理论述评[J]. 社会科学战线, 2011（02）：178-183.

[139] 李春龙. 经济效率视角下的政府市场边界划分及治理探索[J]. 财政研究, 2012（10）：13-16.

[140] 刘旸, 张斌, 王景成. 试论金融去杠杆下政府投资基金变革新趋势[J]. 改革与开放, 2018（21）：4-7.

[141] 黄英君. 我国农业保险发展的政府诱导机制研究[J]. 农业经济问题, 2010（05）：56-61+111.

[142] 靳志伟. 政府产业基金与社会资本合作模式的对比研究[J]. 财政科学, 2018（05）：111-124.

[143] 王根芳, 陶建平. 农业保险、自然垄断与保险补贴福利[J]. 中南财经政法大学学报, 2012（04）：73-78.

[144] 黄亚林, 李明贤. 农业保险各主体风险认知与利益互动分析[J]. 浙江金融, 2011（11）：60-64.

[145] 孙祁祥, 锁凌燕, 郑伟. 社保制度中的政府与市场——兼论中国PPP导向的改革[J]. 北京大学学报（哲学社会科学版）, 2015（03）：28-35.

[146] 刘炜, 施安平, 乔旭东. 政府引导合同能源管理运营基金融资模式研究[J]. 华南理工大学学报（社会科学版）, 2012（02）：8-11.

[147] 姚建中. 境外巨灾保险机制中政府角色的浅析[C]// 浙江保险科研论文选编（2014年度）, 2015：15-23.

[148] 甘长来, 段龙龙. 国外农业巨灾保险财政支持模式及对我国启示[J]. 地

方财政研究，2015（01）：91－96.

[149] 滕淑娜，顾銮斋. 由课征到补贴——英国惠农政策的由来与现状[J]. 史学理论研究，2010（02）：35－48+158.

[150] 张峭，王克.我国农业自然灾害风险评估与区划[J]. 中国农业资源与区划，2011（03）：32－36.

[151] 朱伟铭. 基于 PPP 模式的资产证券化设计研究[D]. 杭州：浙江大学，2017.

[152] 汤文艳. 我国 PPP 公共项目公私合作机理研究——以重庆市奥体中心为例[D]. 重庆：重庆大学，2011.

[153] 林凯辉. 集体林权制度改革的利益相关者博弈研究——以玛纳斯县为例[D]. 乌鲁木齐：新疆农业大学，2012.

[154] 仵希亮. 中国农民专业合作社发展研究——历史变迁、利益分析与空间扩展[D]. 杨凌：西北农林科技大学，2010.

[155] 罗向明. 中国农业保险发展模式与补贴政策研究——基于利益相关者视角[D]. 武汉：武汉大学，2012.

[156] 周振. 我国农业巨灾风险管理有效性评价与机制设计[D]. 重庆：西南大学，2011.

[157] 王艳. 农业巨灾风险基金法律制度研究[D]. 长沙：湖南大学，2012.

[158] 刘昕晰. 完善我国巨灾风险融资体系的路径研究[D]. 南宁：广西大学，2011.

[159] 马亦舟. 中国分级基金设计与定价方法研究[D]. 上海：上海交通大学，2012.

[160] 刘明波. 中国巨灾风险融资机制设计研究——基于公私伙伴合作视角[D]. 成都：西南财经大学，2014.

[161] 王琪. 中国巨灾风险融资研究[D]. 成都：西南财经大学，2009.

[162] 李传峰. 公共财政视角下我国农业保险经营模式研究[D]. 北京：中国财政科学研究院，2012.

[163] 曹建海. 分级基金套利研究[J]. 现代商业，2010（36）：33－34.

[164] 张长利. 农业巨灾风险基金制度比较研究[J]. 农村经济，2013（04）：122－125.

[165] Yongjian Ke, ShouQing Wang, Albert P.C.Chan, Patrick T.I.Lam. Preferred risk allocation in China's public–private partnership (PPP) projects [J]. International Journal of Project Management, 2010 (05): 482－492.

[166] Howard Kunreuther. Disaster Mitigation and Insurance: Learning from Katrina[J]. Annals of the American Academy of Political and Social Science. 2006 (01): 208—227.

[167] Freedom，Paul K. Hedging Natural Catastrophe Risk in Developing Countries[C]. The Geneva Papers on Risk and Insurance-Issues & Practice, 2001.

[168] Freeman and Kunreuther. Managing Environmental Risk Through Insurance[M]. Year Book of Environmental and Resource Economics, 2003.

[169] Harward Kunreuther. Disaster Insurance: A Tool for Hazard Mitigation[J]. Journal of Risk & Insurance, 1974 (02): 287—303.

[170] Henri Louberge, Evis Kellezi, Manfred Gilli. Using Catastrophe-Linked Securities to Diversify Insurance Risk: A Financial Analysis of Cat Bonds[J]. Journal of Insurance Issues. 1999 (02): 125—146.

[171] Matthew Feif, Malcom Wattman. The Credit Crisis And Insurance-linked Securities, No Catastrophe For Catastrophe Bonds[R]. 2008: 80—86.

[172] Neil A Doherty. Innovations in Managing Catastrophe Risk[J]. Journal of Risk & Insurance, 1997 (04): 713—718.

[173] Scott E. harrington Tong Yu. Do Property-Casualty Insurance Underwriting Margins Have Unit Roots?[J]. The Journal of Risk & Insurance, 2003 (04): 715—733.

[174] Torben M Andersen. Fiscal Stabilization Policy in a Monetary Union with Inflation Targeting[J]. Journal of Macroeconomics, 2005 (01): 1—29.

[175] James M Stone. A Theory of Capacity and the Insurance of Catastrophe Risks[J]. The Journal of Risk and Insurance, 1976 (06): 231—243, 339—355.

[176] Raja Bouzouita and Arthur J Young. Catastrophe Insurance Options Insurance Company Managements Perceptions[J], Journal of Insurance Regulation, 2003 (03).

[177] J David, Cummins. Should the Government Provide Insurance for Catastrophes? [J]. Federal Review Bank of ST. Louis Review, Jun/Aug, 2008.

[178] Hwang, Bon-Gang，Zhao, Xianbo，Gay, Mindy Jiang Shu. Public Private Partnership Projects in Singapore: Factors, Critical Risks and Preferred Risk

Allocation from the Perspective of Contractors [J]. International Journal of Project Management, 2013 (03): 424－433.

[179] Greg Niehaus. The Allocation of Catastrophe Risk [J]. Journal of Banking & Finance, 2002 (02): 585－596.

[180] Skees J R, Barnett B J. Conceptual and Practical Considerations for Sharing Catastrophic/Systemic Risks[J]. Review of Agricultural Economics, 1999 (02): 424－441.

[181] Jerry Skees, Barry Barnett and Jason Hartell. "Innovations in Government Responses to Catastrophic Risk Sharing for Agriculture in Developing Countries."[C]. Contributed Paper Prepared for Presentation at the International Association of Agricultural Economists Conference, Gold Coast, Australia, August 12－18, 2006.

[182] Ibarra H, Skees J. Innovation in Risk Transfer for Natural Hazards Impacting Agriculture[J]. Environmental Hazards, 2007 (01): 62－69.

[183] Ccrifspc. Ccrifspc-Annual Report 2016－2017 [R]. 2017.

[184] Craik, et al. Priorities for Australia's Biosecurity System, An Independent Review of the Capacity of the National Biosecurity System and its Underpinning Intergovernmental Agreement[R]. Department of Agriculture and Water Resources, Canberra, 2017: 102－131.

[185] Kenneth A Froot. The Financing of Catastrophic Risk[M]. The University of Chicago Press, 1999.

[186] The World Bank. A Review of CCRIF's Operation[R]. The Caribbean Catastrophe Risk Insurance Facility, 2008－2013.

[187] Robert W Klein. Managing Catastrophe Risk: Problems and Policy Alternatives[M]. Washington, D.C, April 1998.

[188] K Hansson, M Danielson and L Ekenberg. "A Framework for Evaluation of Flood Management Strategies."[J]. Journal of Environmental Management, 2008 (86): 465－480.

[189] Lewis C Murdock K. Alternative Means of Redistributing Catastrophic Risk in a National Risk-Management System[M]. National Bureau of Economic Research, Inc, 1999: 51－92.

[190] M Gruber. Alternative Solutions for Public and Private Catastrophe Funding in Austria [J]. Natural Hazards & Earth System Sciences, 2008 (04): 603－

616.

[191] Michelkerjan, Erwann, Zelenko, Ivan, Cardenas, Victor. Catastrophe Financing for Governments [J]. OECD publishing, 2012.

[192] Dwight M Jaffee, Thomas Russell. Catastrophe Insurance, Capital Markets and Uninsurable Risks [J]. The Journal of Risk and Insurance, 1997 (02): 205－230.

[193] Yang-Che, WuaSan-Lin, Chungb. Catastrophe Risk Management with Counterparty Risk Using Alternative Instruments[J]. Insurance: Mathematics and Economics, 2010 (02): 234－245.